Dörte Fuchs, Jutta Orth

Umzug in ein neues Leben

Dörte Fuchs, Jutta Orth

Umzug in ein neues Leben

Alternative Wohnkonzepte für die zweite Lebenshälfte

mvg Verlag

Bibliografische Information der Deutschen Bibliothek
Die Deutsche Bibliothek verzeichnet diese Publikation in der Deutschen Nationalbibliografie; detaillierte bibliografische Daten sind im Internet über http://dnb.ddb.de abrufbar.

Umschlaggestaltung: Atelier Seidel, Neuötting
Satz: Redline GmbH, S. Wilhelmer
Druck- und Bindearbeiten: Ebner & Spiegel, Ulm
Printed in Germany 07033/070503
ISBN 3-636-07033-9

Inhalt

Vorwort

„Es muss doch viele Menschen geben, die das Bedürfnis haben, noch einmal anzufangen, die mit sechzig oder siebzig noch nicht verbraucht sind, in denen Reserven stecken, die sie nie genutzt haben. Mut müssten sie natürlich haben."

Hannah Pertes, die Heldin in Christine Brückners 1989 erschienenem Roman *Die letzte Strophe*, nimmt diese Überlegung zum Anstoß, alte Glaubenssätze und Ängste über Bord zu werfen und mit Altersgenossen eine Wohn- und Lebensgemeinschaft zu gründen. Was Brückner damals noch als „Unternehmen ohne Beispiel" beschrieb, ist in der Zwischenzeit längst vielfach Realität geworden. Mehr und mehr Menschen finden neue, kreative Antworten auf die Frage, wo und wie sie alt werden möchten, und treten den Beweis an, dass das Ende der Erwerbstätigkeit kein Abschiednehmen auf Raten ist, sondern die einzigartige Chance bietet, eine immer länger und wichtiger werdende Lebensphase nach den eigenen Wünschen und Bedürfnissen zu gestalten. „Völlig neue Formen des Alterns" sieht der Dritte Altenbericht der Bundesregierung auf uns zukommen, „schon über tausend selbst organisierte Wohnprojekte für Ältere" meldete DIE ZEIT im Januar 2003. Eine Generation bricht auf und sucht sich jenseits vorgegebener Muster ihren Platz, einen „Ort, der für mich bereit ist", wie die Bewohnerin einer Senioren-Hausgemeinschaft es formulierte.

Das durch alle Medien geisternde Phänomen der „späten Freiheit" hat uns neugierig gemacht. Wir wollten wissen, wie die Menschen aussehen, die das populär gewordene Schlagwort von den „neuen Alten“ verkörpern, und waren gespannt auf die Ideen und Erwartungen, mit denen sie aufgebrochen sind – in eine unbekannte Lebensform, mit neuen Weggefährten, vielleicht sogar in ein fremdes Land. Was bewegt Menschen mit ganz „normalen“ Biografien dazu, aus traditionellen Lebens- und Alterskonzepten auszubrechen und unkonventionelle Lösungen zu erproben? Welche Wege haben sie eingeschlagen und warum? Welche Hoffnungen haben sich erfüllt, welche sind fehlgeschlagen? Gibt es Momente, in denen sie ihre Entscheidung bereuen? Was würden sie heute anders machen?

Wir lasen Erfahrungsberichte und wälzten wissenschaftliche Untersuchungen, befragten Vereine und Institutionen, die Projektgründern und Auswanderern mit Rat und Tat zur Seite stehen, entwarfen und verschickten Fragebögen, und schließlich packten wir unsere Koffer, um Wohnprojekte in ganz Deutschland kennen zu lernen und Auswanderer zu besuchen, die im „Rentnerparadies“ Mallorca eine neue Heimat gefunden haben. Und natürlich nutzten wir jede nur denkbare Gelegenheit, um mit Menschen aller Altersstufen über ihre Vorstellungen und Träume für die dritte Lebensphase zu sprechen.

Bei unseren Recherchen sind wir vielen mutigen, nachdenklichen, offenen und sehr lebendigen Frauen und Männern begegnet. Sie haben uns von ihren Wünschen und Ängsten erzählt, uns bereitwillig Einblick in ihren Alltag gewährt und uns immer wieder ermutigt, von ihren Erkenntnissen und Erfahrungen zu berichten – damit andere von ihnen profitieren können. Vor allem jedoch haben sie uns gelehrt, dass es für den „Umzug in ein neues Leben“ nie zu spät ist. Ihnen sei dieses Buch gewidmet.

Mit 60 hat man noch Träume ...

„Wenn wir in späteren Jahren nicht mehr so ausschließlich durch die familiären und beruflichen Rollen bestimmt sind, die unsere Jugend geprägt haben, kann es sein, dass unser Zuhause – der Ort, der unsere Ausgangsbasis bildet, der Ort, mit dem wir vertraut sind, dessen Gestaltung unser Innerstes widerspiegelt – für unser Selbstgefühl und unser Wohlbefinden wichtiger wird als jede Art gerontologischer ‚Betreuung'", schreibt Betty Friedan in ihrer Studie über den Mythos Alter. „Unser Zuhause – der Ort, wo wir aus freier Entscheidung leben – muss unsere Identität, unsere vitalen Bindungen und all das, was uns das Leben lebenswert macht, einschließen und stützen" (1995, S. 456).

Soziologische Erkenntnisse untermauern ihre These. Immerhin, so schätzt Frank Oswald, verbringen wir im Alter vier Fünftel der Tageszeit im unmittelbaren Wohnbereich (1998, S. 251). Kein Wunder, dass sich Menschen aller Altersgruppen die Nackenhaare sträuben, wenn sie sich die konventionellen Möglichkeiten, diesen Wohnbereich zu gestalten, vor Augen führen: Altenheime mit konfektionierten Zimmerchen und als „Seniorenresidenzen" verbrämte Altenghettos taugen zur Widerspiegelung unseres Innersten, unserer Gedanken, Wünsche und Träume ebenso wenig wie die immer seltener werdende Variante, den eigenen Haushalt aufzulösen und zu den Kindern zu ziehen – denen man möglicherweise auch noch zur Last fällt. Auch das von Sozialpolitikern gerne gepriesene Betreute Wohnen wirkt attraktiver, als es ist: Das allumfassende Dienstleistungskonzept solcher Einrichtungen lässt die Eigeninitiative der Bewohner nicht selten erlahmen. Leer gefegte Gemeinschaftsräume, menschenleere Flure, die sterile Schönheit selten genutzter Parkanlagen zeugen davon. Ein Ort, „dessen Gestaltung unser Innerstes widerspiegelt", sieht anders aus – fröhlicher, lebendiger, anregender und vor allem persönlicher. Und so überrascht es nicht, dass unkonventionelle, selbst organisierte Wohnformen wie Wohn- und Hausgemeinschaften auf wachsendes Interesse stoßen, bieten sie doch die Möglichkeit, Wohn- und Lebenswünsche auf sehr individuelle Weise miteinander zu verknüpfen.

So nennt zum Beispiel eine Bewohnerin des Modellprojekts „Nachbarschaftlich leben für Frauen im Alter" als Grund für ihren Einzug in die Hausgemeinschaft: „Ich will nicht auf dem Punkt stehen bleiben, das ist für mich so eine Anfeuerung, so ein Immer-wieder-noch-neugierig-Sein, was passiert noch auf der Welt. Ich weiß, ich kann nicht mehr alles mitmachen, aber ich bin noch interessiert. Das ist für mich so ein Lebensimpuls ... Und deshalb kann ich auch offen sein für andere Menschen, für anderes."

Das Spektrum dieser neuen, alternativen Wohn- und Lebensformen wird immer größer. Schon 1998 konstatierte der mit dem Schwerpunkt „Wohnen im Alter" befasste Zweite Altenbericht der Bundesregierung: „Der Bedarf an Formen des Zusammenlebens und -wohnens von Menschen, die nicht (oder nicht mehr) in eine Kleinfamilie eingebunden sind, ist erheblich, hat steigende Tendenz und ist generationenübergreifend" (BFSFJ 1998, S. 121). Insbesondere allein stehende oder verwitwete Frauen und Männer sehen im gemeinschaftlichen Wohnen eine Möglichkeit, der drohenden Isolation zu entfliehen und „mitten im Leben" zu bleiben. In die Jahre gekommene WG-Veteranen kehren noch einmal zu den

Wohnformen ihrer Jugend zurück, um nostalgische Erinnerungen wieder aufleben zu lassen. Andere folgen dem Trend zum Mehrgenerationenwohnen, und verhinderte Globetrotter erfüllen sich ihren lang gehegten Wunsch vom Aussteigen, bauen oder kaufen sich ein Häuschen im Süden oder anderswo.

Die meisten suchen darüber hinaus nach Möglichkeiten, weiterhin einer sinnvollen Tätigkeit nachzugehen, sich neue Fähigkeiten anzueignen oder eine bestimmte – unter Umständen weltanschaulich geprägte – Lebensphilosophie zu verwirklichen. Sie möchten die Kontrolle über das eigene Leben behalten, was auch bedeutet, sich im Falle von Krankheit oder Pflegebedürftigkeit kompetent und ausreichend versorgt zu wissen, ohne in ein Pflegeheim umziehen zu müssen.

Eine bewusst gewählte Wohnform als Chance, die Herausforderungen eines neuen und spannenden Lebensabschnitts zu nutzen – das ist nicht nur für die Betroffenen selbst und für Architekten, Soziologen und Gerontologen, sondern seit ein paar Jahren auch für Presse, Funk und Fernsehen ein Thema. Sucht man nach Gründen für dieses plötzliche Interesse an Menschen, die neue und ungewöhnliche Wohnformen erproben, stößt man schnell auf ein Phänomen, das, lange Zeit totgeschwiegen, zunehmend ins öffentliche Interesse rückt: die Tatsache, dass die Gesellschaft immer älter, die Finanzierbarkeit von konventionellen Versorgungslösungen aber zunehmend fraglich wird. „Es wird eine hohe zivilisatorische Leistung sein, den heutigen Standard der Altenpflege aufrechtzuerhalten“, lautet die düstere Prognose des Bonner Sozialforschers Meinhard Miegel in einem ZEIT-Dossier (2/2003, S. 11) – angesichts der demografischen Entwicklung ein erschreckend realistisches Szenario: Kommen heute auf 100 Personen zwischen 20 und

50 Jahren laut Statistischem Bundesamt 40 60-Jährige und Ältere, werden es im Jahr 2050 etwa 80 sein.

Hinzu kommt, dass die Phase des Ruhestands immer länger wird. Lag früher zwischen dem Ausscheiden aus der Erwerbstätigkeit und dem Lebensende nur eine kurze Spanne, ist heute daraus ein ganzer Lebensabschnitt geworden – ein Lebensabschnitt, den viele Menschen unter anderem dank der verbesserten medizinischen Versorgung weitgehend nach ihren Wünschen gestalten können. Geld spielt dabei eine nicht unerhebliche Rolle – die Frage, ob man genug davon hat oder nicht, wird bald einen größeren Keil zwischen die Generationen treiben als unterschiedliche Ansichten darüber, wer in unserer Gesellschaft welche Rolle zu spielen hat. Die „Kinder des Wirtschaftswunders" hatten Glück: Nie zuvor konnte eine Generation unbehelligt von Krieg oder galoppierender Inflation Vermögen bilden, nie zuvor gelang es insbesondere Frauen, durch Erwerbstätigkeit eigene Rentenansprüche zu erwerben. Doch schon jetzt bekommen ältere Menschen zu spüren, dass die fetten Jahre vorbei sind: Die Renten werden kontinuierlich weiter sinken – und der Komfort der Altenversorgung mit ihnen. Da hilft nur noch die viel beschworene Besinnung auf die Selbstmotivationskräfte und die Eigenverantwortung des Menschen. Das gemeinschaftliche Wohnen im Alter hat Zukunft – ob wir wollen oder nicht.

Wir möchten Sie nun einladen, sich mit uns in einer Dresdner Wohngemeinschaft und einem Freiburger Schloss umzuschauen, sich vom Lebensmotto einer Turmspringerin inspirieren zu lassen, den Bewohnerinnen eines Frauenprojekts zu lauschen, die Häuser einer anthroposophischen Gemeinschaft zu besichtigen und dann in Richtung Süden aufzubrechen, wo schon so mancher Lebenstraum seine Erfüllung fand. Unsere Auswahl erhebt weder Anspruch auf Vollständigkeit, noch ist sie repräsentativ. Sie soll ihnen dabei helfen, sich einen Eindruck von der Vielfalt der Initiativen und Projekte zu verschaffen, die Vor- und Nachteile der geschilderten Wohn- und Lebensformen kennen zu lernen und etwas über die Ziele und die Geschichte der vorgestellten Projekte zu erfahren. Es ist uns bewusst, dass die von uns gewählten Kategorien wie Wohngemeinschaften, Hausgemeinschaften, Mehrgenerationenprojekte und so weiter willkürlich scheinen mögen – selbstredend kann eine Hausgemeinschaft gleichzeitig eine besondere Philosophie vertreten oder ein Frauenwohnprojekt mehrere Generationen umfassen –, sie bieten jedoch eine gute Möglichkeit, die Besonderheit von Grundtypen ohne allzu viele lästige Wiederholungen herauszuarbeiten und alle relevanten Fragen zu erörtern, die sich vor und während des Entscheidungsprozesses für eine bestimmte Wohnform stellen. Fachliteratur und Expertenwissen fließen dort, wo es uns nötig und sinnvoll erschien, verständlich zusammengefasst mit ein.

Sollten Sie bei der Lektüre Geschmack am gemeinschaftlichen Wohnen finden oder beschließen, Ihren Lebensabend unter Palmen zu verbringen, können Sie im zweiten Teil des Buches nachlesen, wie aus Ihrem Wohntraum Wirklichkeit wird. Wir schildern Ihnen, wie Sie Mitstreiter für ein Projekt finden, ein Konzept erarbeiten und umsetzen können und wie sich Probleme des Zusammenlebens bewältigen lassen. Sonnenhungrige Exilanten in spe erhalten Tipps, wie sie die Umsiedlung in südliche Gefilde möglichst reibungslos hinter sich bringen können. Unser wichtigstes Anliegen ist jedoch, Ihnen mit diesem Buch Mut zu machen – Mut zu eigenen Lebensentwürfen und Mut, Ihre Wünsche wahr zu machen. Lassen Sie sich Ihre Zukunft nicht aus der Hand nehmen!

TEIL 1

WOHNKONZEPTE

Mitglieder der Senioren-Wohngemeinschaft in Dresden

Abdruck mit freundlicher Genehmigung der Sächsischen Zeitung/Marion Gröning

Wohngemeinschaften

„Hobby ist unser gemeinsames Leben" – Die erste Dresdner Wohngemeinschaft

Dresden an einem heiteren Spätsommertag. Als wir aus der Bahn steigen, begrüßt uns ein makellos blauer Himmel; dazu weht ein lauer Wind – und später wird es uns so vorkommen, als verdanke sich die Heiterkeit, die über diesem Tag liegt, den Menschen, die wir besuchen: den Mitgliedern der ersten Dresdner Senioren-Wohngemeinschaft im Stadtteil Wölfnitz.

Ein freundlicher Pförtner weist uns ins Erdgeschoss des 17-stöckigen sanierten Plattenbaus, wo uns Gottfried Adler bereits entgegenkommt. Durch einen langen, verwinkelten Flur und den Gemeinschaftsraum führt er uns hinaus auf eine Terrasse, die liebevoll gepflegte, von den Bewohnern selbst angelegte Blumenbeete einfassen. Ein paar Bäume spenden Schatten. Direkt hinter dieser kleinen Oase beginnt eine Schrebergartenanlage, aus der Vogelgezwitscher und gedämpftes Lachen herüberdringen. In der überdachten Laube erwarten uns zwei weitere Mitglieder der Gemeinschaft, Helga Adler und Berthild Schneider. Nach und nach finden sich auch die anderen ein. Das leise Plätschern des nahe gelegenen Baches begleitet unser Gespräch.

Sechs der sieben Wohngemeinschaftsmitglieder leben hier seit 1998 zusammen – Renate Krause aus der Oberlausitz zog im Frühjahr 2002 nach ein paar Tagen Probewohnen ein, nachdem Sigfried Pohl die Gemeinschaft zum Bedauern aller aus finanziellen Gründen verlassen hatte. „Die Nebenkosten waren einfach zu hoch geworden“, sagt Frau Adler, doch „er wohnt nicht weit weg, und wir halten zusammen.“

Wohlhabend ist keines der Wohngemeinschaftsmitglieder, doch trotz ihrer bescheidenen Vermögensverhältnisse strahlen alle eine große Zufriedenheit aus und scheinen sich miteinander rundum wohl zu fühlen. Berthild Schneider kann das bestätigen: „In einer Gemeinschaft zu leben ist eben schön, gerade dann, wenn nicht viel Geld vorhanden ist; wir sind auch so fröhlich zusammen.“

Das Domizil der SeniorInnen befindet sich in einer ehemaligen Gaststätte, die nach längerem Leerstand auf Initiative des Vereins „Alt-Werden in Gemeinschaft e.V.“ („AWiG“ e.V.) in insgesamt fünf Einzimmerapartments und ein Zweizimmerapartment umgebaut wurde. Geschäfte, Ärzte, Therapeuten und Straßenbahnhaltestelle sind gleich um die Ecke. Jede Wohnung verfügt über Miniküche und Duschbad, Telefon- und Fernsehanschluss. Stolz zeigt uns Berthild Schneider, wie sie ihr schlauchförmiges Zimmer mit Hilfe eines Raumteilers in einen Küchen- und einen Wohn-Schlaf-Bereich unterteilt hat. Als Ehepaar haben die Adlers als Einzige Wohn- und Schlafzimmer. Ihre Küche befindet sich in einer kleinen Nische im Flur. Großzügige, allen zur Verfügung stehende Gemeinschaftsflächen entschädigen jedoch für die kleinen Privaträume: Zu der Wohngemeinschaft gehören eine große Gemeinschaftsküche, ein Gemeinschaftsraum und das Plätzchen im Grünen. Außerdem gibt es ein großes Bad mit Wanne und eine weitere Dusche. Beide sind behindertengerecht ausgebaut und dienen momentan als Gästebäder.

Wie andere Wohngemeinschaften auch haben die Dresdner aus der Not, sich beim Umzug von manch lieb gewordenem Möbelstück trennen zu müssen, eine Tugend gemacht. „Als wir uns kennen lernten, haben wir alle auf einen Zettel geschrieben, welche Möbel wir übrig haben. Jeder hatte irgendwas, was ihm am Herzen lag und was er gerne mitgenommen hätte. Mit diesen Möbeln haben wir den Gemeinschaftsraum eingerichtet. Dadurch ist jedem von uns ein bisschen Heimat geblieben. Gekauft haben wir nur die Stühle“, erzählt uns Helga Adler. Den schönen orangefarbenen Küchentisch brachte Berthild Schneider mit, und die Küchenregale zeugen vom handwerklichen Geschick der beiden Männer. Beim Erwerb der restlichen Küchenmöbel gewährte das Möbelgeschäft der Wohngemeinschaft einen Preisnachlass von 50 Prozent.

Und dann gibt es da noch ein blaues Sofa, das wind- und regengeschützt in einer Nische vor dem Fenster des Gemeinschaftsraumes auf der Terrasse steht. Sein verblichener Charme und deutliche Abnutzungsspuren lassen darauf schließen, dass es oft und gerne genutzt wird, „aber da können bloß drei sitzen“, meint Frau Adler bedauernd, und wir stellen uns vor, wie hier gemütlich geschwatzt wird, wenn es zu böig ist, um im Garten zu sitzen.

Jedes Mitglied der Wohngemeinschaft hat für die „eigenen vier Wände“ mit dem Vermieter, einer Dresdner Wohnungsbaugesellschaft, einen eigenen Mietvertrag abgeschlossen; die gemeinsam genutzten Flächen sind darin anteilig berücksichtigt. Es sei der klugen Planung des Vereinsvorstandes zu verdanken, sagt Gottfried Adler, dass auf diese Weise jeder die Garantie habe, innerhalb der Gemeinschaft ein eigenständiges Leben führen und sich bei Bedarf zurückziehen zu können. Scheidet ein Mitglied aus der Wohngemeinschaft aus, müssen die anderen nicht für den Mietausfall geradestehen. Auch der Vermieter drängt in solchen Fällen bislang nicht auf eine möglichst schnelle Neubelegung – aus gutem Grund: Allein in Dresden stehen so viele Wohnungen leer, dass städtische wie private Gesellschaften sich über jeden neuen Mieter freuen und zu Kulanzregelungen gezwungen sind.

Die Dresdner WG hat bei der Suche nach einem Nachfolger oder einer Nachfolgerin genügend Zeit, um eine einstimmige Entscheidung treffen zu können. Doch „es ist wirklich nicht leicht, jemanden zu finden, der einziehen möchte. Jeder braucht wahrscheinlich einen kleinen Anstoß, um etwas Neues anzufangen", meint Helga Adler. „Einen objektiven Nebengrund", fügt ihr Mann hinzu. Bei den Adlers ergab sich dieser objektive Nebengrund, als sie die Miete für ihre alte Wohnung nicht mehr aufbringen konnten. Karl-Heinz Röttjer hingegen lebte vor seinem Einzug in die Wohngemeinschaft in einem Altenheim. Das verschlang nach und nach sein gesamtes Vermögen. Als er sich auf der Suche nach einer Alternative an den „AWiG"-Verein wandte, organisierte der Vorsitzende Erhard Becke zunächst ein Treffen mit den Adlers – „und es hat gleich gefunkt".

Karl-Heinz Röttjer ist zuständig für die Protokolle, die von jeder der wöchentlich stattfindenden Zusammenkünfte der Wohngemeinschaft angefertigt werden. Jeden Mittwoch treffen sich die Bewohnerinnen und Bewohner zum gemeinsamen Kaffeetrinken in der Gartenlaube oder im Gemeinschaftsraum und besprechen praktische und organisatorische Fragen. Auch Besucher, die sich über das Wohnen in einer Alten-Wohngemeinschaft informieren möchten, sind bei diesen Zusammenkünften willkommen. Häufig nimmt auch die „Begleiterin", die der Gemeinschaft vom „AWiG"-Verein zur Seite gestellt wurde, an den Kaffeenachmittagen teil. Vor allem in der

Anfangsphase des Zusammenlebens sollte sie bei aufkommenden Konflikten als Moderatorin oder Schlichterin fungieren. Doch zu einem Streit ist es in der Braunsdorfer Straße bis jetzt noch nie gekommen: „Jeder bringt seine eigene Meinung mit und kann sie auch behalten. Es ist wichtig, dass man auf den anderen eingeht und manchmal ein bisschen zurücksteckt. Jeder kann sich zurückziehen, und dann kommt man wieder zusammen, und alles ist gut", erläutert uns Helga Adler. „Keiner von uns ist nachtragend."

Helga Adler führt diese ausgeprägte Toleranz der WG-Mitglieder auf einen grundlegenden Gemeinsinn zurück, der sich zum Teil sicherlich biografisch erklärt. Die Adlers zum Beispiel kommen aus einer großen Familie. Sie haben 18 Enkel, waren aktive Mitglieder der Kirchengemeinde und hatten „immer schon viel Besuch". Keinesfalls wollten sie einmal ihren Kindern zur Last fallen – und so entschlossen sie sich trotz zunächst skeptischer Reaktionen der Familie zum Einzug in die Wohngemeinschaft. Doch dies war nicht der einzige Grund: „Wenn einer von uns stirbt, dann gibt es noch die Gemeinschaft, und die wird meinen Mann oder mich auffangen", erklärt Helga Adler.

Das Vertrauen, das aus ihren Worten spricht, ist das Ergebnis eines Gruppenprozesses, für den die Wohngemeinschaftsmitglieder sich viel Zeit ließen. Zunächst trafen sie sich unter der Schirmherrschaft des „AWiG"-Vereins ein gutes Jahr lang regelmäßig einmal pro Monat, um einander kennen zu lernen und herauszufinden, ob die Wellenlänge stimmt. Die Treffen wurden zunächst von etwa acht bis 15 Personen besucht, aus denen sich allmählich ein Kern von sieben Gründungsmitgliedern herauskristallisierte, die das „Abenteuer Wohngemeinschaft" zusammen wagen wollten. Zu Beginn ihres Zusammenlebens habe es nur wenige gemeinsame Aktivitäten gegeben, erzählt uns Gottfried Adler.

„Bei uns war es umgekehrt wie in vielen anderen Gemeinschaften. Wir haben zu Anfang ganz wenig zusammen gemacht. Wir haben uns nur einmal die Woche zum Kaffeetrinken getroffen. Als der Vereinsvorstand uns zu verstehen gab, dass er mehr gemeinschaftliche Aktivitäten von uns erwartete, haben wir gesagt: Wir fangen mit ganz kleinen Brötchen an. Was dann so nach und nach wächst, nur das hat Bestand, und genau so ist es auch gekommen. Trotzdem sind wir Individualisten geblieben" – Individualisten, die von Zeit zu Zeit zusammen feiern, schon einmal gemeinsam in Urlaub gefahren sind und in der Regel gemeinsam zu Mittag essen.

Helga Adler kauft jeden Tag für alle, die mitessen wollen, ein und kocht. „Außer donnerstags, da habe ich frei", sagt sie. Die Kosten werden umgelegt. Es gibt weder eine ausgesprochene noch eine unausgesprochene Verpflichtung, an diesen gemeinsamen Mahlzeiten teilzunehmen. Wer möchte, kann sein eigenes Essen mit an den Tisch bringen. „Doch niemand muss alleine essen. Außer es fühlt sich mal jemand nicht so. Dann isst er eben bei sich", erklärt Gottfried Adler, und seine Frau ergänzt: „So läuft das eben hier. Jeder kann machen, was er will." Und keiner ist ausschließlich auf die Gemeinschaft angewiesen. Familienangehörige und Freunde spielen im Alltagsleben eine wichtige Rolle, und wer Besuch hat, kann sich darauf verlassen, dass die anderen den zeitweiligen Rückzug aus dem Gemeinschaftsleben akzeptieren.

Muss jemand ein paar Tage lang das Bett hüten, kaufen die anderen für ihn ein. Zwei Wohngemeinschaftsmitglieder nehmen den Dienst des in unmittelbarer Nachbarschaft gelegenen ambulanten Pflegezentrums in Anspruch. An längerfristige gegenseitige Pflege sei nicht gedacht. „Wir sind alle alt, und einander zu pflegen überfordert den Einzelnen schon körperlich“, meint Gottfried Adler und fügt hinzu, dass diese Regelung sich gut bewährt habe. Eher setzen die WG-Bewohner auf seelisch-moralische Unterstützung – und haben bereits den Beweis dafür erbracht, dass menschliche Anteilnahme einen Genesungsprozess enorm beschleunigen kann. Als Karl-Heinz Röttjer sich einer schweren Operation unterziehen musste, kam für seine Mitbewohner gar nichts anderes in Frage, als ihn danach wieder in die Gemeinschaft aufzunehmen und nach Kräften zu unterstützen – mit ihrer Heiterkeit, ihrer zufriedenen Gelassenheit und der offensichtlichen Bereitschaft, dem Leben auch in schwierigen Momenten ein Lachen abzutrotzen. Karl-Heinz Röttjer hat nach seiner Krankheit schnell wieder in den Lebensalltag zurückgefunden.

Unsere Gastgeber sind sich darüber einig, dass eine Entscheidung für den Einzug in eine Senioren-Wohn- oder -Hausgemeinschaft möglichst bald nach dem Ende der Erwerbstätigkeit erfolgen sollte. „Es muss in die Köpfe rein, dass man sich nach dem Arbeitsprozess überlegt, wie man die nächsten zehn, zwanzig Jahre leben möchte. Wenn Sie warten, bis Sie nicht mehr zurechtkommen, dann können Sie das vergessen, dann ist es zu spät!“ Auch für die eigene Gemeinschaft wünschen sie sich – im Fall des Falles – als zukünftige Mitbewohner oder Mitbewohnerinnen etwas jüngere Leute, die noch in der Lage sind anzupacken, wenn die Älteren immer gebrechlicher werden. Ansonsten sind ihre Wünsche sehr bescheiden: ein wenig mehr Platz für jeden Einzelnen und ein separater Schlafraum, das wäre schön. Dass eine andere Dresdner Wohngemeinschaft in der Michelangelostraße in den Genuss dieses Komforts kam, ist nicht zuletzt dem beharrlichen Insistieren der Adlers und ihrer MitbewohnerInnen zu verdanken.

Es ist spät geworden. Rings um die Laube haben sich im Laufe des Nachmittags ein paar Meisen versammelt – in der Hoffnung, dass vom baldigen Abendessen wie immer ein paar Brocken für sie abfallen werden. Es wird Zeit für uns, Abschied zu nehmen. Die anfänglichen Zweifel am Gemeinschaftsmotto der WG sind längst der Überzeugung gewichen, dass die Dresdner ihm voll und ganz gerecht werden: „Hobby ist unser gemeinsames Leben."

Ganz anders gestaltet sich der Alltag in der zweiten Dresdner WG in der Michelangelostraße. Gerade erst konnte für das letzte kleine Apartment in der riesigen Wohnung eine Mieterin gefunden werden – und wir platzen mitten in ihren Einzug hinein. Trotzdem werden wir freundlich empfangen und bereitwillig herumgeführt. Die Räumlichkeiten, die wir zu sehen bekommen und von denen uns die Adlers bereits vorgeschwärmt hatten – „das müssen Sie sich unbedingt anschauen" –, übertreffen unsere Erwartungen. Das liegt nicht nur an dem wunderbaren Blick auf das Elbtal, der sich aus dem siebten Stock bietet, sondern auch daran, dass Küche, Gemeinschaftsraum, Pflegebad und Diele deutlich komfortabler ausgestattet sind als in der Braunsdorfer Straße. Hier hat jedes der sechs Gemeinschaftsmitglieder eine Anderthalbzimmerwohnung mit Wohnzimmer, abgeteilter Schlafnische, Miniküche und Minibad. Die meisten Wohnungen verfügen außerdem über einen eigenen Balkon. Der einzige Nachteil, so scheint es, sind die schweren, feuersicheren Türen zwischen Treppenhaus und Wohnungseingang sowie zwischen Gemeinschaftsraum und Diele, die nur mit viel Kraftaufwand zu öffnen sind und für RollstuhlfahrerInnen ein ernsthaftes Hindernis darstellen. Doch an dieser Bauauflage war offensichtlich nicht zu rütteln. Die weiträumige Diele ist nur spärlich möbliert und bislang nahezu ohne Bilder- oder Blumenschmuck geblieben. Gemeinschaftsküche und Gemeinschaftsraum sind picobello aufgeräumt und scheinen nur selten benutzt zu werden. Ein wenig steril und sehr neu wirkt das alles – als traue sich hier niemand so recht, außerhalb seiner vier Wände persönliche Spuren zu hinterlassen.

Das ist eigentlich kein Wunder: Seit dem Einzug der ersten BewohnerInnen ist erst ein halbes Jahr vergangen. Bei der Vorbereitung sei einiges schief gelaufen, erklärt uns Herr Becke, die Sanierung der Wohnung habe sich so lange hingezogen, dass immer wieder InteressentInnen abgesprungen seien und den Verbliebenen am Ende nur ein Monat Zeit blieb, um einander kennen zu lernen – viel zu wenig, um gemeinsame Interessen, geschweige denn ein Gemeinschaftsgefühl zu entwickeln. So dreht sich unser kurzes Gespräch mit Irene Rostalski, das im Stehen auf einem der Balkone stattfindet, denn auch weniger um die positiven Seiten des Gemeinschaftslebens als vielmehr um die Probleme, die damit verbunden sind, sich zusammenzuraufen. Einer der Herren schotte sich vollständig ab, erzählt uns Frau Rostalski, aber auch sie selbst sei bisher eher für sich geblieben. Trotzdem fühle sie sich wohl in der WG. „Zuerst wollte ich zu meiner Tochter ziehen, doch die lebt zu weit draußen. Mit meinem künstlichen Hüftgelenk bin ich nicht mehr so gut zu Fuß, deshalb habe ich nach einer Wohnung in zentraler Lage gesucht. Außerdem wollte ich selbstständig, aber nicht allein wohnen. Das hier ist ideal für mich."

Auch die anderen sind mit ihren Apartments ganz offensichtlich zufrieden, und dass das Umfeld stimmt, gehört für den Initiator, den „AWiG"-Verein, zu den Grundbedingungen, die eine WG-taugliche Wohnung erfüllen muss: Wie in der Braunsdorfer Straße befindet sich ein Straßenbahnanschluss direkt vor der Haustür, Läden, Ärzte, Physiotherapeuten sind in unmittelbarer Nähe. Noch ist offen, ob es den WG-BewohnerInnen gelingen wird, trotz der nicht gerade idealen Startbedingungen so etwas wie ein Gemeinschaftsleben zu entwickeln. Immerhin haben sie sich vorgenommen, demnächst einmal zusammen ins Theater zu gehen. Und als wolle sie uns beweisen, dass auch in dieser WG Raum für Leichtigkeit und Begeisterungsfähigkeit ist, ruft Frau Rostalski uns aufgeregt noch einmal zurück, als wir schon auf dem Weg zum Parkplatz sind: Am Horizont seien mehrere Heißluftballons aufgetaucht, die dürften wir uns nicht entgehen lassen ...

Die Wohngemeinschaft – Ein „soziales Kunstwerk"

Wohngemeinschaften sind den meisten Menschen spätestens seit Ende der 60er Jahre ein Begriff – aus der Presse, aus Erzählungen ihrer Kinder oder weil sie selbst in jungen Jahren damit Erfahrung sammeln konnten. Doch Wohngemeinschaften für alte Menschen? Dieser Gedanke erscheint vielen gar zu exotisch, ruft er doch häufig die aus Studentenzeiten vertrauten Bilder von Geschirrbergen und ungeputzten Bädern auf den Plan. Das Erscheinungsbild moderner WGs hat sich inzwischen jedoch grundlegend gewandelt. Heutzutage werden Wohngemeinschaften von Menschen jeden Alters gegründet, und immer häufiger findet man auf den Anzeigenseiten von Stadtmagazinen oder Tageszeitungen Inserate von 40-,

50- oder 60-Jährigen, die das Alleinsein satt haben und nach dem Motto „Gemeinsam statt einsam" nach wahlverwandtschaftlichen Lebensformen suchen, wie sie Ulrich Schmidt schon 1990 in seinem Buch *Wahlfamilie* beschrieb. Als einer der ersten „Alten" war der damals 71-Jährige in eine Alt-und-Jung-Wohngemeinschaft in einer ehemaligen Hamburger Kindertagesstätte eingezogen. Diesen Entschluss hat er bis heute nicht bereut, auch wenn er die WG inzwischen verlassen hat, um mit seiner Lebensgefährtin zusammenzuleben.

Entsprach Ulrich Schmidts Wohngemeinschaft noch der „klassischen" Form – pro Person ein Zimmer; Bad, Küche und weitere Gemeinschaftsräume werden geteilt –, so liegen inzwischen größere Wohneinheiten mit mehr Privatfläche einschließlich eigener (Mini-)Küche und eigenem Duschbad im Trend. Die knapp 30 bis 35 Quadratmeter großen Apartments für eine Person und das 43 Quadratmeter große Apartment für zwei Personen in den Dresdner Wohngemeinschaften sind dennoch nicht gerade üppig bemessen, und trotz der großzügigen Gemeinschaftsflächen klagt so mancher Bewohner über die Enge in den eigenen vier Wänden, vor allem dann, wenn das WG-Leben sich nicht wunschgemäß entwickelt.

Tatsächlich verlangt das Zusammensein auf relativ engem Raum den Mitgliedern einer Wohngemeinschaft einiges an Toleranz, Rücksichtnahme und Kompromissbereitschaft ab. Innerhalb einer gemeinsamen Wohnung ist es unmöglich, einander auszuweichen, Streitigkeiten zwischen einzelnen BewohnerInnen infizieren schnell die gesamte WG und können die Stimmung gründlich verderben. „Wir schließen die Türen immer öfter voreinander ab", gestand uns beispielsweise ein WG-Bewohner, der sich zwar Diskussion und „Reibung" wünscht, Konflikte jedoch auf einer höheren intellektuellen Ebene gelöst sehen möchte und daher lieber gebildetere Leute um sich hätte. Vorurteile, Antipathien, Ängste und Marotten finden im „Dampfkochtopf" WG einen idealen Nährboden. Bildungsunterschiede können zu einer rasanten Hierarchiebildung beitragen, sprachliches Vermögen oder Unvermögen die eine in die Offensive, den anderen ins innere Exil treiben. Auf der anderen Seite gibt es kein besseres Mittel gegen Einsamkeit und depressive Verstimmungen als eine Wohngemeinschaft: Der Druck, sich mitzuteilen und sich in irgendeiner Form am Gemeinschaftsleben zu beteiligen, zwingt auch den introvertiertesten Mitbewohner aus seinem selbst gezimmerten Elfenbeinturm.

In vielen Gemeinschaften vermitteln die Mitglieder einander täglich auf symbolische Weise, dass es ihnen gut geht, etwa durch Buttons, die an einer Pinnwand im Flur angebracht werden, oder ein Schild an der Türklinke. Zudem hat sich erwiesen, dass das Leben in einer Wohngemeinschaft das subjektive Wohlbefinden jedes Einzelnen steigern kann, auch wenn sein Gesundheitszustand sich objektiv verschlechtert. Grund dafür ist die Tatsache, dass bei jedem Menschen, der sich einer (neuen) Herausforderung durch andere stellt, Ressourcen angezapft werden, deren Nutzung Kraft und Stärke vermitteln kann: „Verantwortung nicht nur für sich, sondern auch für andere zu übernehmen vermittelt das Gefühl, gebraucht zu werden und für andere Menschen wichtig zu sein. Was das für alte Menschen bedeutet, die ja gesellschaftlich in die Funktionslosigkeit abgedrängt werden, kann gar nicht hoch genug eingeschätzt werden." Es stärke das Selbstbewusstsein und fördere die Integration in die Gruppe. „Das Gewähren von Unterstützung kann deshalb auch zum Wohlergehen im Alter beitragen, jedenfalls dann, wenn es nicht zur Überforderung wird“ (Osterland 2000, S. 68).

Als Mikrokosmos mit Katalysatoreffekt gleicht eine Wohngemeinschaft tatsächlich einer Familie – keine andere gemeinschaftliche Wohnform kann auch nur annähernd so viel Nähe und Geborgenheit und zugleich Reibungsflächen und Konfliktpotenziale bieten. Damit das Gemeinschaftsleben gelingt, sollten die „Familienmitglieder“ möglichst gut zueinander passen; gibt es nicht wenigstens ein verbindendes Element zwischen den Bewohnern, ein gemeinsames Interesse oder, besser noch, ein gemeinsames Ziel, droht das Experiment WG zu scheitern. Zu einem ähnlichen Schluss kommt auch die Teilnehmerin eines Internetforums. Sie führt den Erfolg einer recht heterogen zusammengesetzten Gemeinschaft, deren Mitglieder ganz unterschiedliche Interessen pflegen, darauf zurück, dass alle Beteiligten sich kirchlich engagieren und „so ziemlich denselben Bildungshorizont“ haben. „Ich glaube, diese beiden Punkte sind ausschlaggebend für das harmonische Zusammenleben“ (www. seniorentreff.de/diskussion/archiv8/a42.html, 3.12.2002).

Noch ein dritter Punkt scheint in diesem Zusammenhang wichtig. Die eingangs porträtierte Dresdner WG zeichnet sich unter anderem durch ihre Einigkeit darüber aus, dass jeder so sein darf, wie er ist. „Freiwilligkeit ist oberstes Gebot. Gruppenzwang ausgeschlossen“, lautet ein Kernsatz ihrer Philosophie. Funktioniert dieses „Laisser-faire“, ohne dass die einen unverhältnismäßig viel und die anderen unverhältnismäßig wenig ins Gemeinschaftsleben investieren, ist es vermutlich das beste Erfolgsrezept für das Gelingen einer WG. Doch den richtigen Worten auch die richtigen Taten folgen zu lassen ist nicht immer einfach – und erfordert einen langen Atem. Die Dresdner WG hat für die Erprobung ihrer Philosophie bis heute immerhin schon über fünf Jahre Zeit gehabt. Dass dieser Prozess ohne ernsthafte Streitereien vonstatten ging, ist außergewöhnlich und spricht für eine glückliche Fügung und die große menschliche Reife der WG-Mitglieder. In den meisten „Wahlfamilien" gestaltet sich das Zusammenwachsen eher als ein Zusammenraufen. Die Unterstützung durch eine Supervisorin oder einen Moderator, die bei strittigen Punkten vermitteln oder verdeckte gruppendynamische Prozesse zur Sprache bringen, ist für Wohngemeinschaften daher besonders wichtig.

Ein geradezu klassisches Feld zur praktischen Erprobung wohl gemeinter Absichtserklärungen ist die Haushaltsführung, laut Ulrich Schmidt „ein Horrorthema in jeder, wirklich jeder Wohngemeinschaft. Auch bei uns hat es zu Anfang heftige Diskussionen gegeben. Da zeigt sich der Unterschied der Generationen. Wer in seinem Leben schon einmal längere Zeit für einen Haushalt verantwortlich war und dabei erfahren hat, um wie viel bequemer und zeitsparender es ist, Schmutz und Unordnung sofort zu beseitigen und nicht erst dann, wenn die Küche zum Chaos geworden ist – wer das erlebt hat, beseitigt auch in der Gruppe aus alter Gewohnheit, was die in Haushaltsdingen Unerfahrenen liegen lassen" (1990, S. 42).

Sind reine Alten-WGs also die besseren WGs? Ulla de Pellegrini, selbst auf der Suche nach Gleichgesinnten für die Gründung einer Wohngemeinschaft, vertritt diese These noch vehementer als Ulrich Schmidt. In einem Interview des Online-Magazins Journal B begründete sie ihre Überzeugung, dass es bei Menschen in fortgeschrittenem Alter kaum zu Streitigkeiten wegen ungewaschenen Geschirrs und nicht beseitigter Müllberge wie in Jungen-

WGs kommen werde, so: „Da wird jeder froh sein, überhaupt noch etwas für die Allgemeinheit beizutragen, und wenn's nicht geht, kann man sich zu dritt oder viert vielleicht doch eine Putzhilfe leisten. Meine Haupterwartung wäre jedoch, eine absolute Rückzugsmöglichkeit und gewährleistete Intimsphäre zu haben, also mindestens zwei kleine eigene Räume" (www.doc-dangel.de/journalb/BETTINA3.html, 3.12.2002).

Auch in diesem Zusammenhang empfiehlt sich die Dresdner WG als Hoffnungsträgerin. Sie hat das Problem der Arbeitsteilung pragmatisch, wenn auch „rollenkonform" geregelt: Die Männer sind für handwerkliche Dinge zuständig, die Frauen eher fürs Ambiente. Beim Geschirrspülen und -abtrocknen hingegen helfen alle mit. Und der Staubsauger ist ebenfalls für alle da. Der Nachteil reiner Alten-WGs liegt allenfalls in der Tatsache, dass im Laufe der Zeit die Körperkräfte bei allen schwinden, wenn auch nicht unbedingt gleichmäßig. Manche Gemeinschaften streben daher eine gewisse Altersdurchmischung an – wohl wissend, dass ein vergleichsweise „jugendliches" Alter von beispielsweise 50 Jahren keine Garantie für langjährige Fitness und Gesundheit bietet.

Die meisten älteren Menschen leben vor dem Einzug in eine Wohngemeinschaft allein, sei es, weil der Partner oder die Partnerin verstorben ist, die Kinder ausgezogen sind oder man sich getrennt hat. Dass Ehepaare wie die Adlers gemeinsam in eine WG ziehen, kommt selten vor; in manchen Gemeinschaften sind Paare auch gar nicht erwünscht, aus Furcht, sie könnten die Gruppenbalance gefährden. Doch warum eigentlich sollte diese Form des gemeinschaftlichen Wohnens Paaren verschlossen bleiben – zumindest solchen, die sich nicht in symbiotischer Zweisamkeit gegen den Rest der Welt verschworen haben und folglich ohnehin kaum auf den Gedanken kämen, in eine WG zu ziehen? Auch eine Internetnutzerin plädiert in einem Forum zum gemeinschaftlichen Wohnen im Alter dafür, zu zweit in die WG zu ziehen. „Wenn der Aktionsradius eingeschränkter wird, dann ist es sicher auch für (Ehe-)Partner schön, wenn jeder außerdem noch andere Gesprächspartner findet" (www.senioren-treff.de/diskussion/archiv8/a42.html, 3.12.2002).

Doch nicht nur der Aktionsradius schrumpft mit zunehmendem Alter. Auch der Freundeskreis wird kleiner, die Gefahr des Vereinsamens steigt entsprechend. In dieser Situation kann die Anwesenheit anderer Menschen beide Partner sehr entlasten: Der Druck, der entsteht, wenn zwei Menschen die ganze Last gegenseitiger Verantwortung tragen, verteilt sich plötzlich auf mehrere Schultern. „Wenn einer von uns stirbt, dann gibt es noch die Gemeinschaft, und die wird meinen Mann oder mich auffangen", hatte Frau Adler gesagt. Auch dies ist ein guter Grund, als Paar in die WG zu ziehen.

Wohngemeinschaften sind eine der preiswertesten Varianten des gemeinschaftlichen Wohnens. Die Mieten bewegen sich in der Regel im Rahmen der von den Sozialämtern gesetzten Grenzen; und selbst wenn sie deutlich darüber liegen, ist das WG-Apartment mit oder ohne Inanspruchnahme von ambulanter Pflege ungleich preiswerter als ein Zimmer in einem Altenheim oder eine kleine Behausung in einer Einrichtung des Betreuten Wohnens. Der „AWiG"-Verein beziffert die Einsparungen, die bei der Unterbringung in einer Wohngemeinschaft statt in einem Altenheim möglich sind, bei einer monatlichen Rente von 715 Euro mit durchschnittlich 8 500 bis 12 000 Euro pro Person und Jahr. Führt man sich vor Augen, dass für die Unterkunft im Altenheim häufig nicht nur die Rente, sondern auch sämtliche Ersparnisse geopfert werden müssen, ist es nicht verwunderlich, dass bei dem Gedanken, in eine WG zu ziehen, das Preis-Leistungs-Verhältnis bei vielen Menschen eine wichtige Rolle spielt: „Man könnte sich mit mehreren einfach mehr leisten als alleine, eine größere Wohnung, vielleicht ein Haus mieten?“ (Ulla de Pellegrini, www.docdangel.de/journalb/BETTINA3.html, 3.12.2002). Bei manchen ist dieser Gedanke auch schlicht und einfach aus der Not geboren, und angesichts der steigenden Kosten im Gesundheits- und Sozialwesen bei gleichzeitig sinkenden oder stagnierenden Renten steht zu befürchten, dass ihre Zahl in Zukunft zunehmen wird.

Auf unsere Frage, ob sie das „Abenteuer Wohngemeinschaft“ noch einmal wagen würden, antworteten die meisten unserer InterviewpartnerInnen mit Ja – einem Ja, das manchmal mit gewissen Einschränkungen verknüpft wurde, etwa dem Wunsch nach einer homogeneren sozialen Zusammensetzung, oder einem Ja aus voller Überzeugung, weil es gelungen war, die richtige Balance zwischen Nähe und Distanz zu finden und aus einem eher zufällig entstandenen Gefüge eine Gruppe mit stabiler Basis zu machen, die jedem Einzelnen Halt, Geborgenheit und Wärme vermittelt. Diese Balance zu finden ist wahrscheinlich die eigentliche Herausforderung einer Wohngemeinschaft. Keine andere gemeinschaftliche Wohnform bietet dem oder der Einzelnen so viele Möglichkeiten, emotionale und geistige Potenziale noch einmal neu zu erproben und zu entfalten, eigene Grenzen kennen zu lernen und vielleicht mutig zu überschreiten. „Wohngruppen, wenn sie gelingen, sind soziale Kunstwerke“, schrieb Ulrich Schmidt in seinem Buch (1990, S. 12). Dem ist nichts hinzuzufügen.

Hausgemeinschaften

„Turmspringerin muss man sein“ – Die Hausgemeinschaft „Alt und Jung“ in Hannover

Marianne Voss* holt uns vom Bahnhof ab. Am Telefon hatte sie sich als „kleine alte Frau“ mit blauer Bluse und heller Hose beschrieben und uns mit ihrem Humor sofort für sich eingenommen. Tatsächlich erkennen wir sie auf den ersten Blick: Kaum haben wir die Rolltreppe hinab in die „Katakomben“ des Hannover'schen Bahnhofs betreten, sehen wir sie bereits lebhaft winken. Wenig später begrüßt sie uns mit einem kräftigen Händedruck.

Durch den Hinterausgang geht es an einer Disko, einem großen Kino und mehreren Geschäften vorbei in ein nahe gelegenes, ruhiges Wohnviertel mit alten Stadtvillen und gepflegten Vorgärten. Vor einem grün gestrichenen Gebäude aus den 20er Jahren endet unser kurzer Spaziergang – noch ein paar Stufen, und wir stehen in der weitläufigen Diele. „Behindertengerecht ist das hier nicht“, beantwortet Frau Voss unsere unausgesprochene Frage, „und das Haus ist auch nicht mehr umzubauen.“ Dafür strahlt es die behäbige Eleganz alter, behutsam restaurierter Patriziergebäude aus.

Über seine bewegte Geschichte möchte Frau Voss uns nur wenig verraten. „Vielleicht schreibe ich mal ein Buch darüber“, erklärt sie uns. Nur so viel dürfen wir erfahren: Es handle sich um eine ehemalige Pension. Über den

* Alle Namen in diesem Kapitel wurden geändert.

ausgetretenen, gemusterten Fliesenboden müssen Generationen von Gästen gelaufen sein, von seiner ansprechenden Wirkung hat er jedoch bis heute nichts eingebüßt. Die dunklen, nach alter Manier gemalten Porträts an den Wänden stellen Ahnen zweier Bewohnerinnen dar.

Bevor wir durch die große Gemeinschaftsküche hinaus in den Garten gehen, wo die anderen Hausbewohnerinnen uns erwarten, macht Marianne Voss uns noch auf das „Hausbuch“ aufmerksam, das aufgeschlagen auf einer Konsole liegt und in dem auch der Gesprächstermin mit uns festgehalten ist. „Hier werden alle wichtigen Termine eingetragen, sodass nicht eine von uns ständig rumlaufen muss, um die anderen darüber zu informieren. Jede schaut in diesem Buch nach, ob etwas anliegt.“

Es ist warm an diesem sonnigen Nachmittag, und im Garten stehen Kaffee und selbst gebackene Plätzchen bereit. In den Beeten rings um den Rasen blühen Sonnenhut und Rosen. Sie lassen darauf schließen, dass hier begabte Gärtnerinnen Hand anlegen, und in der Tat haben zwei Bewohnerinnen, so die einhellige Meinung der anderen, einen „grünen Daumen“. Da nur eine Wohnung über einen eigenen, sehr schönen Balkon verfügt, ist der Garten ein häufig genutzter Treffpunkt, wo man sich gerne zum Kaffeetrinken und Schwatzen zusammenfindet.

Jede der sechs Frauen verfügt innerhalb des dreistöckigen Hauses über eine eigene, zwischen 32 und 40 Quadratmetern große Wohnung aus Wohn- und Schlafzimmer, die mit Pantry-Küche und Duschbad ausgestattet ist. Doch nur die Dachwohnung besitzt eine zusätzliche eigene kleine Diele, und so nutzen die Frauen den Eingangsbereich, die Flure und Postamente, um dort Garderobe, Bücherregale oder Möbel unterzubringen, die in den Wohnungen keinen Platz finden und stattdessen dem Treppenaufgang eine wohnliche Atmosphäre verleihen. Das Erdgeschoss ist vorwiegend gemeinschaftlichen Einrichtungen vorbehalten: Außer einem Apartment befinden sich dort die Gemeinschaftsküche, ein Gästezimmer, das auch als Büro dient, und ein Bad. Weitere Wirtschaftsräume liegen im Keller: eine zweite Küche, ein Wäscheraum mit zwei Waschmaschinen, ein Trockenraum und ein Abstellraum mit Regalen und einer Kühltruhe, in der jede ihre Vorräte unterbringen kann. Die Garage bietet Platz für Fahrräder.

Der Entschluss, in dieses Haus einzuziehen, fiel 1995, als ein Bauträger dem Verein „Alt und Jung e.V.", der bereits jahrelang nach einer Möglichkeit für generationenübergreifendes Wohnen gesucht hatte, die alte Villa zur Miete anbot. Mangels Alternativen griff der Verein zu – im Bewusstsein, dass sich die Möglichkeit, geeigneten Wohnraum zu finden, so schnell nicht wieder bieten würde. Doch die langwierige Suche nach einem passenden Objekt hatte die Zahl der Interessentinnen schrumpfen lassen: Inzwischen nur noch zu dritt, suchten sie per Annonce drei weitere Mitstreiterinnen oder Mitstreiter, die bereit waren, mit ihnen zusammenzuziehen und durch den Abschluss eines gemeinschaftlichen Mietvertrags auch gesamtschuldnerisch für eventuelle Mietausfälle zu haften. Dass damals und auch später kein Mann eingezogen sei, verdanke sich eher dem Zufall, ein „Frauenprojekt" hätten sie nie geplant. „Ein Bewerber ist kurz vor dem Einzug abgesprungen, weil er nicht der einzige Mann im Haus sein wollte", erzählt uns Karoline Dörflinger. Marianne Voss allerdings räumt ein, dass „ich das hier mit meinem Mann gar nicht hätte machen können, Männer sind offensichtlich nicht flexibel genug für Projekte wie dieses".

Unter Frauen war und ist die Nachfrage nach dem Wohnen in Hausgemeinschaften hingegen nach wie vor ungebrochen. Als nach dem plötzlichen Tod einer der Gründungsfrauen und dem Auszug einer weiteren zwei Wohnungen frei wurden, meldeten 29 Bewerberinnen ihr Interesse an. Den Zuschlag erhielten schließlich zwei Frauen, die sich durch die Teilnahme an einem Seminar über das gemeinschaftliche Wohnen im Alter für das Projekt qualifiziert und die Zustimmung aller Bewohnerinnen gefunden hatten. Denn wie in vielen anderen Gemeinschaften muss auch hier über die Aufnahme neuer Mitglieder einstimmig entschieden werden.

Von den jetzigen Hausgenossinnen ist die jüngste 57, die älteste 74 Jahre alt. Eine von ihnen ist noch berufstätig. Die Frauen betrachten ihr Projekt als generationenübergreifend, was bei einem Altersunterschied von 17 Jahren vielleicht ein wenig übertrieben erscheint, doch dieser Altersunterschied bietet zumindest eine gewisse Garantie dafür, dass die Älteren im Falle zunehmender Gebrechlichkeit auf die Unterstützung der Jüngeren bauen können. Bei starker Gehbehinderung oder Pflegebedürftigkeit ist der Verbleib in der Hausgemeinschaft jedoch nicht gewährleistet, allein schon wegen der vielen Treppen. Zwar haben sich die Frauen im „wahlverwandtschaftlichen Sinne“ vertraglich dazu verpflichtet, sich gegenseitig zu unterstützen und sich im akuten Krankheitsfall umeinander zu kümmern. Bei schwerer, unabsehbarer Erkrankung jedoch „wird zu entscheiden sein, ob die Hausgemeinschaft diese Belastung tragen kann“. In Absprache mit den Angehörigen soll dann eine „gute Versorgung“ gefunden werden. Die Frauen haben einander nicht das Versprechen gegeben, sich gegenseitig bis zum Tod zu pflegen. Kann die Gemeinschaft die Betreuung nicht mehr leisten, wird ein ambulanter Pflegedienst eingeschaltet; reicht auch das nicht aus, bleibt nur der Umzug ins Pflegeheim. Marianne Voss hat sich bereits ein Heim in der Nachbarschaft ausgesucht: „Dann können die anderen mich besuchen."

Düstere Zukunftsvisionen wie diese sind derzeit allerdings kein Thema; dazu sind die Frauen viel zu beschäftigt. Ihre diversen, meist ehrenamtlichen Aktivitäten und Hobbys, vielseitige Interessen, ein jeweils eigener Freundeskreis, der gepflegt werden möchte, und familiäre Verpflichtungen führen dazu, dass das gemeinschaftliche Leben vor allem am Jour fixe, dem Donnerstagabend, stattfindet, wenn eine von ihnen für die anderen kocht, und sich ansonsten auf spontane Unternehmungen wie Radtouren oder gemeinsames Sporttreiben beschränkt. Vor allem die älteren Hausbewohnerinnen empfinden die durch die Verrentung gewonnene Freiheit, sich nicht mehr an feste Termine halten zu müssen, als großen Gewinn – „ich genieße es sehr, mir den Tag frei einteilen zu können", meint zum Beispiel Marianne Voss –, während die beiden „Neulinge" der Hausgemeinschaft (eine von ihnen ist ein halbes Jahr, eine erst sechs Wochen dabei) sich mehr gemeinschaftliche Aktivitäten wünschen.

In einem Punkt sind sie sich allerdings einig: Nicht alleine zu wohnen, jederzeit eine Mitbewohnerin treffen zu können, ohne sich zu irgendetwas verpflichtet zu fühlen, halten alle für ein großes Plus der Gemeinschaft. „Hier wohnen Leute, auf die ich mich verlassen kann; es geht nicht so unverbindlich zu wie in einem Mietshaus", fasst Karoline Dörflinger die gemeinsamen Erfahrungen zusammen. Wer seine Ruhe haben möchte, schließt einfach die Tür hinter sich; steht sie offen, wissen die anderen, dass Besuch willkommen ist. Auch auf anderen Gebieten funktioniert die symbolische Kommunikation:

Normalerweise wäscht jede Frau ihre Wäsche für sich. Manchmal jedoch kommt es vor, dass die Wäsche wie von Zauberhand gebügelt und zusammengefaltet schrankfertig in der Waschküche liegt. Ungezwungener lässt Sympathie sich nicht mitteilen.

Natürlich sind in den bisher sieben Jahren ihres Zusammenlebens Konflikte unter den Frauen nicht ausgeblieben. Hielten sie sich anfangs bei strittigen Themen eher bedeckt, um einander nicht zu verletzen, haben sie inzwischen gelernt, Probleme offen anzusprechen. Leicht gefallen ist ihnen dieser Lernprozess nicht, denn obwohl man „durch den Beruf Teamfähigkeit erlangt, habe ich mir das Wohnen in der Gemeinschaft anders vorgestellt, als es sich dann schließlich entwickelte. Berufliche Auseinandersetzungen führt man anders als persönliche, denn im persönlichen Bereich sind die Ängste größer", schildert Brigitte Holzer ihre Erfahrungen. Bei unüberwindlichen Konflikten soll, wie schon einmal geschehen, eine Mediation oder Gesprächsbegleitung das Fortbestehen der Gemeinschaft sichern. Steht eine Neubelegung an, müssen die Bewerberinnen in einem Fragebogen unter anderem über chronische Erkrankungen Auskunft geben, sodass die Hausbewohnerinnen sich ein Bild davon machen können, was möglicherweise auf sie zukommt. Zu diesem Verfahren haben sie sich erst nach einer schlechten Erfahrung durchgerungen. Dabei legen sie Wert auf absolute Ehrlichkeit.

Weniger am Herzen liegen ihnen einschlägige Gruppenerfahrungen. Zwar ist es ihnen wichtig, dass Bewerberinnen sich mit der Idee des gemeinschaftlichen Wohnens vertraut machen, ansonsten plädieren sie jedoch für den Sprung ins kalte Wasser. Ob man später miteinander zurechtkommt, hänge nicht davon ab, ob man sich ausführlich mit Gruppenprozessen beschäftigt habe, etwa in Form einer Zukunftswerkstatt (vgl. hierzu das Kapitel „Den Wünschen auf die Spur kommen“, S. 169 ff.), lautet die einhellige Meinung. Auch Probewohnen – auf Wunsch möglich – vermittle nichts vom Alltag einer Gemeinschaft. Nein, „Turmspringerin“ müsse man sein, fasst Karoline Dörflinger das Wunschprofil neuer Mitbewohnerinnen in eine Metapher. Eine Turmspringerin stürzt sich nicht einfach Hals über Kopf in die Fluten, aber sie zaudert auch nicht lange.

Gemeinschaft auf Distanz

Frei sein, aber nicht allein, ein unabhängiges Leben führen, aber auf die Gemeinschaft zurückgreifen können – dies ist ein Ideal, dem viele Senioren-Hausgemeinschaften sich verschrieben haben. Eine Hausgemeinschaft bietet allein schon aufgrund der vergleichsweise großzügigen räumlichen Gegebenheiten viel mehr Möglichkeiten als eine Wohngemeinschaft, Abstand zu den anderen HausbewohnerInnen zu wahren und bei Bedarf buchstäblich sein eigenes Süppchen zu kochen: Die eigene Wohnung, so klein sie auch sein mag, ist in der Regel nicht nur geräumiger als ein oder zwei Wohngemeinschaftszimmer, sondern auch „privater“ – ein Rückzugsort, der zwar an gemeinschaftliche Flächen grenzt, aber nicht mitten im Geschehen liegt.

Nichtsdestotrotz sind auch beim Umzug in eine Hausgemeinschaft meist räumliche Einbußen in Kauf zu nehmen. Insbesondere im geförderten Mietwohnungsbau wird überdies gerne an Gemeinschaftseinrichtungen, zum Beispiel Werk- oder Gemeinschaftsräumen, gespart. Wer es sich leisten kann, in eine frei finanzierte Wohnung zu ziehen oder mit einer Bauherrengemeinschaft noch einmal zu bauen, hat wesentlich mehr Gestaltungsmöglichkeiten.

Hausgemeinschaften sind, um mit Fontane zu sprechen, „ein weites Feld“. Sie unterscheiden sich hinsichtlich ihrer Größe, ihrer Zusammensetzung und ihrer Konzepte. Es gibt Senioren-Hausgemeinschaften mit über 40 BewohnerInnen wie zum Beispiel das Projekt „Gemeinschaftliches Wohnen und Leben im Alter“ in Castrop-Rauxel und kleine Hausgemeinschaften wie die oben beschriebene. Manche Hausgemeinschaften sind das Produkt sozialpolitischen Engagements (etwa die Projekte der Grauen Panther), andere haben sich dem Modell des generationenübergreifenden Wohnens verschrieben, um der zunehmenden Abschottung gesellschaftlicher Gruppen voneinander entgegenzuwirken (vgl. hierzu das folgende Kapitel „Mehrgenerationenprojekte“). Wieder andere nehmen ausschließlich Frauen auf.

Trendsetterin vor allem für überschaubare Frauenprojekte war die durch Rundfunk, Fernsehen und Printmedien bekannt gewordene Göttinger Alten-WG „Am Goldgraben“ – ihrem Selbstverständnis nach eine Wohngemeinschaft, faktisch jedoch eine Hausgemeinschaft. Anfang 1994 waren elf Frauen zwischen 69 und 85 Jahren in eine ehemalige Jugendstilvilla mit elf in sich abgeschlossenen Apartments, zwei großen Gemeinschaftsräumen, einer großen Küche, zwei Gästewohnungen, behindertengerechtem Bad und großem Garten einzogen. Die inzwischen hochbetagten Damen, die sich noch heute siezen, waren, so Astrid Osterland in ihrer lesenswerten Studie über das Projekt, „zwar nicht die ersten, wohl aber Pionierinnen in ihrem Metier. Denn auf Erfahrungen, wie das denn funktionieren soll, konnten sie nicht bauen“ (2000, S. 11). Vielmehr bauen inzwischen viele der immer zahlreicher werdenden Nachfolgeprojekte auf das „Göttinger Modell", das seine Vorbildfunktion auch nach fast zehn Jahren noch nicht eingebüßt hat. Entstanden ist es aus einer Initiative des 1986 gegründeten Vereins „Freie Altenarbeit Göttingen e.V.", der auf der Suche nach präventiven Strategien in der Altenarbeit „Rahmenbedingungen für ein selbst organisiertes und selbstbestimmtes Alter" (Osterland 2000, S. 20) schaffen wollte. Herzstück des Konzepts war das bis dato unter älteren Menschen nahezu unerprobte Wohnen in Gemeinschaft. Unter der Schirmherrschaft des Trägervereins machten sich die alten Damen daran, die Gestaltung ihres zukünftigen Domizils zu planen und ihr neues Miteinander zu organisieren. Sie fanden schnell Geschmack an ihrer neuen Rolle als „Aktivistinnen" – und machten dem Verein schon bald die Führungsrolle streitig. Sein Mobilisierungskonzept war aufgegangen. Das Projekt entwickelte sich zum Selbstläufer.

Zahlreiche Hausgemeinschaften verdanken ihre Existenz ähnlich wie die Göttinger WG der Initiative von Vereinen oder Gruppen, die seit Jahren in der Altenarbeit oder Wohnberatung tätig sind und über entsprechendes organisatorisches Know-how verfügen. Sie treten als Ideengeber, Vermittler und Promoter von Projektgruppen auf, die ohne Hilfe von außen entweder gar nicht zustande kämen oder ihre Pläne nicht realisieren könnten – weil die Gemeinschaft zu groß und/oder zu heterogen ist, weil ein Bau- oder Finanzierungskonzept erstellt werden oder ein Antrag auf Fördergelder erfolgreich durch den Bürokratiedschungel gelotst werden muss.

Das Wohnbauprojekt „Reststrauch" in Mönchengladbach zum Beispiel – ein Komplex mit 47 Wohnungen für insgesamt 100 Personen – wurde erst durch eine Sozialpädagogin ins Rollen gebracht, die im Rahmen einer dreijährigen Modellförderung als Ansprechpartnerin sowohl für InteressentInnen als auch für den städtischen Bauträger fungierte. Bei der Auswahl der zukünftigen MieterInnen sorgte sie dafür, dass Bewerberinnen und Bewerber mit Berufen aus dem Sozial- und Pflegebereich bevorzugt wurden – um vor allem den Älteren zu ermöglichen, sich im Bedarfsfall auf unproblematische Weise Unterstützung zu organisieren.

An diesem Beispiel zeigt sich unter anderem, dass Großprojekte gegenüber kleineren Hausgemeinschaften bei kluger Planung praktische Vorteile haben; ihre Verwirklichung allerdings stellt Initiativgruppen oder OrganisatorInnen zuweilen vor nahezu unüberwindlich erscheinende Probleme vor allem logistischer Art, von denen im Kapitel „Ein Haus für uns: Wie realisiert man ein Gemeinschaftswohnprojekt?“ (S. 147 ff.) ausführlich die Rede sein wird. Hier sei dazu nur so viel angemerkt: Viele Projektgruppen benötigen für die Umsetzung ihrer Konzepte nicht nur eine Menge Organisationstalent, sondern auch hohe finanzielle Risikobereitschaft.

Im Kölner „Haus Mobile“ zum Beispiel wurden 15 Wohnungen öffentlich gefördert, acht Wohnungen frei finanziert, und 13 Wohnungen befinden sich im Besitz von Privateigentümern. Dieses unorthodoxe Finanzierungsmodell wäre wohl kaum ohne die Unterstützung des Vereins „Neues Wohnen im Alter e.V.“ zustande gekommen. Überdies entstand „Haus Mobile“ als eines der wenigen großen Projekte unter Federführung eines freien Architekten, der schließlich selbst als Investor für die öffentlich geförderten Wohnbereiche einstieg, da kein Wohnungsbauunternehmen sich auf dieses Experiment einlassen wollte – offensichtlich aus Angst, auf den Wohnungen sitzen zu bleiben. Inzwischen ist „Haus Mobile“ ähnlich wie seinerzeit die Göttinger Alten-WG

„Am Goldgraben" zum Vorzeigeobjekt avanciert und kann sich vor Besuchern kaum noch retten.

Vielen Menschen liegt der Gedanke, in fortgeschrittenem Alter in eine Hausgemeinschaft zu ziehen, näher als die Vorstellung, sich in einer Wohngemeinschaft einzuquartieren. Sie schätzen an dieser „Gemeinschaft auf Distanz" die Möglichkeit, ihren individuellen Lebensstil ohne tatsächlich oder scheinbar ausgeübten Rechtfertigungsdruck weiterführen zu können und nur dann mit den anderen zusammentreffen zu müssen, wenn sie wirklich Lust dazu verspüren. Zudem verkraftet eine vergleichsweise große Gruppe heterogene Lebensstile, Ansichten und Gewohnheiten wesentlich besser als eine kleine. Jeder hat die Möglichkeit, sich zukünftige Freundinnen und Freunde auszusuchen und den anderen einfach aus dem Weg zu gehen. Toleranz und Nerven werden weniger strapaziert als in einer Wohngemeinschaft, denn es gibt weniger Reibungsflächen. Es gibt aber auch weniger Berührungspunkte und Gemeinsamkeiten.

Die Möglichkeiten zur Gestaltung des Gemeinschaftslebens sind so vielfältig wie die Gemeinschaften selbst. Was sie aber trotz aller Verschiedenheit eint, ist die Existenz einer mehr oder weniger strengen „Verfassung", eines Konzepts, das ihre jeweiligen Ziele definiert. Diese „Verfassung" unterscheidet Gemeinschaften, denen irgendeine Idee zugrunde liegt, und sei es nur der Wunsch, nicht alleine alt zu werden, von Mieter- oder Eigentümergemeinschaften, die der Zufall zusammengeführt hat. Ihre praktische wie psychologische Bedeutung ist umso größer, je mehr Menschen zusammen in einem Haus leben. Lässt sich beispielsweise die Pflege und Nutzung der von allen genutzten Flächen in kleinen Gemeinschaften informell regeln – indem man etwa eine Putzkraft für den Gemeinschaftsbereich engagiert und sonstige Aufgaben nach Neigung vergibt –, kommen große Projekte nicht ohne Reinigungs- und Belegungspläne aus. Darüber hinaus müssen BewohnerInnenversammlungen organisiert, Abstimmungsvollmachten erteilt, Gesprächsprotokolle angefertigt und allen zur Kenntnis gebracht werden. Ähnlich wie bei der Gründung von Initiativgruppen spielen daher gerade bei Großprojekten Vereine oder Projektbegleiter auch bei der Organisation des Gemeinschaftslebens oft eine Schlüsselrolle. Ein Konzept erfüllt sich nicht von selbst, es muss jemanden geben, der die Umsetzung in die Hand nimmt. So äußert zum Beispiel eine Bewohnerin des Projekts „Gemeinschaftliches Wohnen und Leben im Alter" selbstkritisch, dass ihre Gemeinschaft all die Ausflüge, gemeinsamen Restaurantbesuche oder Nachbarschaftsfeste ohne Unterstützung einer Betreuungsperson gar nicht habe auf die Beine stellen können: „Wir brauchen einen Leithammel" (MFJFG NRW 2000, S. 47).

Bezeichnenderweise klagen große Hausgemeinschaften häufig darüber, dass ein Teil ihrer Mitglieder gar kein Interesse am Gemeinschaftskonzept aufbringe. Im Kölner „Haus Mobile" zum Beispiel stieß die nach Wohnungsgröße gestaffelte Abgabe für die Gemeinschaftsflächen „nicht bei allen auf Gegenliebe" (MFJFG NRW 2000, S. 20). Gruppen mit einer explizit gemeinschaftsorientierten „Wohnphilosophie" unterbinden potenzielles Konsumverhalten ihrer Hausgenossen in der Regel von vornherein – zum Beispiel, indem sie, wie der Verein „Generationenverbund MITEINANDER e.V." in Essen, nur Vereinsmitglieder aufnehmen, die sich zur Übernahme bestimmter, in der Vereinssatzung festgeschriebener Aufgaben bereit erklären. In diesem Fall beruht die Satzung auf dem Konzept des Senioren-

Schutz-Bundes „Graue Panther e.V.“, der das Projekt ursprünglich gegründet hatte. Sie verpflichtet die HausbewohnerInnen zum aktiven Einsatz für neue Lebens- und Wohnformen, was im Alltag zum Beispiel Mithilfe bei der Vorbereitung von Gemeinschaftsveranstaltungen oder Beteiligung am Beratungsdienst bedeutet. Nachteilig wirkt sich diese Regelung bei der Neubelegung von Wohnungen aus: „Manche scheuen die gemeinschaftlichen Verpflichtungen, andere wollen nicht ausschließlich mit Älteren zusammenleben“, begründet eine Hausbewohnerin die Schwierigkeit, geeignete NachmieterInnen zu finden (MFJFG NRW 2000, S. 28).

Andere Gemeinschaften, vor allem diejenigen, die durch Medienberichte bereits einen gewissen Bekanntheitsgrad erlangt haben, leiden unter dem umgekehrten Problem: der Qual der Wahl, aus zahlreichen BewerberInnen für eine Wohnung auswählen zu müssen. Die meisten von ihnen verfahren dabei nach dem Konsensprinzip, das heißt, sie machen die Entscheidung für eine Interessentin beziehungsweise einen Interessenten von der Zustimmung aller abhängig, um eine mögliche Spaltung der Gruppe zu vermeiden.

Die Grundstimmung einer Hausgemeinschaft teilt sich Außenstehenden am unmittelbarsten bei einem Rundgang durch die gemeinschaftlichen Einrichtungen mit. Der Zustand, in dem sich Außenanlagen und Gemeinschaftsräume befinden, das Flair, das sie verströmen oder auch nicht, geben relativ zuverlässig darüber Auskunft, ob die BewohnerInnen mit dem Herzen bei der Sache sind – wie beispielsweise im Berliner Frauenprojekt „Offensives Altern“. Im großen, lichtdurchfluteten Gemeinschaftsraum laden voll gestopfte Bücherregale zum Schmökern ein, und die Galerie bietet einen schönen Blick in den Saal mit seinen bunten Vorhängen, in dem regelmäßig eine Theatertruppe probt. Kahle, unpersönliche oder lieblos mit alten Möbelstücken eingerichtete Gemeinschaftsräume lassen hingegen darauf schließen, dass die Mitglieder sich noch nicht oder nicht mehr mit der Gemeinschaft identifizieren. Nicht selten verströmen solche Räume die Aura steriler Bahnhofscafés, in denen man sich ungern länger als nötig aufhält. Bis Änderungsvorschläge ihren Weg ins Plenum finden, geht oft viel Zeit ins Land, denn Untätigkeit zieht weitere Untätigkeit nach sich, und so wirken die Bewohner manchmal wie gelähmt aus Frustration darüber, dass es an Ideen oder einem gemeinsamen Willen mangelt.

Psychologisch gesehen haben die Gemeinschaftsflächen einer Hausgemeinschaft einen viel niedrigeren Stellenwert als in einer Wohngemeinschaft, sodass sich bei allgemeiner Interesselosigkeit der Bewohnerschaft mit der Zeit eine dicke Staubschicht über die Möbel legt – im buchstäblichen wie im symbolischen Sinn. In einer Wohngemeinschaft lassen sich die atmosphärischen Mängel einer Gemeinschaftsküche beispielsweise kaum ignorieren – in einer Hausgemeinschaft schon. Manche Gemeinschaftsküchen werden so selten benutzt, dass nicht einmal die Anschaffung einer Tischdecke zu lohnen scheint. Aus pragmatischen Gründen regeln die meisten Hausgemeinschaften die Verwaltung und Pflege ihrer Gemeinschaftsflächen ganz profan mit Hilfe einer Hausordnung. Alles, was darüber hinausgeht, steht und fällt mit dem Engagement der Bewohner.

Große Hausgemeinschaften sind oft recht komfortabel mit Gemeinschaftsflächen ausgestattet: einem Gemeinschaftsgarten etwa, einer Sauna, einem Pflegebad, einer Gästewohnung, vielleicht sogar mit einer Bibliothek, einem Hobbyraum oder einem Nachbarschafts-Café. Sind Bad, Sauna und Bibliothek als Funktionalräume nur selten Gegenstand von Auseinandersetzungen, entbrennt um die Ausstattung und Nutzung von Hobbyräumen sowie um die Gartenpflege in Hausgemeinschaften oft heftiger Streit. Was man wann auf welche Art wohin pflanzt – kaum eine Frage bietet mehr Spielraum für Kompetenzrangeleien und das Ausfechten von Machtansprüchen. Kommt es hart auf hart, kann ein solcher Zwist in einem nicht wieder gutzumachenden Zerwürfnis enden und zum Anlass für den Auszug aus der Gemeinschaft werden.

Umgekehrt ist die Vielfalt an Betätigungsmöglichkeiten, die den BewohnerInnen einer Hausgemeinschaft offen stehen, einer der größten Pluspunkte dieses Wohnkonzepts. Wo sonst bietet sich die Chance, vielfältige Hobbys in unmittelbarer Umgebung auszuüben, vielleicht gemeinsam mit den Hobbypartnern, die man nach jahrelanger vergeblicher Suche nun endlich gefunden hat. Viele Menschen nutzen unterschiedliche Neigungen und Begabungen überdies, um voneinander zu lernen. Hausgemeinschaften sind Ideenschmieden – Orte, die jeden zum Ausleben seiner Kreativität einladen.

Mehrgenerationenprojekte

Die Damen und Herren von „Schloss Gripsholm" – Mehrgenerationenwohnen in Freiburg

Der Freiburger Modellstadtteil Vauban – benannt nach dem französischen Marschall und Festungsbaumeister Sebastien de Prestre de Vauban – ist ein Viertel der besonderen Art: Als „Baugruppenmekka" und grün-alternative Enklave ging es in die bundesdeutsche Presse ein, und eine Freiburger Journalistin bezeichnete es jüngst ein wenig spöttisch und sehr treffend als „Großwohngemeinschaft für Besserverdienende, die auch im fortgeschrittenen Alter gern Vollversammlungen und Arbeitsgemeinschaften besuchen" (Badische Zeitung, 14.12.2002). Auf dem einstigen französischen Kasernengelände, das ab Mitte der 90er Jahre im Rahmen einer städtebaulichen Entwicklungsmaßnahme saniert und von der Stadt an Baugruppen, „normale" Häuslebauer und einige wenige Bauträger verkauft wurde, sind inzwischen ungefähr 3 000 Menschen zu Hause; bis zum Jahr 2006 sollen es 5 000 bis 6 000 sein. Seniorinnen und Senioren allerdings hat es nur wenige in das Quartier verschlagen; vielen ist es zu laut und zu umtriebig dort, und die dichte Bebauung ließ schon so manchen enttäuschten Bauherrn zu drastischen Maßnahmen greifen, bis hin zur Klage. Statt Autos säumen Bobbycars die Straßen, das unmissverständliche Symbol dafür, wer in diesem Viertel den Ton angibt.

Und hier haben sich tatsächlich mehrere Mehrgenerationenprojekte niedergelassen? Man mag es kaum glauben. Tatsächlich ist die von der Stadt gewünschte soziale und altersmäßige Durchmischung des Quartiers gründlich misslungen. Akademiker sind in der Überzahl, die meisten von ihnen in den Dreißigern und Vierzigern. Mit viel Enthusiasmus und noch mehr Energie haben sie sich ihren Traum vom pink-, orange- oder veilchenfarbenen Häuschen erfüllt, auf dessen Dach Solarkollektoren prangen und das möglicherweise sogar mehr Energie erzeugt, als es verbraucht. Ihren Projekten haben sie klingende Namen gegeben, „Baugruppe Tausendschön" zum Beispiel oder „Casa Nostra". Wir sind mit drei Bewohnern von „Schloss Gripsholm" in der – wie könnte es anders sein – Kurt-Tucholsky-Straße verabredet.

Mit seinem knallroten Aufzugsturm an der Ostfassade ist das Haus schon von weitem gut zu sehen. Der Rest ist leuchtend gelb gestrichen. Seine würfelförmige Gestalt lässt es schlicht und sehr modern wirken. Jürgen Zimmer, an dessen Kamin wir uns zum Plaudern niederlassen, sagt, ihm sei es zu kastenförmig geworden. Gerda Feuerlein hingegen, die 63-jährige Initiatorin des Projekts, und Ulrich Birtel, 39-jähriger Familienvater und direkter Nachbar der Familie Zimmer, sind mit der Architektur zufrieden: Die meisten Wohnungen besitzen zwei Balkone, und durch die raumhohen Fenster kann das Licht von Osten, Süden und Westen in die Räume fluten.

Kaum sind die Gläser mit badischem Wein gefüllt, beginnt uns Gerda Feuerlein die Geschichte von „Schloss Gripsholm" zu erzählen. Es ist eine typische Baugruppengeschichte: Ein paar Mutige fanden sich zusammen, planten ein Mehrfamilienhaus, zerstritten sich und gingen wieder auseinander. Zu den „Opfern" dieses Prozesses gehörten unter anderem Gerda Feuerlein und ihre Freundin. Von den schlechten Erfahrungen mit ihren ehemaligen Mitstreitern eher angestachelt denn entmutigt, gingen sie die Sache mit frischem Elan noch einmal von vorn an: „Ich habe Kontakt aufgenommen zum Forum Vauban“ – der Bürgervertretung, die auch als Kontaktbörse für Baugruppenprojekte dient – „und dort eine Familie um die 50 mit zwei fast erwachsenen Kindern und eine weitere, fünf Jahre jüngere Frau kennen gelernt und so den Mut gefasst, selbst eine Gruppe zu gründen“, berichtet Gerda Feuerlein. Auch ein Grundstück hatte sie schon ins Auge gefasst. Doch dessen Bebauung war an Auflagen geknüpft: ein seniorengerechtes Konzept und eine entsprechende Bauweise. Also sahen Gerda Feuerlein und ihre MitstreiterInnen sich nach älteren InteressentInnen um. Die Zimmers fand sie über eine Zeitungsannonce. Die weitere Suche nach SeniorInnen per Inserat verlief indes erfolglos. „Die fürchteten, es würde ihnen hier zu laut mit den vielen Kindern. Und die Häuser gefielen ihnen auch nicht.“ Doch Gerda Feuerlein ließ nicht locker. Schließlich hatte sie sich beim Forum Vauban eingehend darüber informiert, wie man eine Baugruppe gründet, hatte Vorträge und Workshops besucht und konnte, wie auch die Zimmers, auf eigene Wohngemeinschaftserfahrung zurückblicken: „Ich hatte eine 120-Quadratmeter-Wohnung und habe deshalb meistens zwei Zimmer an Studenten vermietet; das war auch für meine Tochter gut.“

Im Frühjahr 2002 waren die sechs zwischen 90 und 120 Quadratmeter großen Wohnungen schließlich bezugsfertig. Es leben darin die beiden Initiatorinnen, die das Dachgeschoss unter sich aufgeteilt haben, die Zimmers, die auf jeden Fall ebenerdig wohnen wollten, zwei junge Familien mit insgesamt drei Kindern und ein Herr um die 50. Das Grundstück ist klein, die Gärten sind winzig und von allen Seiten einsehbar. Das Gebäude ist selbstverständlich barrierefrei und mit breiten Türen ausgestattet. „Wenn wir nicht zu fett werden“, flachst Gerda Feuerlein, „passen wir da auch noch im Rollstuhl durch.“ In einen Teil der Bäder wurden bodengleiche Duschen eingebaut. Und damit scheint das Thema Krankheit und Pflege zu unserer Überraschung erst einmal abgehakt. „Darüber haben wir während der Planungsphase nie gesprochen“, versichert uns Jürgen Zimmer, „wir wollten einfach seniorengerecht bauen, uns aber weiter nicht festlegen. Man muss erst herausfinden, ob man sich liegt“, ergänzt Gerda Feuerlein.

Als Sozialpädagogin und ehemalige ambulante Pflegekraft hat sie trotzdem recht genaue Vorstellungen davon, wie sich das Leben im Krankheits- oder Pflegefall organisieren ließe. Beispielsweise versucht sie nicht nur, gemeinsam mit den wenigen anderen SeniorInnen, die ins Vauban gezogen sind, eine Art Nachbarschaftshilfe für Notfälle zu organisieren, sondern schmiedet sogar Pläne für den Bau eines Pflegeheims. Ihrer Ansicht nach dürfe man das Thema Pflege nämlich „nicht auf ein Haus begrenzt“ erörtern. „Da steht man so unter Druck mit den Nachbarn; ich möchte das nicht, ich will doch unabhängig sein. Natürlich stelle ich mir vor, dass man sich abspricht, wenn einer krank wird, dass man nacheinander sieht und füreinander einkauft, aber dauerhafte Pflege würde ich nicht übernehmen.“ Jürgen Zimmer ist der gleichen Meinung: „Was an Pflege notwendig wird, wenn man mal krank wird, das ist extrem unterschiedlich und lässt sich nicht voraussehen. Ich nehme an, dass wir uns im Rahmen des Möglichen gegenseitig helfen werden. Aber bei einer Altersdemenz zum Beispiel, da hilft auch keine Nachbarschaftshilfe mehr.“

Trotzdem möchten beide so lange wie möglich in ihrem „Schloss“ wohnen bleiben. Im Notfall werde sie auf einen ambulanten Pflegedienst zurückgreifen und sich eine Haushaltshilfe zulegen, die für sie putze und einkaufe, meint Gerda Feuerlein. Die Unterstützung jüngerer Hausgenossen oder Nachbarn aus dem Viertel möchte sie auf längere Sicht nicht in Anspruch nehmen: „Ich vertrete die Ansicht, dass die Rentner sich untereinander helfen sollen und man die jungen Leute da möglichst raushalten sollte“ – aus Rücksicht auf deren durch Berufstätigkeit und Familie zum Bersten angefüllten Alltag. Ulrich Birtel, der jüngste Hausbewohner in unserer Runde, beteiligt sich erst auf Nachfrage an der Diskussion. Er sieht die Sache ganz gelassen und möchte alles einfach auf sich zukommen lassen. „Ich kann vertreten, was ich machen kann und was nicht, und wenn mich jemand um Hilfe bittet und ich damit nicht gleich eine Verpflichtung eingehe, dann sehe ich keine Probleme.“ Auch umgekehrt sind die Erwartungen niedrig: Babysitter-Angebote der SeniorInnen beispielsweise werden nur selten in Anspruch genommen. Ältere wie jüngere Bewohnerinnen und Bewohner pochen auf ihre Unabhängigkeit – und man gewinnt den Eindruck, nach der anstrengenden Bauphase sei erst einmal Abstand und Schonung für alle angesagt.

Obwohl es nicht leicht fällt, dieser Gruppe eine gemeinsame Wohnphilosophie abzuringen, offenbaren sich nach und nach die Gründe für das generationenübergreifende Konzept: Für ihn gebe es „nichts Deprimierenderes als einen Haufen alter Leute“, eröffnet uns Jürgen Zimmer. Alle reinen Altenprojekte würden irgendwann zum Altersheim. „Das ist entsetzlich, man wartet dann nur noch aufs Abkratzen. Darum finde ich ein Haus wie dieses in einem Stadtteil wie diesem viel angenehmer.“

Tatsächlich bietet das Vauban mit seinen kurzen Wegen nicht nur für junge Familien mit Kindern, sondern auch für SeniorInnen gute infrastrukturelle Voraussetzungen. Zum einen fahren kaum Autos durch die Wohnstraßen, denn 35 Prozent der jetzigen BewohnerInnen haben auf ein eigenes Auto verzichtet, und die Autobesitzer müssen ihre Wagen in den beiden Quartiersgaragen am Rand des Viertels parken. Zum anderen werde es „später von Vorteil sein, dass das Viertel so eng bebaut ist“, gibt Ulrich Birtel zu bedenken. „Mal angenommen, man würde in irgendeinem Haus einen gemeinsamen Mittagstisch einrichten, dann wäre der gut zu Fuß zu erreichen und man müsste nicht gleich mit dem Rollimobil anrücken.“

Der Dorfcharakter des Quartiers fördert die Kommunikation; hier kennt jeder jeden, die Kinder gehen gemeinsam zur Schule und sorgen allein dadurch dafür, dass ihre Eltern miteinander ins Gespräch kommen. Doch Ulrich Birtel ist froh darüber, dass nicht nur junge Familien ins Vauban gezogen sind. Seine Kinder jedenfalls reagierten auf ältere Menschen anders als auf junge. Sie fänden in ihnen „Oma- und Opa-Identifikationsfiguren“, ergänzt Jürgen Zimmer. Die wiederum lassen sich von den Kindern der Nachbarn gerne mal aus dem Alltagstrott reißen. „Ich wohne jetzt alleine, meine Kinder sind schon längst erwachsen“, berichtet uns Gerda Feuerlein. „Einen Fernseher brauche ich nicht. Ich schaue auf den Spielplatz – da ist immer was los.“ Den allgegenwärtigen Kinderlärm empfinden die BewohnerInnen von „Schloss Gripsholm“ bislang nicht als störend. „Ich hatte vorher auch immer viele Leute um mich rum und bin Lärm gewöhnt, und wenn's zu schlimm wird, dann gehe ich auf den Schönberg“ – den „Hausberg“ des Vauban mit Traumblick auf die Stadt – „ich muss nicht hier herumsitzen.“

Flüchten, wenn es zu laut wird? So ganz will uns diese Problemlösungsstrategie nicht einleuchten. Doch nicht nur unsere Gesprächspartner, auch viele andere Bewohner des Quartiers sind der Ansicht, dass Konflikte sich in diesem Stadtteil aufgrund des außergewöhnlich hohen bürgerschaftlichen Engagements konstruktiver und demokratischer lösen ließen als in anderen Vierteln. Für Auseinandersetzungen, die nicht im direkten Gespräch unter Nachbarn geregelt werden können, steht eine Konfliktberatungsstelle zur Verfügung. Konträre Positionen werden dennoch oft unversöhnlich hart verfochten – zum Beispiel, wenn es um die Frage geht, wo PKW-Besitzer ihre Wagen parken dürfen und wo nicht. „Das Vauban ist eine ideologische Gemeinschaft", resümiert Jürgen Zimmer seine bisherigen Erfahrungen. „Man erwartet plötzlich, dass der Autoverkehr aus dem Quartier verbannt wird und die Kinder überall frei rumtollen können, aber dass sich hier ganz andere Sozialzwänge aufgebaut haben, das haben die Leute noch nicht richtig begriffen, und eine Lösung dieses Problems ist schwierig."

Es wird viel gelacht bei diesem Gespräch, und obwohl sich diese Hausgemeinschaft eher zufällig zusammengefunden hat, ist ein Grundkonsens spürbar, der uns unwillkürlich das Motto der Dresdner Wohngemeinschaft ins Gedächtnis zurückruft: Nur was wächst, hat Bestand. Die Basis hierfür scheint gelegt.

Zwar ist „Schloss Gripsholm" mit seinem generationenübergreifenden Konzept etwas Singuläres im Viertel, als Gruppenbauprojekt aber nur eines unter vielen und von daher für die Nachbarn etwas ganz Normales. Es erstaunt deshalb nicht, dass die HausbewohnerInnen sich im alltäglichen Zusammenleben nicht ausschließlich aufeinander beziehen, sondern sich mit Gleichgesinnten im ganzen Stadtteil zu vernetzen suchen. Bezeichnenderweise haben sie auf einen Gemeinschaftsraum verzichtet und den dafür vorgesehenen Platz in einen Fahrradkeller umfunktioniert. „Wir sind hier sechs Parteien und können uns leicht in einer unserer Wohnungen treffen“, begründet Gerda Feuerlein diese Entscheidung – wiederum mit dem Verweis darauf, dass man ja die Gemeinschaftseinrichtungen anderer Baugruppen nutzen könne, zum Beispiel das Gemeinschaftshaus des in unmittelbarer Nachbarschaft gelegenen Genossenschaftsprojekts, in dem ebenfalls einige Senioren zu Hause sind. Viel Zeit für gemeinschaftliche Aktivitäten bleibt den „Schlossherren“ ohnehin nicht: Die Zimmers sind noch berufstätig, Gerda Feuerlein, seit kurzem in Rente, ist mit ihren Plänen für das Pflegeheim beschäftigt, und die jungen Familien im Haus haben genug mit sich und den Kindern zu tun.

Nach der anstrengenden Bauphase soll nun erst einmal Ruhe einkehren. „So ein Baugruppenprojekt, das ist wie eine Ausbildung“, meint Gerda Feuerlein zum Schluss. Die Gesellenprüfung haben sie und ihre Genossen bestanden.

Wahlverwandtschaft statt Großfamilie

„Es gibt nichts Charmanteres als ein italienisches Dorf, in dem mehrere Generationen zusammenleben“, hatte Jürgen Zimmer im Laufe unseres Gesprächs geschwärmt und seine Entscheidung für das Projekt indirekt mit der „sozialen Natürlichkeit“ des Mehrgenerationenwohnens begründet. Dieses Mehrgenerationenwohnen spielte sich noch bis vor weniger als 100 Jahren vor allem im Rahmen von Großfamilien ab; insbesondere Bauern waren zur Bewirtschaftung ihrer Felder auf die Mithilfe der ganzen Familie angewiesen, einschließlich Eltern,

Geschwistern, Frauen und Kindern. Die Großeltern lebten in der Regel mit im Haushalt und waren für die Betreuung der Enkel zuständig. Sehr alte Menschen, die auf dem Land groß geworden sind, erinnern sich oft gern an ihre Kindheit inmitten einer Schar von Verwandten zurück, die ihnen Geborgenheit und Sicherheit vermittelte. Doch die Haus- und Lebensgemeinschaft der Großfamilie hatte auch ihre Nachteile: Besonders die Frauen der mittleren Generation litten häufig unter einer extrem hohen Arbeitsbelastung, Verwandte, die sich lieber heute als morgen voneinander getrennt hätten, aber nicht die Möglichkeit dazu hatten, lieferten sich beispiellose Grabenkämpfe, und mit der räumlichen Enge ging fast zwangsläufig eine restriktive Lebensanschauung einher.

Die Menschen, die sich heutzutage zum generationenübergreifenden Wohnen entschließen, haben aus der Geschichte gelernt: Statt auf verwandtschaftliche bauen sie auf ideelle Bindungen und versuchen so die positiven Erfahrungen von einst ohne ihre negativen Begleiterscheinungen wie zum Beispiel konfliktbelastete Familienbeziehungen ins Heute zu übertragen. Sie suchen Geborgenheit ohne Enge, intellektuelle Anregung ohne Denkverbote. Nur wenige selbst initiierte Mehrgenerationenprojekte finden sich so zufällig zusammen wie die Besitzer von „Schloss Gripsholm". Mit seinen drastischen Worten über reine Altenprojekte spricht Jürgen Zimmer nichtsdestotrotz vielen Anhängern des generationenübergreifenden Wohnens aus der Seele.

Die meisten von ihnen wissen über ihren Alltag viel Positives zu berichten. Wer keine Enkel hat oder die eigenen nur selten sieht, freut sich zum Beispiel über den spontanen Besuch von „Wahlenkeln" oder lässt sich gar von ihnen „adoptieren", wie eine junge Frau aus dem Projekt „Offensives Altern" in Berlin berichtet (vgl.

hierzu das folgende Kapitel „Frauenwohnprojekte"): „Ich habe eine ältere Frau, die meinen Sohn hütet und die ich sehr mag. Und er liebt sie heiß und innig. Das hat sich einfach so ergeben zwischen den beiden. Ich habe sie gar nicht ausgesucht, die hat sich mein Sohn ausgesucht. Die haben eine wunderschöne Beziehung" (Amann/von Neumann-Cosel 2000, S. 44). Eine allein erziehende Mutter aus dem Projekt „Stadthaus statt Haus" in Aachen weiß es darüber hinaus zu schätzen, dass ihre Kinder bei den Nachbarn auch einmal den Frust über die eigene Mutter loswerden können und sie selbst sich bei Erziehungsproblemen Rat holen kann. Für das Wohnen in dieser Gemeinschaft hat sie sogar auf ein separates Schlafzimmer verzichtet – und es bisher noch keine Minute bereut.

Umgekehrt fühlen ältere Menschen sich oft in ihrem Selbstbewusstsein gestärkt, wenn sie spüren, dass andere von ihrer Lebenserfahrung profitieren. Kinder oder Erwachsene, die sie nach ihren Erinnerungen und Erlebnissen fragen, ihre Hilfe in technischen oder intellektuellen Fragen in Anspruch nehmen oder sie bei Problemen einfach um Rat bitten, verhindern „die bei älteren Menschen oft festzustellende Reduzierung des Bewusstseins auf die eigenen ‚Probleme'" (Bura/Kayser 1992, S. 83) und vermitteln ihnen zugleich eine andere Sicht auf die Gegenwart. Für viele SeniorInnen ist es auch einfach ein beruhigendes Gefühl, jüngere Leute um sich zu wissen, die bei Bedarf einmal mit anpacken oder auch nur dafür sorgen, dass jede Woche die Mülltonnen rausgestellt werden.

Voraussetzung für ein von Akzeptanz und Offenheit getragenes Miteinander ist zum einen eine relativ ausgeglichene Aufgabenverteilung – wer alle zwei Tage babysittet, selbst aber keine Unterstützung erfährt, fühlt sich schnell ausgenutzt – und die Fähigkeit, Eltern-Kind-Rollenmuster als solche zu erkennen und nach Möglichkeit zu durchbrechen. Wie in dem Kapitel über Frauenwohnprojekte zu sehen sein wird, scheint gerade Letzteres schwierig zu sein, obgleich Toleranz und Entgegenkommen Kernelemente der Mehrgenerationenphilosophie sind. Deshalb sind auch die Erfahrungen von generationenübergreifenden Projekten so unterschiedlich.

Mehrgenerationengemeinschaften, das liegt in der Natur der Sache, sind heterogener zusammengesetzt als jede andere der hier vorgestellten Haus- oder Wohngemeinschaften. Bei allem Idealismus der jüngeren wie der älteren Generation prallen alterstypische Lebenserfahrungen, Verhaltensweisen und Erwartungen aufeinander, ohne dass ein verbindlicher familiärer Rahmen die daraus entstehenden Konflikte abfedern könnte. So verbitten sich alte wie junge Leute gelegentlich vehement die Einmischung in ihr Leben, und mag es dabei auch nur um Kinderschuhe auf dem Flur oder zu laut eingestellte Fernseher gehen. Zu Recht stellt Antje Henckmann in ihrem Buch über das Modellprojekt „Nachbarschaftlich leben für Frauen im Alter“ daher fest: „Eine verpflichtende Gemeinschaft über Generationen hinweg (...) bedeutet weniger gemeinsame Basis, mehr Aushandlungsprozesse und damit auch mehr Schwierigkeiten und eine größere Wahrscheinlichkeit der Überforderung für die Teilnehmer und Teilnehmerinnen, was letztendlich zum Scheitern führen kann“ (1999, S. 119).

Zwar ist von den uns bekannten Projekten keines definitiv gescheitert, doch nicht alle haben es geschafft, generationenbedingte Konflikte zur Zufriedenheit aller zu lösen. Schon der Jargon jüngerer Leute, vor allem Jugendlicher, löst bei älteren Menschen zuweilen Irritation, wenn nicht Ablehnung aus. 30- oder 40-Jährige hingegen kommen mit der auf sie vielleicht umständlich und altmodisch wirkenden Ausdrucksweise der Älteren unter Umständen nicht zurecht oder reagieren ungeduldig. Sprache vermittelt, wie jeder von uns weiß, nicht nur inhaltliche, sondern auch emotionale Botschaften, die vom jeweiligen Gegenüber auf der Grundlage des eigenen Erfahrungsschatzes interpretiert werden. Die Suche nach einer gemeinsamen Basis ist daher immer auch die Suche nach einer gemeinsamen Sprache – dem Fundament für konstruktive Problemlösungen.

Dazu kommen die oft sehr unterschiedlichen Bedürfnisse und Lebensstile der älteren und jüngeren Bewohner. Das Thema Lärm zum Beispiel bietet häufig Anlass für Streit, vor allem in Häusern mit überproportional vielen Familien oder Alleinerziehenden wie etwa dem Projekt „Gemeinsam wohnen von Jung und Alt" in Aachen. In den drei Gebäuden, die sich hufeisenförmig um einen Innenhof gruppieren, wohnen etwa 70 Menschen; rund zehn Prozent davon sind über 60 Jahre alt. Familien- und Seniorenwohnungen liegen jeweils unmittelbar nebeneinander und besitzen einen gemeinsamen Eingang. Leider erwies sich der preisgekrönte Architektenentwurf als wenig alltagstauglich, denn nach dem Einzug zeigte sich, „dass die Erdgeschosslage der meisten Altenwohnungen dem Ruhe- und Sicherheitsbedürfnis der Älteren nicht gerecht wird. Der gemeinsame Innenhof (...) wird besonders von den Kindern fast das ganze Jahr intensiv genutzt. Dass Kinder hier gefahrlos spielen können, bedeutet für die Eltern eine große Entlastung im Alltag. Der Kinderlärm führt jedoch auf der anderen Seite auch regelmäßig zu Konflikten gerade mit den älteren Bewohnerinnen und Bewohnern" (MFJFG NRW 2000, S. 39).

Selbst Jürgen Zimmer, der, wie oben geschildert, das quicklebendige Umfeld seiner neuen Wohnung ausdrücklich schätzt, räumt ein, dass ihm manchmal Ruhe und Abgeschiedenheit fehlen. Und ein Bewohner des „Stadthauses“, der dem Mehrgenerationenwohnen zuliebe immerhin ein Einfamilienhaus aufgab, berichtet, dass es neben vielen gemeinsamen Unternehmungen und einem regen Austausch mit anderen auch mehr „Störungen“ als früher gebe. Genau aus diesem Grund plädiert Gerda Reipen aus Berlin („Offensives Altern“) für die bauliche Trennung von Senioren- und Familienwohnungen in Mehrgenerationenprojekten: „Beieinander, nicht durcheinander“ – so lautet ihre Maxime nach Jahren des (ungeplanten) „Durcheinanderwohnens“. Für diese Maxime spricht, dass durch das „Beieinander“ Reibungspunkte entfallen, dagegen, dass durch die räumliche Trennung auch ein Teil des Gemeinschaftsgedankens verloren geht.

Je nach Zusammensetzung einer Gemeinschaft kann die Separierung von Alt und Jung in verschiedenen Gebäuden auch finanzielle Vorteile bedeuten, nämlich dann, wenn nur ein Trakt senioren- und behindertengerecht konzipiert werden muss. So verfuhren beispielsweise die Architekten des Wohnbauprojekts „Reststrauch“ in Mönchengladbach, das von einem gemeinnützigen Bauträger errichtet wurde: Von den insgesamt 47 Wohnungen sind acht für Senioren, zwölf für Alleinerziehende und Familien, 18 für Singles und neun für junge Paare vorgesehen. Der dreigeschossige, über Eck errichtete Gebäudekomplex besteht aus sechs „Häusern“ mit jeweils eigenem Eingang. In einem dieser „Häuser“ sind sämtliche Seniorenwohnungen untergebracht. Sie verfügen über bodengleiche Duschen, breite, rollstuhlgerechte Türen und sind über einen Aufzug erreichbar. Durch die

Trennung der Bereiche werde, so die AutorInnen der Broschüre *Neue Wohnprojekte für ältere Menschen*, „den unterschiedlichen Bedürfnissen nach Kontakt und Abgeschiedenheit Rechnung getragen". Doch im Eckgebäude direkt neben dem Seniorentrakt befinden sich die Wohnungen für Alleinerziehende mit mehreren Kindern sowie zwei übereinander liegende, durch eine Wendeltreppe miteinander verbundene Gemeinschaftsräume mit einer zum Innenhof gelegenen Terrasse, an die sich der Kinderspielplatz anschließt – was zur Folge hat, dass die „40 Kinder der Wohnanlage" gelegentlich doch „überall für Unruhe" sorgen (MFJFG NRW 2000, S. 35).

Kinderspielplätze sind Orte der Lebensfreude, aber auch Lärmquellen erster Güte. Bei der Planung von Mehrgenerationenprojekten wird ihre spätere Bedeutung sowohl von Architekten als auch von Bauherren beziehungsweise an der Planung beteiligten Mietern gerne unterschätzt oder zu stark zugunsten einer Interessengruppe gewichtet. Platziert man wie im Aachener Projekt einen Spielplatz in einem Innenhof oder zwischen zwei Gebäuden, wird der Schall von den Wänden um ein Vielfaches verstärkt zurückgeworfen. Liegen dann auch noch die Balkone in Richtung Innenhof, wo stundenlang unter viel Geschrei geschaukelt, gekickt und im Sand gespielt wird, fühlen sich viele, nicht nur ältere Leute auf die Dauer belästigt, während Eltern in der Regel Wert darauf legen, ihre Kinder in Sicht- und Rufweite zu haben. In den meisten Bundesländern ist die Anlage von Spielplätzen bei Neubauten mit mehr als drei beziehungsweise fünf Wohnungen zwingend vorgeschrieben. Bei städtischen Wohnanlagen werden sie aus Platzmangel häufig in irgendein verbliebenes freies Eckchen gequetscht, sodass sie weder dem Spiel- und Lärmbedürfnis von Kindern noch dem Ruhebedürfnis von Erwachsenen gerecht werden.

Dass es auch anders geht, beweist das Projekt „Haus Mobile“ in Köln, bei dessen baulicher Konzeption man sich über das Lärmproblem ganz offensichtlich Gedanken gemacht hat. Auch dieser Gebäudekomplex ist über Eck gebaut – allerdings liegt der Kinderspielplatz mit Tischtennisplatte und Klettergerüsten nicht mitten im „Knick“, sondern zwischen den dreigeschossigen Maisonettewohnungen für Familien und dem Nachbarschaftscafé zur offenen Gartenseite hin. Die Seniorenwohnungen sind nicht nur relativ weit davon entfernt, sondern auch so ausgerichtet, dass niemand direkt auf den Spielplatz schaut. Am wenigsten Probleme mit der Gestaltung gemeinschaftlich genutzter Flächen haben sicherlich Mehrgenerationenprojekte im ländlichen Raum; zum einen, weil Kinder dort ihre gesamte Umgebung als Spielplatz nutzen können, zum anderen, weil die Grundstücke meist groß genug sind, um Ruhe- und Lärmzonen tatsächlich voneinander zu trennen.

Aus den geschilderten Erfahrungen geht klar hervor, dass bei der Planung von Mehrgenerationenprojekten der Architektur eine entscheidende Rolle zukommt. Die Qualität der Ausstattung und Bauausführung könne, da sie potenzielle Konflikte entweder fördere oder verhindere, stark zum Gelingen oder Misslingen des generationenübergreifenden Wohnens beitragen, meinen auch Bura und Kayser in ihrer bereits 1992 erschienenen Studie *Miteinander wohnen – Wohnprojekte für jung und alt*. Beide Autoren plädieren für die Gruppierung von Seniorenwohnungen, da der Kontakt älterer Menschen zu Gleichaltrigen für ihre Lebenszufriedenheit wichtig sei. Nicht wenige Senioren würden ihnen wahrscheinlich entgegnen, dass ihnen das unmittelbare Gespräch mit jungen Nachbarn ebenso viel bedeute und selbst in einem großen Gebäudekomplex die Altersgenossen ja nicht aus der Welt seien. Auch im „Haus Mobile" sind die Seniorenwohnungen nicht streng von den Familienwohnungen getrennt. Worauf es letztlich ankommt, ist eine genau an den Bedürfnissen orientierte, durchdachte Planung engagierter Architekten. Vielleicht entfaltet es dann wirklich den Charme eines italienischen Dorfes, das wahlverwandtschaftliche Zusammenleben der Generationen ...

Frauenwohnprojekte

Männer? Die stören doch eigentlich nur" – „Offensives Altern", ein Frauenwohnprojekt in Berlin-Neukölln

Wir sind spät dran. Vom Berliner Ostbahnhof aus sind wir mit verschiedenen öffentlichen Verkehrsmitteln immerhin bis an den Rand des Viertels gelangt, dessen Straßen alle Vogelnamen tragen. Den Rest des Weges, der uns an unzähligen Einfamilienhäusern und Kleingärten vorbeiführt, müssen wir zu Fuß zurücklegen. Im Eilschritt braucht man dazu, so stellen wir fest, gut zehn Minuten – bei schönem Wetter ein netter Spaziergang, aber bei Kälte, Wind und Regen wohl weniger vergnüglich, besonders wenn man Einkaufstaschen zu schleppen hat oder nicht mehr gut zu Fuß ist. Die Lage ist ungewöhnlich für ein Projekt, das ausdrücklich auch für ältere Menschen gebaut wurde: keine Arztpraxen, keine Geschäfte, kein Anschluss an den öffentlichen Nahverkehr, keine Freizeiteinrichtungen. Ein wenig außer Atem erreichen wir schließlich den L-förmigen Gebäudekomplex, in dem die Bewohnerinnen des generationenübergreifenden Frauenprojekts „Offensives Altern" zu Hause sind.

Modern sehen sie aus, die weiß verputzten, kubischen Baukörper, die über teilweise verglaste Brückenelemente miteinander verbunden sind – ein überraschender Anblick nach all den kleinen Häuschen und Gartengrundstücken.

Zahlreiche Laubengänge, transparente Treppenhausflure und ein Durchblick in den begrünten Hofbereich verleihen dem zur Straßenseite hin ziemlich kompakt erscheinenden Komplex eine freundliche und einladende Ausstrahlung. An diesem warmen Spätsommernachmittag stehen viele Türen und Fenster offen. Wir können sogar einen ersten Blick von außen in den großzügigen, über zwei Etagen reichenden Gemeinschaftsraum werfen.

24 Mietwohnungen für Frauen jeden Alters sind hier entstanden. Die älteste Mieterin ist 76, die jüngste 30 Jahre alt. Außerdem leben 16 Kinder unter 17 Jahren hier. Neben zwei größeren Wohnungen für allein erziehende Mütter mit mehreren Kindern, die im Nebenhaus zusätzlich angemietet wurden, gehören elf abgeschlossene Wohnungen mit je anderthalb Zimmern, neun Zweizimmerwohnungen und vier Dreizimmerwohnungen zum Projekt. Jede dieser Wohnungen, so verspricht die ausführliche Projektdokumentation der „Berliner Baugenossenschaft von 1892 eG“, könne über einen Fahrstuhl und die rollstuhlgerechten, verglasten Brückenelemente barrierefrei erreicht werden. Als wir den ersten gläsernen Flur betreten, kommen uns Zweifel: Die Türen sind – aus brandschutztechnischen Gründen – so schwer, dass sie von Frauen, die auf Gehhilfen oder Rollstühle angewiesen sind, kaum ohne größere Schwierigkeiten geöffnet werden können. Auf unserem Weg durch das Treppenhaus steigen wir über die üblichen Requisiten eines mit Kindern verbrachten Alltags: Ein fröhliches Durcheinander aus Bobbycars, Dreirädern, Kinderwagen, Gummistiefeln und Spielzeug türmt sich vor so mancher Wohnungstür – farbenfroher Beweis für den gelassenen Umgang mit unterschiedlichen Ordnungsvorstellungen oder Zündstoff für Dauerkonflikte zwischen den Generatio-

nen? Wir sind gespannt auf das Gespräch, das uns erwartet.

Uscha Sadowski, mit 76 Jahren gewissermaßen die amtierende Alterspräsidentin des Projekts und eine Frau der ersten Stunde, empfängt uns mit Kaffee und Gebäck. Mit am Tisch sitzt Gerda Reipen, eine Freundin und Nachbarin. Von den jüngeren Mitbewohnerinnen habe heute leider keine Zeit gehabt, sagt Frau Sadowski bedauernd. Sie führt uns erst einmal durch ihre Wohnung – ein helles, gemütlich eingerichtetes Wohnzimmer, ein kleines Schlafzimmer, eine Küche, in die auch ein Frühstückstisch passt, ein Bad mit Dusche, im Bedarfsfall leicht behindertengerecht umzubauen, und ein erstaunlich geräumiger Balkon, den man absurderweise nur über eine hohe Schwelle erreicht – alles andere als altengerecht, finden wir, und Frau Sadowski nickt und erwähnt auch die schweren Glastüren im Treppenhaus, aber diese und andere Kröten habe man schlucken müssen, die Baugenossenschaft sei gezwungen gewesen, billiger zu bauen als vorgesehen.

Während wir unseren Kaffee schlürfen und der wechselvollen Geschichte des Frauenwohnprojekts lauschen, wagt sich schüchtern eine der beiden Katzen hervor, um uns aus sicherer Distanz zu begutachten. „Die zwei sind schon recht betagt und deshalb ein bisschen ängstlich. Wir sind eben miteinander alt geworden“, erklärt Frau Sadowski. Haustiere sind – solange sie sich in den Wohnungen aufhalten – erlaubt, auch wenn es in diesem Punkt neuerdings wegen der schweren allergischen Erkrankung einer Bewohnerin öfter Auseinandersetzungen gebe. Aus der weitläufigen, begrünten Gartenanlage dringt Kinderlachen und Geschrei herauf. Die benachbarte Kindertagesstätte ist die größte Lärm- und Unruhequelle in dem ansonsten sehr ruhigen Umfeld, aber natürlich auch eine große Erleichterung für die allein erziehenden Mütter im Projekt.

Die Anfänge des Wohnprojekts liegen ziemlich genau 25 Jahre zurück. 1977 überlegten zwei junge Altenpflegerinnen, ob und wie Frauen andere, positivere Formen des Altwerdens entwickeln könnten, und setzten eine Annonce in die Zeitung, auf die sich 120 Frauen meldeten. 60 Interessentinnen blieben langfristig bei der Sache. Zunächst bildete sich ein Gesprächskreis (die meisten Teilnehmerinnen waren um die 50 Jahre alt) mit etlichen Stadtteilgruppen, der heute noch existiert.

In diesem Kreis wurde Anfang der 80er Jahre die Idee geboren, ein Wohnprojekt zusammen mit jüngeren Frauen und deren Kindern auf die Beine zu stellen. Von Anfang an planten die Frauen wie selbstverständlich ohne Männer. „Männer? Die stören doch eigentlich nur", antwortet Uscha Sadowski mit einem fast spitzbübischen Lächeln auf unsere Frage nach den Gründen.

Es war die Zeit der neuen Frauenbewegung, Frauen aller Altersgruppen begannen die ihnen zugedachte Rolle mal leise, mal lauter in Frage zu stellen und trugen ihren Aufbruch in alle Ebenen der Gesellschaft. Mutig und neugierig erprobten sie neue Lebensformen, stellten politische Forderungen und setzten in langen, zähen Kämpfen Rechte durch, die jungen Frauen heute selbstverständlich erscheinen. Viele Teilnehmerinnen des Gesprächskreises stammten außerdem aus der Kriegsgeneration, hatten nie geheiratet oder waren früh verwitwet und zum Teil allein erziehend gewesen. Sie teilten nicht nur die Erfahrung, dass Frauen sehr gut ohne Männer zurechtkommen, sondern hatten auch die Härten eines Frauenlebens in der Männergesellschaft am eigenen Leib erfahren.

„Die Frauen", fasst Gerda Reipen zusammen, „sind doch immer die Benachteiligten. Vor 20 Jahren waren sie natürlich noch bedeutend ärmer dran", fügt sie hinzu. Das ist durchaus wörtlich zu nehmen: Weil die Erwerbsbiografien von Frauen bis heute anders aussehen als die von Männern, weil Erziehungszeiten, schlechtere Bezahlung und mangelnde Aufstiegschancen die Bildung nennenswerter Rücklagen – von Vermögen ganz zu schweigen – erheblich erschweren, fehlt es den meisten Frauenprojekten vor allem an einem: an Geld. Häufiger als alle anderen Wohnprojekte sind Frauenwohnprojekte auf das Wohlwollen politischer Entscheidungsträger und auf die Mittel des sozialen Wohnungsbaus angewiesen – und damit zu schmerzlichen Kompromissen und zur Einhaltung einschränkender Bestimmungen gezwungen.

Um an dringend benötigte Fördergelder heranzukommen, gründen die Frauen 1983 zunächst den Verein „Offensives Altern e.V." und formulieren ihr Anliegen: „Wofür setzen wir uns ein? Zunächst für die Verwirklichung unserer Ziele im Haus und Wohnumfeld. Für menschenwürdiges, lebensbejahendes Altwerden in unserer Gesellschaft. Für ein Heranwachsen der Kinder in menschlicher Wärme und gegenseitiger Achtung der Generationen voreinander. Wir wollen alternativ zur traditionellen Familienstruktur einen Frauenalltag gemeinsam leben, der uns ermöglicht, Härten und Isolation sowohl von alten als auch von jungen Frauen – besonders allein erziehenden Müttern – entgegenzuwirken", heißt es in einem Faltblatt des Vereins. Diese Ziele sollen nicht allein durch gemeinsames Wohnen unter einem Dach, sondern auch durch gemeinsame Freizeitaktivitäten und gegenseitige Hilfeleistung in allen Lebenslagen verwirklicht werden.

Der Verein erhält Sachmittel und eine Zeit lang auch eine halbe Sozialarbeiterstelle. Nun beginnt eine lange Odyssee:

Die angeschriebenen Ämter, Genossenschaften und Bauträger bringen dem Konzept des Vereins zunächst wenig Sympathie entgegen. Generationenübergreifendes Wohnen? Ausschließlich für Frauen? Ein Frauenaltenheim vielleicht, darüber könne man reden. Die Vereinsfrauen lassen sich nicht entmutigen und präsentieren ihre Ideen bei Bauausstellungen und Stadterneuerungsprojekten. Hier stoßen sie auf größere Resonanz.

Intern finden erste Auseinandersetzungen über die Realisierung statt: Wo soll das Wohnprojekt sich ansiedeln? In der City? Oder doch lieber im Grünen? Wie viel Platz braucht frau zum Leben? Soll es ein renovierter Altbau sein oder etwas Neues, Modernes? Die Wünsche schießen ins Kraut; eine Möglichkeit, sie zu verwirklichen, ist zunächst nicht in Sicht.

1989 endlich bietet die „Berliner Bau- und Wohnungsgenossenschaft von 1892 eG“ der Initiative im Rahmen ihres Projekts „Kommunikatives Wohnen“ ein brachliegendes Grundstück nicht weit vom Teltowkanal und die Mitwirkung an der Bauplanung an. Die Vereinsfrauen sind hin- und hergerissen: Einerseits ist hier endlich die Chance, auf die sie so lange gewartet haben, andererseits erinnert das Gelände nicht im Entferntesten an das gelobte Land, eher schon an eine Einöde; zu weit entfernt ist die City, zu seelenlos wirken die benachbarten Neubauten, zu offensichtlich ist der Mangel an Infrastruktur. Was tun? Da Alternativen fehlen und viele Mitglieder nicht länger warten wollen, nimmt der Verein das Angebot der Genossenschaft an. Zu diesem Zeitpunkt ahnt keine der Frauen, dass bis zum Einzug weitere zehn Jahre ins Land gehen sollen.

Anfangs läuft alles glatt. Die Berliner Senatsverwaltung für Bau- und Wohnungswesen bewilligt einen Antrag der Genossenschaft auf Förderung des Projekts, Architekten arbeiten zusammen mit den Vereinsfrauen an der Detailplanung, auch die Förderung im Rahmen des sozialen Wohnungsbaus wird genehmigt. Dann kommt es zu ersten Verzögerungen, weil sich ein halb verfallener Zivilschutzbunker auf dem Gelände befindet, von dem sich die Bonner Regierung zunächst nicht trennen will. Als der Bunker schließlich doch für einen Sonderpreis verkauft wird, gerät das Projekt in die Mühlen öffentlicher Sparzwänge: Der Berliner Senat verlangt nun einen deutlich höheren Quadratmeterpreis für das Grundstück, und die Wirtschaftlichkeitsberechnung der Genossenschaft ist Makulatur. Gleichzeitig wird das Fördervolumen für den sozialen Wohnungsbau in Berlin reduziert. Trotz mehrfachen Abspeckens ist das Vorhaben der Frauen in diesem Rahmen nicht mehr zu realisieren, das Projekt steht endgültig vor dem Aus.

„Nur dem hartnäckigen persönlichen Einsatz der Frauen des ‚Offensiven Alterns e.V.' ist es zu verdanken", resümiert die Vereinschronik, „dass das Projekt gegen alle bürokratischen und ökonomischen Widerstände durchgesetzt werden konnte." Die Frauen schreiben zahllose Briefe an Ämter und Ministerien und organisieren Demonstrationen. Mit einem Plakat vor der Brust verbringt Uscha Sadowski ihren 70. Geburtstag vor dem Rathaus. Mittlerweile interessieren sich auch die Medien für den Verein und seine Idee. Der geballte Protest führt schließlich zum Erfolg: Am 18. März 1997 wird das Projekt bewilligt, allerdings muss sich die Genossenschaft verpflichten, die ursprünglich angesetzten Baukosten um ein Drittel zu senken. Damit fällt auch so mancher lieb gewordene Wohntraum dem Rotstift zum

Opfer, was zu Spannungen zwischen der Genossenschaft und den Frauen führt.

Hinzu kommt ein neues Problem: Zermürbt durch das Hin und Her und die jahrelange Warterei, sind viele Gründungsfrauen nach und nach abgesprungen oder haben andere, leichter zu realisierende Lösungen für sich gefunden. „Als das Haus schließlich stand", erinnert sich Frau Sadowski, „da wollten sie alle nicht mehr mitziehen." Per Annonce sucht der Verein Nachrückerinnen – ein mühsames Unterfangen, weil viele, vor allem ältere Interessentinnen das abgelegene Neubauviertel ohne Infrastruktur als „zu weit weg vom Leben" empfinden. Mit den verbleibenden Interessentinnen, hauptsächlich allein erziehenden Müttern, werden gemeinsame Wochenenden veranstaltet, um sich vor dem Einzug besser kennen zu lernen und zu einer tragfähigen Gemeinschaft zusammenzuwachsen. Erfreulicherweise bleiben die baulichen Voraussetzungen für ein funktionierendes Gemeinschaftsleben bei allen Sparzwängen unangetastet: Die Baugenossenschaft stellt den Frauen einen großzügigen, hellen Gemeinschaftsbereich mit Küche, eine schöne Gartenanlage und eine Gästewohnung, die an BesucherInnen vermietet werden kann, zur Verfügung.

Trotz aller Anstrengungen stehen einzelne Wohnungen noch leer, als am 25. September 1999 das offizielle Einweihungsfest stattfindet. Auch hier zeigt sich die Baugenossenschaft großzügig und steht für etwaige Leerstände nicht nur kurzfristig gerade – nach unseren Erfahrungen keine Selbstverständlichkeit. Zwar hat das Sozialamt wie bei allen mit Mitteln des sozialen Wohnungsbaus finanzierten Projekten das Belegungsrecht für frei werdende Wohnungen, akzeptiert aber eine zwischen Verein und Genossenschaft getroffene Übereinkunft, nach der nur diejenigen Frauen einziehen können, die sich auf den wöchentlichen Hausabenden vorgestellt haben und von der Hausgemeinschaft vorgeschlagen werden. Wer einzieht, erhält einen Einzelmietvertrag und muss Genossenschafts- und Vereinsmitglied werden – für Frauen, die nicht ausschließen können oder wollen, dass sie irgendwann doch mit einem Mann zusammenleben möchten, eine gute Lösung, da sie die Möglichkeit eröffnet, eine andere, „normale“ Wohnung der Genossenschaft zu beziehen.

Wir wollen wissen, wie sich das alltägliche Zusammenleben der Frauen heute gestaltet, welche Probleme es gibt und wie sie gelöst werden.

Die Zusammensetzung sei seit dem Einzug relativ stabil, berichtet Frau Sadowski. Drei Kinder sind hier geboren worden, eine Gründungsfrau ist gestorben. Im ersten Jahr habe es noch jeden Sonntag einen Brunch für alle und im Sommer gemeinsam verbrachte Gartennachmittage gegeben. Danach habe man sich ein wenig auseinander gelebt, weil die Unterschiede der sozialen Herkunft, der Interessen, der Vorstellungen von Ordnung und Sauberkeit vor allem zwischen den Generationen sich unübersehbar bemerkbar gemacht hätten. Außerdem war der Umgang mit der ersehnten räumlichen Nähe für viele Frauen unerwartet schwierig, wie auch die Verfasserinnen der Projektdokumentation festhalten: „Nach kurzen Phasen der ‚offenen Türen‘ und jederzeitiger Gesprächsbereitschaft erschienen bald auch Schilder ‚Bitte nicht stören‘, ‚Ich brauche Ruhe, mir geht's aber gut‘. Das Bedürfnis nach Distanz und Nähe existierte oft gleichzeitig und musste erst austariert werden“ (Amann/von Neumann-Cosel 2000, S. 38).

Doch auch wenn die Anfangseuphorie inzwischen verflogen sei, erklärt Uscha Sadowski, hätten sich vielfältige und tragfähige Beziehungen zwischen einzelnen

Frauen entwickelt. Vor allem unter den jüngeren Müttern funktioniere die gegenseitige Unterstützung mittlerweile sehr gut. Gerda Reipen lacht. „Die Kinder schlafen durcheinander, man weiß nie, wo im Haus sie gerade rumflitzen." Überhaupt, die Kinder ... „Die Kinder", stellen unsere beiden Gesprächspartnerinnen übereinstimmend fest, „sind der eigentliche Gewinn in diesem Haus." Sie aufwachsen zu sehen sei eine solche Bereicherung, dass die älteren Frauen gerne einsprängen, wenn eine Babysitterin ausgefallen sei oder die Kinder jemanden brauchten, der Zeit habe, ihnen zuzuhören.

Schwierigkeiten gebe es eher zwischen den älteren Frauen und den jungen Müttern. So würde zwar Hilfe bei der Kinderbetreuung gerne angenommen, ja manchmal sogar erwartet, jede Form vermeintlicher „Einmischung" aber vehement zurückgewiesen. Wenn sich eine ältere Bewohnerin beispielsweise über Lärm beklage oder einem der Kinder „etwas sagen" wolle, handle sie sich leicht den Vorwurf der Kinderfeindlichkeit ein: „Ihr wollt ja gar nicht wirklich mit Kindern leben", heiße es dann sehr schnell. „Das tut dann schon weh." Möglicherweise, so Uscha Sadowski, sähen die jungen Frauen in ihren älteren Mitbewohnerinnen auch immer ihre eigenen Mütter und projizierten ihre diesbezüglichen Erfahrungen und Probleme auf die älteren Frauen. Umgekehrt nörgelten viele Ältere an der Lebens- und Haushaltsführung der jüngeren Frauen herum, als hätten sie halbwüchsige Töchter vor sich, die noch erzogen werden müssten. Dabei sei es doch gar nicht so schwer, ein wenig mehr Toleranz aufzubringen: „Das ist mir doch wurscht, wenn ich zu Frau Müller, Meier oder Schmidt will, und da klebt der Tisch. Das ist doch ihr Problem. Vielleicht will sie so leben."

Es spricht für den Idealismus, die Offenheit und den Mut der Bewohnerinnen, dass ein großer Teil von ihnen nicht bereit war, diese und andere Schwierigkeiten im Umgang miteinander einfach achselzuckend hinzunehmen. Eine Supervisorin wurde eingeschaltet, Projekttage mit Kinderbetreuung und eine Interaktionswerkstatt wurden organisiert – vor allem für die älteren Frauen ungewohnte und manchmal anstrengende Methoden, die zuweilen zwar überraschende Einsichten zutage förderten, aber keine langfristigen Erfolge zeitigten: „Durch diese Spiele haben wir manche Sachen rausgekitzelt, auf die wir gar nicht gekommen wären, wo wir gemerkt haben, mit der oder der kannst du ja wirklich was anfangen. Aber es ging nicht weiter. Es blieb stehen. Die waren weg, und alles war wieder wie vorher." Zweimal nahmen die Bewohnerinnen auch eine Mediation in Anspruch, die aber ebenfalls nur kurzfristig Wirkung zeigte. Die eigentlichen „Streithennen" nahmen an den späteren Terminen nicht mehr teil, und irgendwann erlahmten auch die Bemühungen der anderen Frauen, die Konflikte aus der Welt zu schaffen. Gerade die Älteren, sagt Uscha Sadowski, hätten schnell „dichtgemacht" und verkündet, sie dächten gar nicht daran, sich „in ihrem Alter noch mit Problemen zu beschäftigen, die sie nichts angehen".

Das alles, bedauert Frau Sadowski, sei natürlich nicht ohne Auswirkungen auf das Gemeinschaftsleben geblieben. Die Aufgabenverteilung funktioniere noch ganz gut: Für die Gemeinschaftsräume gibt es einen Reinigungsplan, den eine der Bewohnerinnen, eine ehemalige Oberschwester, ausgetüftelt hat; die Gartenliebhaberinnen haben sich jeweils ein Eckchen gesucht, das sie bepflanzen und pflegen, und einmal monatlich findet ein Plenum statt. Unternehmungen jedoch, an denen alle Frauen teilnehmen, gebe es eher selten: „Ich hatte wirklich gedacht, hier wird mehr gemeinsam gemacht." Immerhin existiert eine Kochgruppe. Und wenn eine Bewohnerin krank ist oder sonst Hilfe braucht? „Man muss sich schon deutlich bemerkbar machen", sagt Gerda Reipen trocken. „Aber dann funktioniert's. Wenn hier die Buschtrommel geht: Die oder die ist im Krankenhaus oder liegt auf der Nase, dann läuft's."

Vieles passiere eher spontan, vor allem die jüngeren Frauen böten immer wieder mit großer Selbstverständlichkeit an, für die Älteren mit einzukaufen. Langfristige Verpflichtungen seien dagegen eher unbeliebt. So bleibe zum Beispiel die Vereinsarbeit überwiegend an den älteren Frauen hängen, vielleicht, weil die allein erziehenden, teilweise berufstätigen Mütter Angst hätten, über Gebühr beansprucht zu werden. Für den Pflegefall, fügt Frau Sadowski hinzu, hätten die Bewohnerinnen realistischerweise auch nur vereinbart, sich gegenseitig Nachbarschaftshilfe zu leisten und eventuell hinzugezogenen ambulanten Pflegediensten ein wenig „auf die Finger zu schauen", damit keine Bewohnerin gezwungen sei, „hilflos alles über sich ergehen zu lassen".

Wir fragen unsere Gesprächspartnerinnen, was sie in ihrem gemeinsamen Wohnalltag am meisten vermissen. Gibt es einen Traum, der sich (noch) nicht erfüllt hat, eine Hoffnung, die sie hegen? Die beiden Frauen sind sich einig: Sie wünschen sich mehr gegenseitige Rücksichtnahme, mehr gemeinsame Unternehmungen und ganz allgemein mehr Interesse aneinander, vor allem zwischen den Generationen. „Ich möchte eigentlich mehr mit den jungen Frauen zusammen sein", sagt Uscha Sadowski, „ich möchte mich mehr mit ihnen unterhalten, und zwar nicht übers Staubwischen, sondern wirklich übers Leben reden, und ich hatte eigentlich gedacht, die hätten auch mehr Interesse, ein bisschen was von uns zu erfahren. Ich erzähl gerne, das macht mir Spaß. Mit den Kindern geht's auch ganz gut, die hören gerne zu, nur die Mütter ... es hat hier niemand Zeit. Selbst die Rentnerinnen – keine hat Zeit." Trotzdem habe sie ihre Entscheidung und ihr Engagement für das Projekt noch nie bereut: „Vor allem auf die Kinder möchte ich nicht verzichten, das ist das Allerschönste für mich ... So ein Haus nur mit Alten – nein."

Zum Schluss führt Frau Sadowski uns noch durchs Haus, zeigt uns den Gemeinschaftsraum, das Gästeapartment, in dem sich Besucher einmieten können, und den Raum, den die Baugenossenschaft gerade zu einer geräumigen Werkstatt umbaut, die die Frauen schon bald für handwerkliche und künstlerische Aktivitäten nutzen können. Im Garten jäten zwei ältere Bewohnerinnen gerade Unkraut in „ihrem" Beet. Mütter kommen vom Einkaufen und bleiben auf ein Schwätzchen im Treppenhaus stehen, Kinder jagen fröhlich johlend über den Hof. Gerda Reipen hat sich inzwischen von uns verabschiedet. Sie hat es eilig. Sie möchte einen ihrer „Wahlenkel" pünktlich vom Kindergeburtstag abholen.

Das Alter ist weiblich – die Zukunft auch

Wenn man die Bewohnerstruktur von Seniorenwohnprojekten betrachtet, fällt eins sofort ins Auge: Frauen stellen nicht nur fast überall die Mehrheit, sondern sind in vielen Projekten sogar ganz unter sich. Das ist nicht unbedingt ein Indiz für das starke feministische Bewusstsein heutiger Rentnerinnen, sondern zunächst einmal die simple Folge demografischer Entwicklungen: Frauen werden älter als Männer, sind häufiger verwitwet und allein stehend und stellen schon deshalb in Altenwohnprojekten die überwältigende Mehrheit. „Von den 65- bis 69-jährigen Frauen“, stellt die Soziologin Antje Henckmann fest, „leben 34 Prozent alleine, von den über 75-jährigen 68 Prozent. Während es in der männlichen Bevölkerung im Alter keine wesentliche Erhöhung der Ein-Personen-Haushalte gibt, (...) steigt bei den Frauen ab 65 Jahren die Zahl plötzlich und rapide an. Alter und Alleinleben betrifft also vor allem die Frauen“ (1999, S. 21). Außerdem sind Frauen aufgrund der Brüche in ihren Erwerbsbiografien sehr viel häufiger von Altersarmut betroffen – und daher notgedrungen auch häufiger auf der Suche nach günstigen Wohnlösungen. Und sie sind mutiger, wenn es um das Ausprobieren neuer Lebensformen geht. Antje Henckmann erklärt diesen Vorsprung an Mut und Neugier mit der Fülle von Veränderungen, die die meisten heutigen Rentnerinnen in ihrem Leben erfahren hätten. Immer wieder seien sie gezwungen gewesen, sich produktiv mit einem zwischen Tradition und Emanzipation schwankenden Rollenbild auseinander zu setzen. Das hält offenbar flexibel.

Männer derselben Generation haben hingegen in der Regel ein sehr viel statischeres Rollenbewusstsein und leben auch im Alter am liebsten nach dem Motto „Keine Experimente“. So erklärte manche Bewohnerin der von uns befragten Projekte, sie habe sich schon länger für gemeinschaftliche Wohnformen interessiert, ihr Mann sei aber dagegen gewesen, und so habe sie ihre Idee erst nach ihrer Scheidung beziehungsweise nach dem Tod ihres Gatten in die Tat umsetzen können. Da wundert es kaum, dass es sich bei den Männern, die sich ernsthaft für Seniorenwohnprojekte interessieren, häufig um allein stehende oder verwitwete Herren auf der Suche nach einer ebenso billigen wie sicheren Versorgung handelt, wie nicht nur die schon beschriebene Hausgemeinschaft in Hannover und die Göttinger WG „Am Goldgraben" zu berichten wissen: „Wer wäscht und bügelt meine Hemden? Und wer bekocht mich?", möchten männliche Interessenten gerne als Erstes wissen, und die beteiligten Frauen besinnen sich meist nicht lange und zücken entschlossen die rote Karte, selbst wenn sie keineswegs vorhatten, männerfrei zu wohnen. „Obwohl die meisten Frauen sie gerne dabeihätten, spricht vieles dafür, dass Männer der älteren Generation sich nicht gerade zu Hoffnungsträgern in Sachen Alten-WG eignen", lautet das noch recht freundlich formulierte Resümee der Soziologin Astrid Osterland (2000, S. 95).

Es ist daher eher als Ausdruck von Realitätssinn und gesundem Egoismus denn als Ausdruck von „Männerfeindlichkeit" zu werten, wenn Frauen die nahe liegende Konsequenz ziehen, ihr Projekt von vornherein ohne Männer zu planen. In den meisten Frauenprojekten sind Männer nach dem Einzug durchaus willkommen: nicht als Mitbewohner und Versorgungsempfänger, aber als Freunde und Gäste. Frauen, die sich für ein männerfreies Wohnprojekt entscheiden, stellen meist fest, dass schon in der Planungsphase deutlich geringere Reibungsverluste zu verzeichnen sind als bei vergleichbaren gemischtgeschlechtlichen Projekten: „Die meisten von uns haben ein Frauenwohnprojekt als Wohn- und Lebensform gewählt, weil sie die Erfahrung gemacht haben, dass der Umgang unter Frauen gleichberechtigter sein kann als in gemischten Gruppen. Dieser Aspekt gewinnt mit zunehmendem Alter an Bedeutung", schreiben etwa die Bewohnerinnen des Hamburger Frauenwohnprojekts „Zeisewiese e.V.". Soziologische Forschungsergebnisse bestätigen diesen Eindruck: In reinen Frauengruppen herrsche in der Tat, so Astrid Osterland, ein offeneres, kooperativeres und angstfreieres Klima als in gemischten Gruppen. Entscheidungsprozesse verliefen demokratischer, die Gruppenatmosphäre sei stärker von Zuwendung und emotionaler Unterstützung geprägt, was unter anderem daran liege, dass Frauenwohnprojekte an schon bestehende weibliche Beziehungsnetze wie etwa langjährige Frauenfreundschaften anknüpfen könnten (2000, S. 96 f.).

Die viel gerühmte Frauensolidarität hat jedoch ihren Preis: Weil die weibliche Rolle sich noch immer vor allem über Nähe, Empathie und Gleichrangigkeit definiere, so Osterland, falle es reinen Frauengruppen oft schwerer, Konflikte anzusprechen und auszutragen. Da ist die Gefahr groß, dass offen zutage tretende Unterschiede zwischen den Frauen mit Angst, Neid oder Missbilligung quittiert werden. Frauen sind einander eben immer auch Spiegel, in denen die eigenen ungelebten Möglichkeiten aufscheinen – und diese Erkenntnis kann bekanntlich bitter sein. Besonders konfliktträchtig kann sich dies bei generationenübergreifenden Projekten auswirken, denn hier kommt das in unserem Gespräch mit Uscha Sadowski und Gerda Reipen schon angeklungene Thema der Wiederbelebung problematischer Mutter-Tochter-Strukturen hinzu. Frauen, die sich diese wunden Punkte rechtzeitig bewusst machen und bereit sind, gelassen und mit Humor an ihnen zu arbeiten, haben dann allerdings beste Voraussetzungen, ein erfolgreiches Wohnprojekt auf die Beine zu stellen.

Frauen der heutigen Rentnergeneration haben nicht nur, wie bereits erwähnt, deutlich niedrigere Renten als ihre männlichen Altersgenossen, sondern können auch seltener über eigenes Vermögen verfügen und sind daher bei der Initiierung von Wohnprojekten in den meisten Fällen auf öffentliche Gelder angewiesen, die in Zeiten leerer Kassen meist hart erkämpft werden müssen. Die Vergabe dieser Mittel ist zudem an Bedingungen geknüpft. Von der Planung bis zur Mitsprache bei der Neubelegung von Wohnungen ist der Spielraum für reine Frauenprojekte daher in jeder Hinsicht kleiner als für gemischte Projekte. Das ist den Frauen durchaus bewusst. Dennoch zieht es eine wachsende Zahl von Frauen in solche Projekte, die immer auch Stein gewordene Zeugnisse für die bis heute nicht aus der Welt geschaffte gesellschaftliche Benachteiligung von Frauen darstellen. Das heißt aber nicht, dass Frauenwohnprojekte lediglich als eine Art Selbsthilfevereinigung von „Opfern" gesehen werden können, als ein Schonraum für Frauen, die aus welchen Gründen auch immer keinen Mann „abbekommen" und aus dieser „Not" dann eine Tugend gemacht haben – auch wenn dieses Defizitmodell bei so manchem Frauenprojekt Pate steht, das wohlmeinende Kommunalpolitiker und Wohnungsbaugesellschaften aus der Taufe heben. Da werden Frauen nur in ihren jeweiligen Rollen wahrgenommen, als Witwen, berufstätige Singles, hausfraulich tätige Familienmütter und Alleinerziehende, die man möglichst säuberlich voneinander trennen und mit einer Architektur und Wohnform beglücken sollte, die ihrer jeweiligen Rolle entgegenkommt – und diese dann womöglich verfestigt.

Die Problematik dieses Ansatzes wurde nicht nur von feministischer Seite erkannt und angeprangert. Auch das niedersächsische Innenministerium beurteilt manch vermeintlich frauenfreundliche Initiative in seiner Studie über Frauenprojekte in Deutschland eher kritisch: „Auch wenn allein erziehende Mütter manche Probleme gemeinsam haben, müssen sich diese nicht notwendigerweise dadurch besser lösen lassen, dass sie zusammenziehen und sich damit zusätzlich der unnötigen Gefahr gesellschaftlicher Stigmatisierung aussetzen" (Niedersächsisches Innenministerium 2002, S. 77).

Von Frauen selbst initiierte Projekte orientieren sich daher begreiflicherweise lieber an den individuellen Stärken von Frauen, an ihren Unabhängigkeitsbestrebungen, ihren Träumen und Zukunftsplänen als an der Kompensation von (angeblichen) Mängeln. Die Unterschiedlichkeit der Lebensentwürfe wird als Reichtum begriffen, von dem alle Frauen profitieren können. Diesen Ansatz verfolgt auch das Bremer Beginenhof-Modell, das nach eigener Einschätzung „größte deutsche Frauenwohn- und Wirtschaftsprojekt" (ab 40, 4/2002, S. 52), mit dem ein europaweit verbreitetes mittelalterliches Lebenskonzept für Frauen wieder entdeckt und aufgegriffen wurde: Die historischen Beginen waren allein stehende Frauen, die sich auf freiwilliger Basis zu autonomen Wohn- und Wirtschaftsgemeinschaften zusammenschlossen, um ein selbstbestimmtes Leben jenseits von Ehe und Kloster zu führen.

Moderne Beginen stellen sich das so vor: „Unabhängige Frauen aus unterschiedlichen Generationen und Lebenssituationen wohnen und wirtschaften unter einem Dach, um ihre Alltagsqualität zu steigern, Innovationen zu wagen und Zukunftsfelder für Frauen zu öffnen. (...) Nach dem Prinzip der Wahlverwandtschaft wird ein Prozess gegenseitiger Unterstützung in Gang gesetzt, der viele Potenziale der Frauen füreinander nutzbar macht. Dazu gehört der Wunsch, sich beruflich zu qualifizieren, z.B. ein Geschäft zu gründen und Leben und Arbeiten in Übereinstimmung zu bringen. Dazu gehört aber auch die Freude an Kindern, die Vision von einem selbstverständlichen Zusammenleben von Jung und Alt, bei dem die Tatkraft und Kompetenz der Seniorin gebraucht wird und vielleicht sogar die Weisheit im Alter" (Faltblatt des

„Bremer Beginenhofs“). Dass im Umfeld einer solchen Wohn- und Lebensgemeinschaft weder Bedarf an „teuren Diensten für allein erziehende Mütter“ noch an „menschenunwürdigen Alten- oder Pflege- und Sterbeghettos“ (Broschüre des „Bremer Beginenhofs“) besteht, versteht sich da fast von selbst.

In Bremen ist diese Vision inzwischen Realität geworden, allerdings wurden, wie Erika Riemer-Noltenius, eine der beiden Vorstandsfrauen, mit Bedauern vermeldet, einige „Blütenträume nicht erreicht“ (ab 40, 4/2002, S. 49), da das Projekt zwar international mehrfach prämiert wurde, die beantragte öffentliche Förderung entgegen früherer Versprechungen aber ausblieb beziehungsweise an bürokratischen Hürden und Pannen bei der Abwicklung scheiterte. Zu diesem Zeitpunkt war der Bau allerdings schon weit fortgeschritten und der Insolvenzantrag unvermeidlich, mit der Folge, dass die Bremer Beginen zum Teil hohe finanzielle Verluste hinnehmen, auf geplante Einrichtungen wie Schwimmbad, Frauenhotel und Markthalle verzichten sowie akzeptieren mussten, dass die von ihnen erstellten Gewerbeflächen nun auch an Männer vermietet oder verpachtet werden – aus der Traum von „Wirtschaftskraft in Frauenhand“.

Die wesentlichen Elemente des Projekts konnten jedoch trotz aller Widrigkeiten realisiert werden: In den 85 Wohnungen, die zu je einem Drittel Eigentums-, Miet- und Sozialwohnungen sind, leben seit Mai 2001 vier Generationen von Frauen und Kindern zwischen zwei und 79 Jahren, eine Wohnung steht als Gemeinschaftsfläche zur Verfügung und wird eifrig genutzt. Auf dem Gelände gibt es inzwischen einen Ökoladen, ein Fitness- und Gesundheitszentrum, eine Hebammenpraxis, ein Frauentherapiezentrum und weitere Geschäfte und Büros; der Kindergarten ist im Bau. Auch die soziale

Architektur scheint gelungen, das Konzept der „Zusammengehörigkeit ohne Abhängigkeit", der „Verantwortung füreinander ohne lebenslange Pflichten" (ab 40, 4/2002, S. 49) ist aufgegangen: „Innerhalb eines Jahres hatten mehrere Beginen einen Knochenbruch. Alle wurden regelmäßig im Krankenhaus besucht und nach ihrer Rückkehr bestens versorgt. Es wurden die Einkäufe getätigt, Hunde spazieren geführt oder andere Dienstleistungen vollbracht. Diese Erfahrungen haben die Frauen, die ja alle über viele Jahre ein Singleleben geführt haben, von der Sinnhaftigkeit des Beginenkonzepts überzeugt" (ab 40, 4/2002, S. 54). Dank dieser Überzeugungskraft kann sich das Bremer Modell mittlerweile über „Töchter" in anderen Städten freuen. Ein überregionales Beginennetzwerk wird gerade geknüpft.

Frauen, so möchte man an die Adresse von Stadtplanern und Wohnungsbauunternehmen gerichtet hinzufügen, haben eben höchst unterschiedliche Rollen, Biografien, Kompetenzen und Bedürfnisse – und dabei mehr gemeinsam als die Furcht vor dunklen Ecken und den Wunsch nach größeren Küchen, deren Fenster auf einen Kinderspielplatz hinausgehen.

Projekte mit besonderer Philosophie

„Neue Sinngebung für die letzte Lebensphase“ – Das Bielefelder Projekt „ANDERS ALT WERDEN im Kapellenbrink“

Die Häuser des Vereins „Wohnen und Gemeinschaft: ANDERS ALT WERDEN im Kapellenbrink“, in dem 114 Menschen zwischen 32 und 95 Jahren eine neue Heimat gefunden haben, liegen in unmittelbarer Nachbarschaft des Naherholungsgebiets Obersee, eine ruhige, grüne Gegend am Stadtrand von Bielefeld. Vom Hauptbahnhof aus brauchen wir trotzdem keine halbe Stunde mit öffentlichen Verkehrsmitteln, um das weiträumige und dennoch geschlossen wirkende Gelände im Kapellenbrink zu erreichen.

Schon auf den ersten Blick hebt sich die Anlage wohltuend von der so praktischen wie einfallslosen, hauptsächlich gepflegte Langeweile vermittelnden Standardarchitektur ab, die für so genannte Seniorenresidenzen so charakteristisch ist: Keines der fünf dreigeschossigen Häuser, die sich um einen großen, parkähnlichen Innenhof gruppieren, sieht aus wie das andere, jedes hat eine besondere Ausstrahlung und freien Raum um sich herum, und doch bilden sie ein harmonisches Ensemble, dem man die anthroposophische Handschrift ansieht. Die in hellen Farben verputzten Wohngebäude tragen so klangvolle Namen wie „Sirius“, „Regenbogen“ oder „Novalis“, und hinter den hölzernen Verkleidungen ihrer üppig bepflanzten Balkone entdeckt man hier und da den Rand einer Zeitung oder Gesichter, die zu einer Kaffeerunde gehören könnten. Ein Wegenetz verbindet die Häuser miteinander und führt uns durch den mit Rasen, Bäumen, Rosen und Büschen begrünten Innenhof, vorbei an einem kleinen Bachlauf, der plätschernd über helle Kiesel sprudelt. In „Haus Turmalin“, einem fünfeckigen Turmgebäude, das als Zentrum für alle Mitarbeiter, Bewohner und Besucher der Einrichtung dient, sind wir verabredet mit Gisela Stender – Vorstandsfrau und eine der Initiatorinnen des Projekts –, Frau Doer, einer von vier Betreuerinnen, und Frau Seidel, einer Bewohnerin.

Frau Stender empfängt uns in einem hellen, mit viel Holz eingerichteten Büro. Wenige Minuten später ist die Runde vollzählig. Unsere erste Frage gilt der Geschichte des Projekts: Wie ist das Konzept entstanden, und welche Ideen und Personen stehen dahinter? Gisela Stender erzählt uns vom Sterben ihrer Großmutter in einer betreuten Einrichtung in Montreux. „Der Umgang mit den alten Menschen, die Atmosphäre der Gelassenheit und Würde in diesem Haus haben mich sehr bewegt und beeindruckt“, sagt sie. Damals habe sie gemeinsam mit einer Freundin, deren Mutter fast zur gleichen Zeit gestorben sei, begonnen, sich mit der Situation und den Perspektiven alternder Menschen in unserer Gesellschaft zu beschäftigen. Als engagierte Waldorf-Mütter mit anthroposophischem Gedankengut vertraut, hätten sie es nahe liegend gefunden, in den Schriften von Rudolf Steiner auch nach Impulsen für ein gelingendes Altwerden zu forschen. Allmählich wurde der Kreis der Interessierten, der über mehrere Jahre 14-täglich zusammenkam, größer und größer, auch Altenpflegerinnen, Krankenschwestern, Ärzte und Ärztinnen fühlten sich angesprochen von den dort entwickelten Ideen für ein anderes Altwerden.

1988 gründete sich der „Verein für Lebensgestaltung und Altersfragen e.V.“. Eigentlich hatten sich die Mitglieder vorgenommen, ein oder zwei Häuser für etwa 30 Menschen zu bauen, aber das Interesse war so groß, dass das Projekt diesen Rahmen schon bald zu sprengen drohte. Wie sollte man ein so gewaltiges Unterfangen finanzieren? Obwohl die angesprochenen Ämter und Behörden dem Konzept durchweg positiv gegenüberstanden, gab es wenig Aussicht auf nennenswerte Zuschüsse, außerdem hätte eine öffentliche Förderung bedeutet, auf das Recht verzichten zu müssen, selbstständig über die Belegung der Wohnungen zu entscheiden. Also entschloss sich der Verein, das 22-Millionen-DM-Projekt mit einem eigenen Finanzierungskonzept und Bankdarlehen allein zu stemmen.

Und es gelang: Im Sommer 1996 konnten die ersten der zwischen 27 und 87 Quadratmeter großen Wohnungen bezogen werden, die bei einem Quadratmeterpreis von derzeit rund 12 Euro zuzüglich einer Betreuungspauschale von 53 Euro auch für „Normalrentner“ erschwinglich sind – dabei muss niemand, der hier einzieht, auf irgendeine Annehmlichkeit verzichten. Die gesamte Anlage ist alten- und pflegegerecht gestaltet. Jedes Haus besitzt einen Gemeinschaftsraum, ein großes Pflegebad, das sich auch für physiotherapeutische Anwendungen eignet, einen Aufzug und einen Waschkeller, jede Wohnung verfügt über einen Balkon, eine Loggia oder Terrasse. Haustiere dürfen, wenn die anderen Bewohner des jeweiligen Hauses einverstanden sind, mitgebracht werden. Wer den Weg in die Innenstadt nicht auf sich nehmen möchte, hat außerdem die Möglichkeit, direkt vor der Haustür einzukaufen: Ein Fischwagen und ein Lieferservice für Biogemüse fahren das Gelände wöchentlich an.

Auch ökologischen Ansprüchen wird die Anlage gerecht. So wurden die Baumaterialien so weit wie möglich nach baubiologischen Gesichtspunkten ausgewählt. Alle Häuser verfügen über eine Fotovoltaikanlage und Regenwasserzisternen für die Toilettenspülung, und der Gartenbereich, zu dem auch ein Nutzgarten am Rand der Anlage gehört, wird biologisch-dynamisch bewirtschaftet.

„Haus Turmalin" beherbergt das schon erwähnte Begegnungszentrum, das sich bei Bedarf in einen Vortrags- oder Konzertsaal, ein Theater, ein Café oder einen Ausstellungsraum verwandeln lässt. Auch Kurse für Gymnastik, Eurythmie oder Rückenschulungen finden hier statt. Im ersten Obergeschoss befindet sich eine Arztpraxis, deren Angebot an medizinischen Leistungen und Kunst-, Bewegungs- und Gesprächstherapie die BewohnerInnen in Anspruch nehmen können.

Weitere Kurse und Veranstaltungen finden im benachbarten „Haus der Stille" statt. Dort können auch Gedenkfeiern für verstorbene Bewohner abgehalten werden. Nicht alle Bewohner, erklärt Frau Stender, legten Wert auf eine kirchliche Trauerfeier, daher würde dieses Angebot im „Haus der Stille" gerne wahrgenommen, außerdem helfe es nicht nur den Angehörigen, sondern auch den Mitbewohnern, den Tod eines lieb gewordenen Menschen zu verarbeiten und Abschied zu nehmen. Diese Abschiedsrituale seien durchaus keine stummen, bedrückenden Trauerveranstaltungen, versichern unsere Gesprächspartnerinnen, sondern meist sehr lebendige Ereignisse, die von den Bewohnern, Freunden und Angehörigen selbst gestaltet würden: etwa mit musikalischen Beiträgen und dem gemeinsamen Erinnern an Erlebnisse, die man mit dem Verstorbenen geteilt habe. Und selbstverständlich dürfe dabei nicht nur geweint, sondern auch gelacht werden.

Man spürt, dass Krankheit, Abschied und Tod in diesem Projekt weder verdrängt noch einfach achselzuckend in Kauf genommen, sondern als Teil des menschlichen Lebens betrachtet werden, der bewusst erlebt und gewürdigt sein will. „In einem vorwiegend naturwissenschaftlich-medizinisch bestimmten Menschenbild erscheint der Tod als Niederlage", lesen wir später im Konzept des Vereins, und weiter: „Ist es möglich, durch eine andere Auffassung vom Tod und dem Leben danach zu einer neuen Sinngebung für die letzte Lebensphase und auch zu einer neuen Kultur im Umgang mit Sterben und Tod zu kommen?" Es scheint möglich. Kein Bewohner eines Hauses im Kapellenbrink muss die Gemeinschaft verlassen, wenn er krank oder pflegebedürftig wird. Zunächst hilft die Hausgemeinschaft nach ihren Möglichkeiten; wenn das nicht ausreicht, sorgt eine der vier fest angestellten und jeweils bestimmten Häusern zugeordneten Betreuerinnen dafür, dass professionelle Helfer, Mitbewohner und Angehörige möglichst optimal zusammenwirken – ein dicht gewebtes Netz, aus dem niemand fallen kann.

Frau Doer erzählt uns von einem kürzlich verstorbenen Mitbewohner, der an einer fortschreitenden unheilbaren Muskelerkrankung litt und von einem sehr engagierten ambulanten Pflegedienst schließlich rund um die Uhr gepflegt wurde. Bis zum Schluss hätten die Hausbewohner und andere Nachbarn aus freien Stücken immer wieder bei dem inzwischen völlig bewegungsunfähigen jungen Mann vorbeigeschaut, ihm etwas vorgelesen, seine Lieblings-CDs vorgespielt oder auch nur an seinem Bett gesessen. Keiner hier müsse einsam oder in einem Pflegeheim sterben – vorausgesetzt, die Angehörigen spielen mit. „Nicht alle Familien haben sich eingehend genug mit dem Konzept beschäftigt und bringen das nötige Vertrauen auf", sagt Gisela Stender. „Manche Angehörigen haben große Schwierigkeiten, sich überhaupt mit dem Thema Sterben und Tod auseinander zu setzen, und verlagern das angstbesetzte Thema lieber auf eine rein medizinische Ebene." Da niemand sie zwingen könne, Mutter oder Vater zu Hause in ihrem eigenen Bett sterben zu lassen, käme es ab und zu vor, dass die Betreffenden doch noch in ein Pflegeheim verlegt würden, was sie persönlich jedes Mal sehr bedauere.

Die Betreuerinnen, von denen zwei selbst auf dem Gelände leben, koordinieren nicht nur die Hilfe und Begleitung im Krankheits- und Sterbefall, sie stehen den Bewohnern „ihres" Hauses auch in allen Alltagsfragen mit Rat und Tat zur Seite, nehmen an den regelmäßig stattfindenden Hausversammlungen teil und fördern die gegenseitige Kontaktaufnahme und die Eigeninitiative der Einzelnen nach Kräften. An diesem Punkt haken wir nach: Kann das Gemeinschaftsleben in einem so großen Projekt überhaupt funktionieren? Ist die Gefahr nicht groß, dass eine über 100 Menschen umfassende Gemeinschaft in kleine Untergrüppchen zerfällt? Haben es weniger kontaktfreudige Personen, insbesondere dann, wenn sie bereits unter körperlichen Einschränkungen leiden, nicht schwer, sich hier einen sicheren Platz zu erobern, Freundschaften aufzubauen und ein Gefühl der Geborgenheit zu entwickeln?

Erstens, so Gisela Stender, gebe es ja die Betreuerinnen, die schon bei der Belegung einer Wohnung darauf achteten, dass neue Bewohner in die jeweilige Hausgemeinschaft passen, und die sich anschließend darum bemühten, ihnen das Einleben zu erleichtern. Zweitens habe sich neben den von den einzelnen Häusern organisierten Unternehmungen eine beachtliche Fülle von gemeinschaftlich oder in kleineren Gruppen ausgeübten

Aktivitäten entwickelt, an denen man je nach Lust und Fähigkeiten teilnehmen könne, unter anderem Malen, Tanzen, Musizieren, Kochen und Wandern. Außerdem gibt es einen Gesprächskreis zu Lebensfragen, einen Kultur- und einen Gartenkreis, Werkgruppen sowie einen Chor und spezielle anthroposophisch orientierte Angebote wie Eurythmie, Formenzeichnen und einen Steiner-Lektürezirkel. Zu Sonderveranstaltungen wie Vorträgen, Ausstellungen, Konzerten, Literaturabenden oder Video-Reiseberichten werden häufig auch kulturell Interessierte aus dem Bielefelder Raum eingeladen. Natürlich solle dies alles nicht als belastendes Pflichtprogramm, geschweige denn als „Ablenkung“ für gelangweilt um sich selbst kreisende Senioren verstanden werden, betont Frau Stender, sondern als offenes Angebot, als Anregung und Impuls. Beides müsse möglich sein: ein reges Gemeinschaftsleben und der Rückzug in die Privatsphäre, das sei schon bei der Anordnung der Häuser ein wesentlicher Leitgedanke gewesen.

„Irgendwann taucht in jedem Menschen das Bedürfnis auf, sich weniger in der äußeren Welt zu betätigen“, heißt es auch im Konzept des Vereins. „Er schafft dafür umso mehr Raum für innere Arbeiten: die Bewusstseinsarbeit im Ordnen, Überschauen und Durchdringen des vergangenen Lebens.“ Trotzdem sei es sinnvoll – und darauf würden Interessierte auch immer hingewiesen –, sich nicht erst dann zum Einzug zu entschließen, wenn man bereits so alt und gebrechlich sei, dass man weder selbst für sich sorgen könne noch Interesse für andere Menschen und die Welt um sich herum aufzubringen vermöge. Ein Wohnprojekt dieser Größenordnung könne nur gelingen, wenn genügend aktive Menschen in ihm lebten und wirkten. Die Altersdurchmischung sorge immer wieder für neue Impulse.

Wer sich für einen Platz im Kapellenbrink interessiert, muss übrigens nicht Anthroposoph sein. Nur knapp ein Viertel der Bewohner und Bewohnerinnen, schätzt Gisela Stender, kommt aus dem Umfeld der Anthroposophie. Auch wenn das Konzept und viele der angebotenen Aktivitäten anthroposophische Wurzeln hätten, würden „Offenheit und Toleranz gegenüber jedweder Religion, Weltanschauung und Nationalität" großgeschrieben – und entsprechend auch bei den InteressentInnen vorausgesetzt. Wer sich genauer informieren möchte, kann an den monatlich stattfindenden Infonachmittagen teilnehmen; InteressentInnen aus Bielefeld und Umgebung, die etwa 50 Prozent der Bewohner ausmachen (die andere Hälfte kommt aus der ganzen Bundesrepublik und dem europäischen Ausland), nehmen die Gelegenheit wahr, die öffentlichen Veranstaltungen der Gemeinschaft zu besuchen. Es sei auch möglich, für ein paar Tage eine der beiden Gästewohnungen zu mieten, sagt Frau Doer, allerdings bleibe der Einblick in das Gemeinschaftsleben bei einem solchen „Kurzwohnen auf Probe" ihrer Erfahrung nach eher oberflächlich. Ernsthaft Interessierte können sich dann auf eine Warteliste setzen lassen, die der Reihe nach durchtelefoniert wird, sobald eine passende Wohnung frei ist.

Die Entscheidung darüber, wer einziehen darf, wird stets im Team getroffen: Zunächst findet ein Vorgespräch mit Mitgliedern des Vorstands statt, dann wird die Betreuerin des betreffenden Hauses hinzugezogen. Wenn kein passender Bewerber gefunden werde, bleibe eine Wohnung notfalls eine Weile lang leer stehen, erklärt Frau Stender, auch wenn der Betreiberverein aus finanziellen Gründen natürlich an einer baldigen Neuvermietung interessiert sein müsse. Gleiches gilt für die 35 Tiefgaragenplätze: Nehmen zu viele BewohnerInnen das grundsätzlich durchaus erwunschte Car-Sharing in Anspruch, würde die Garage unrentabel und damit zu einer Belastung für das gesamte Projekt.

Anders als bei den meisten von uns befragten Wohnprojekten hat die jeweilige Hausgemeinschaft selbst kein Mitspracherecht bei der Auswahl neuer Mieter. Es habe zwar, erklärt Frau Stender, in einem der Häuser mal eine entsprechende Initiative gegeben und daraufhin sei auch eine Art „Hauskommission" aus dem Kreis der Mieter gebildet worden, die sich aber schnell wieder aufgelöst habe. Nachdem die nach langen Gesprächen ausgewählte Bewerberin dann doch abgesagt habe und das ganze Prozedere von vorn hätte beginnen müssen, sei die Hausgemeinschaft übereingekommen, es doch lieber bei der bewährten Regelung zu lassen. Offenbar kennen die Betreuerinnen „ihre" Mieter so gut, dass es selten zu Fehlbesetzungen kommt. „Jedes Haus hat eben eine ganz eigene Atmosphäre", bestätigt Frau Doer und wird dabei ganz lebhaft, „einen besonderen Geist, den man spüren kann. Darum passt auch nicht jeder in jedes Haus."

Damit wir zumindest eine Ahnung von diesem Geist erhaschen können, führt Frau Seidel uns zum Abschluss durch „Haus Sirius" und über das Gelände. Wir laufen durch die großzügigen, lichten, in sanften Tönen gestrichenen Flure des Gebäudes, die mit Pflanzen, Bildern und Wandmalerei geschmückt wurden, und schlendern weiter zum Rosenplatz in der Mitte der Anlage, der mit seinen Tischen und Bänken zum Reden und Feiern einlädt. Eine jüngere Frau im Rollstuhl, die auf dem Weg zu einer Veranstaltung im „Haus der Stille" ist, begrüßt uns freundlich. Den kleinen Pavillon am Rosenplatz, in dem gerade ein großes hölzernes Namensschild für „Haus Kranich" entsteht, habe eine Klasse der nahe gelegenen Waldorfschule in ihrer Hausbauepoche errichtet, erklärt uns Frau Seidel und bietet an, uns zur S-Bahn-Haltestelle zu fahren. Sie müsse nur schnell ihre Autoschlüssel holen.

Während wir im Foyer von „Haus Turmalin" auf ihre Rückkehr warten, betrachten wir die Plakate und Fotos, die in einem Ständer vor dem Büro stehen: Theateraufführungen, Feste, ein Chor, der Garten zu allen Jahreszeiten und immer wieder die Gesichter der Bewohner und Bewohnerinnen: heitere, ernste, aufmerksam gespannte und gelöste. Einsam sieht keines aus.

Auf Überzeugung bauen

Sie sind eher selten, drängen kaum je ins Rampenlicht der Medienöffentlichkeit und lösen bei Außenstehenden manchmal Befremden aus, doch vielleicht sind sie so etwas wie das Salz in einer fade gewordenen, postmodern verwässerten Wertesuppe, in der alles mit allem vereinbar und letztlich beliebig ist: Gemeinschaftsprojekte, die von einer Philosophie getragen werden, von einer Leidenschaft, von Grundsätzen, einem Glauben. Je weniger ein solches Projekt dem gerade herrschenden Zeitgeist zu entsprechen scheint, desto schneller wird es als altmodisch belächelt oder gerät in den Ruf, nur etwas für Insider und Eingeweihte oder gar „eine Art Sekte" zu sein – mit dem kuriosen Resultat, dass eine Gemeinschaft bayerischer Zen-Buddhisten wohl eher auf die Toleranz, ja Neugier ihrer Umgebung zählen kann als ein christliches Wohnprojekt oder eine Gruppe, die sich von den Gedanken Rudolf Steiners inspirieren lässt. Eigentlich schade, denn so manches Projekt mit scheinbar angestaubter Philosophie hat seinen Interessenten etwas zu bieten, das viele Menschen heute ebenso verzweifelt wie vergeblich suchen: Geborgenheit, Zuwendung, das Gefühl, als der Mensch, der man ist, angenommen und willkommen zu sein, eine sinnvolle Aufgabe und die Freude, Interessen und Ideen, die einem besonders am Herzen liegen, mit anderen teilen zu können.

Das Spektrum von Projekten, die neben dem gemeinschaftlichen Wohnen eine besondere Philosophie verbindet, ist breit und vielfältig: Neben den schon angesprochenen Gemeinschaften mit religiöser oder anthroposophischer Ausrichtung gibt es andere, in denen eine gemeinsame Passion oder Berufung gepflegt wird, etwa Künstler- und Musikerprojekte wie der Verein „Schloss Batzdorf e.V." bei Dresden, der für die Restaurierung des mittelalterlichen Gutes und ein Konzept, das Wohnen, Arbeiten und Kulturveranstaltungen miteinander verbindet, schon zahlreiche Auszeichnungen erhalten hat. Menschen und Tieren ein würdiges Miteinander-Altwerden in grüner, aber stadtnaher Umgebung zu ermöglichen hat sich die aus südbadischen Tierfreunden bestehende Initiative „Die Arche e.V." auf ihre Fahnen geschrieben. Andere Projektgruppen setzen sich für soziale oder politische Ziele ein, wie die MitstreiterInnen von „Brot und Rosen", die sich in Hamburg um obdachlose Flüchtlinge kümmern, ebenso das im Kapitel „Frauenwohnprojekte" vorgestellte feministische Bremer Beginenhof-Modell oder Vereine wie „Safia" oder „Village", die nach neuen Wohnformen für ältere homosexuelle Männer und Frauen suchen.

Wieder andere arbeiten an einem ganzheitlichen Lebensentwurf, der allgemeine ethische, spirituelle und ökologische Zielsetzungen verbindet: „Wir wollen Hoffnungsträger sein, die ein neues Bild des Alters entwickeln und leben", heißt es zum Beispiel im Konzept der Genossenschaft „Lebenstraum Gemeinschaft Jahnishausen“, die im Dezember 2001 in der Nähe von Riesa ein altes Rittergut mit kleinem Jagdschloss ersteigert hat, auf dem nach Abschluss der Renovierungsarbeiten bis zu 100 Menschen leben können. „Wir möchten ein Leben gestalten, in dem Achtung für alles Lebende und Respekt für die Vielfältigkeit und Andersartigkeit des Einzelnen zentrale Werte sind. (...) In unserer Gemeinschaft sind verschiedene Verständnisse von Spiritualität, verschiedene religiöse Ausrichtungen und verschiedene therapeutische Ansätze willkommen.“

So unterschiedlich die Wurzeln wie die Ziele solcher Projekte sind, eines haben sie gemeinsam: Geteilte Überzeugungen, Interessen und Werte liefern ihnen ein Fundament, auf das sich trefflich bauen lässt. Wenn andere Wohnprojektgruppen noch mühsam an einer tragfähigen Basis arbeiten, ist sie hier wie selbstverständlich vorhanden. Herrscht in wichtigen allgemeinen Fragen Konsens, nimmt man kleinere Meinungsverschiedenheiten nicht so schwer, und wo ein gemeinsamer geistiger Horizont vorhanden ist, gibt es weniger Missverständnisse und Kommunikationsprobleme. Die Soziologin Ulrike Petersen, die sich nicht nur wissenschaftlich mit gemeinschaftlichen Wohnformen beschäftigt, sondern selbst in einem Projekt der „Grauen Panther“ lebt, teilt diese Einschätzung: „Eine über das Wohnen hinausweisende Verbindung der Beteiligten hat sich in vielen Fällen vor und nach dem Einzug als hilfreich und stützend herausgestellt“ (1993, S. 13).

In ethisch motivierten Projektgruppen ist zudem die Bereitschaft, schwierige Phasen durchzustehen, schwierige Menschen auszuhalten und mitzutragen und sich schwierigen Themen wie Krankheit, Pflegebedürftigkeit und Tod mit der notwendigen Ernsthaftigkeit und Verbindlichkeit zu stellen, meist deutlich stärker ausgeprägt als in Projekten, in denen ausschließlich Wohnaspekte im Vordergrund stehen. Andererseits erliegen die Mitglieder einer auf geteilte Überzeugungen eingeschworenen Gemeinschaft natürlich auch leichter der Versuchung, die bei jedem Wohnprojekt ausbrechenden und für den Gruppenprozess durchaus wichtigen Konflikte aus lauter Willen zur Harmonie vorschnell unter den Teppich zu kehren.

Manchen Gruppen sind ihre Ziele wichtiger als das gemeinsame Wohnen – was dem Projekt nicht immer gut tut. Die charismatische katholische Gemeinschaft „Wege zu Gott" beispielsweise, die in Freiburg ein generationenübergreifendes christliches Wohnprojekt plant, besteht als Verein schon mehr als vier Jahre, der gemeinsame Wohnalltag allerdings liegt noch in weiter Ferne. Das ist nicht allein dem Umstand zuzuschreiben, dass die Vereinsmitglieder noch berufstätig sind und wenig Zeit und Energie für die Projektplanung aufbringen, sondern liegt auch daran, dass die Probleme und Aspekte des eigentlichen Wohnprojekts ausdrücklich als „zweitrangig" betrachtet werden. „Unseren Glauben gemeinsam zu leben, das ist unser Kern, Wohnen ist für später ganz wichtig, wenn wir nicht mehr so mobil sind", erklärt uns Ursula Willmann und zeigt sich wenig beeindruckt von unserem Argument, dass jedes „Später" heute geplant und organisiert werden muss.

Auch Bärbel Rott hatte die formale Organisation und rechtliche Absicherung des generationenübergreifenden Künstlerprojekts, in dem sie zehn Jahre lang mit 20 Erwachsenen und acht Kindern lebte, lange für überflüssig gehalten. Als das alte Kloster in einem kleinen Ort bei München, in dem die Gruppe sich großzügige Ateliers und Wohnungen eingerichtet hatte, verkauft wurde und der neue Eigentümer sein Objekt mit hohen Abfindungen und rabiaten Methoden mieterfrei zu bekommen versuchte, scheiterte das Projekt: „Natürlich hätten wir einen Verein gründen und das Gebäude selbst kaufen sollen", sagt Bärbel Rott heute. „Wir waren dumm. Künstler eben – zu individualistisch, alle hatten Angst, sich festzulegen. Als uns das klar wurde, war es längst zu spät." Noch heute trauert die bildende Künstlerin um ihr Atelier, die weitläufigen Klostergärten und um die lebendige Gemeinschaft, in der intensive Freundschaften, ja sogar eine Ehe entstanden seien: „Mir fehlt das Feuermachen, das Draußenschlafen, die Freiheit, das Miteinander-Feiern ..."

Die Vernachlässigung vermeintlich zweitrangiger oder rein bürokratischer Wohnfragen zugunsten übergeordneter Ziele ist häufig nicht das einzige Problem solcher Projekte. Auch anfängliche Startvorteile verkehren sich unter ungünstigen Bedingungen manchmal in Hemmnisse: Geschlossenheit kann schnell in Enge und Dogmatismus umschlagen, Idealismus kann blind, Überzeugung fanatisch machen. Projekte mit besonderer Philosophie sollten sich daher immer wieder bewusst für Impulse, Fragen und Kritik von außen öffnen, statt allzu lange im eigenen Saft zu schmoren.

Ein guter Indikator für die Offenheit einer Projektgruppe ist ihr Umgang mit Neueinsteigern. Ist die Gemeinschaft bereit und fähig, auch solche Mitglieder zu integrieren, die vielleicht nicht sämtliche geschriebenen und ungeschriebenen Grundsätze der Gruppe unterzeichnen können? Fühlen sich „Neue", die die oft lange gemeinsame Geschichte der Gruppe nicht teilen, ausgeschlossen oder als Mitglieder zweiter Klasse behandelt? Mehr noch als in reinen Wohnprojekten ist die Integration von Einsteigern in Projekten mit ideeller oder weltanschaulicher Prägung nämlich vor allem ein Problem der neu Hinzukommenden. Die Frage laute weniger „Wer passt zu uns?“ als vielmehr „Passe ich dort hinein?“, bringt Ursula Willmann vom Freiburger Projekt „Wege zu Gott“ die Situation potenzieller Neumitglieder auf den Punkt. „Wir haben kein Problem mit Menschen, die unseren Glauben nicht teilen“, fügt sie hinzu, „wir haben ja im Alltag gelernt, damit umzugehen. Das wäre eher ein Problem für denjenigen, der dazukommt – ob er uns in Ruhe lässt oder sich an unserer Spiritualität stört. Denn die würden wir uns nicht nehmen lassen.“

Auch wenn viele Gruppen sehr glaubhaft ihre grundsätzliche Toleranz und Offenheit bekunden: Ziele, hinter denen eine ganze Gemeinschaft steht, werden sich durch die Kritik oder die Forderungen eines Einzelnen naturgemäß so wenig beeinflussen lassen wie ein Elefant, den eine Mücke sticht. Das ist einerseits gut so – schließlich ist die Ausrichtung auf übergeordnete gemeinsame Ziele das besondere Kapital solcher Projekte –, erfordert andererseits aber ein hohes Maß an Risikobereitschaft von potenziellen Einsteigern, die von der ideellen Ausrichtung eines Wohnprojekts zu Anfang oft nicht mehr wahrnehmen als die berühmte Spitze des Eisbergs. Ein möglichst ausgedehntes oder mehrfaches Probewohnen ist also gerade bei solchen Projekten dringend anzuraten. Nur so lässt sich herausfinden, ob die besondere Atmosphäre einer Gemeinschaft wohltuend und belebend oder eher einengend auf einen wirkt. Nur so lässt sich die Entscheidung treffen, ob man den Geist, der dort weht, auch durch das eigene Leben wehen lassen möchte. – „Kommt her und sehet“, würde Ursula Willmann das in der Sprache der Psalmen formulieren.

Süden, Sonne, Mittelmeer – Lebensabend unter Palmen

Mallorca ist ein Paradies, wenn man es aushält.
GERTRUDE STEIN AN ROBERT GRAVES

Der sonnige Süden, das Sehnsuchtsziel regengeplagter Mitteleuropäer, bringt Dichter zum Schwärmen, Maler zum Schwelgen und seit Jahrzehnten immer mehr Menschen dazu, alle Brücken hinter sich abzubrechen und in ein Häuschen oder eine Wohnung am Meer umzusiedeln. Im vereinten Europa gestaltet sich der Umzug ins Ausland auch für Rentnerinnen und Rentner inzwischen weitgehend unproblematisch: Sie können ihren Wohnsitz innerhalb des europäischen Wirtschaftsraums jederzeit in einen anderen Mitgliedstaat verlegen, sich darauf verlassen, dass die Rente pünktlich aufs Konto fließt und bürokratische Hürden leicht zu nehmen sind. Alles andere, so denken viele, werde sich ganz von allein regeln. Von Abenteuerlust und ihren Träumen beflügelt, kehren sie Deutschland den Rücken – manchmal für immer, oft ohne zu wissen, worauf sie sich einlassen.

Doch ein Umzug ins Ausland birgt nicht nur Chancen, sondern auch Risiken. Welche das sind, lässt sich beispielhaft am wohl beliebtesten Traumziel der Deutschen nachvollziehen: Das gerne als „Rentnerparadies“ gepriesene Mallorca mit seiner komplett auf Dauerurlauber abgestimmten Infrastruktur bietet alles, was das Ausländerherz begehrt – Sonne, Meer und auf Wunsch deutsches Essen –, ist aber auch Schauplatz zerbrochener

Träume und gescheiterter Pläne. Wie viele Deutsche zurzeit dauerhaft auf Mallorca leben, weiß niemand genau, denn nicht alle beantragen eine so genannte Residencia, zu Deutsch: eine Aufenthaltsgenehmigung. Die Angaben reichen von 35 000 bis über 60 000. Rund 20 Prozent davon seien, so *Der Spiegel*, Rentnerinnen und Rentner (www.spiegel.de/reise/metropolen/0,1518, 139299,00.html).

Die meisten von ihnen haben ihre Liebe zur Baleareninsel im Urlaub entdeckt, wo sie beim Radfahren, Wandern oder Baden dem Reiz der malerischen Landschaft erlagen und davon zu träumen begannen, in einem Orangenhain zu wohnen und morgens vom Gebimmel vorbeiziehender Schafe geweckt zu werden. Mit dem nötigen Kleingeld im Portemonnaie ist es immer noch möglich, auf Mallorca eine mehr oder weniger heruntergekommene Finca oder zumindest ein schön gelegenes Grundstück zu erwerben. Auch wenn viele Mallorquiner lange Zeit die Nase über die Traditionsverliebtheit insbesondere der Deutschen rümpften, die oft viel Geld und Mühe auf die stilgerechte Renovierung der erworbenen Gebäude verwenden, ist nicht von der Hand zu weisen, dass gerade die Ausländer einiges zum Erhalt der alten Bausubstanz beigetragen haben.

Inzwischen ist dies auch dem lnselrat klar geworden. Um das Image der ehemaligen „Putzfraueninsel“ aufzupolieren, reglementierte er den Neubau von Hotels und begann den Individualtourismus gezielt zu fördern. Diese Maßnahmen hatten unter anderem zur Folge, dass die Immobilien- und Grundstückspreise auf Mallorca in den letzten Jahren sprunghaft anstiegen. Auch die Lebenshaltungskosten sind inzwischen auf deutschem Niveau angelangt; in stark ftequentierten Touristengebieten liegen sie sogar darüber.

Ähnliches gilt für die ebenfalls sehr beliebte französische Côte d'Azur und die Toskana.

Winter auf Mallorca

Wer im Urlaub beschließt, sofort oder später ins Land seiner Träume überzusiedeln, wird verständlicherweise in erster Linie positive Erwartungen hegen und optimistisch an die Sache herangehen. Fragt man ältere Mallorca-ResidentInnen, warum sie sich auf der Insel niedergelassen haben, nennen viele als Hauptmotiv das bessere Klima. Obwohl das Schönwetterimage der Balearen spätestens seit den katastrophalen Niederschlägen im Sommer 2002 gelitten hat – „Inzwischen braucht man auch hier Gummistiefel“, erzählte uns eine Rentnerin –, scheint die Sonne dort noch immer länger und heißer als in Deutschland, und ein Hinweis auf klimatische Nachteile erscheint auf den ersten Blick abwegig, bringt doch das Mittelmeerklima vor allem Menschen mit Herz- und Kreislaufproblemen oder rheumatischen Beschwerden erwiesenermaßen große Erleichterung. Die Knochen schmerzen nicht mehr, Medikamente können abgesetzt werden, die Lebensqualität steigt – bis der Winter hereinbricht und Dauerregen und Kälte mitbringt. Wer je einen Winter auf Mallorca verbracht hat, kann ein Lied davon singen, wie ungemütlich nass und kalt es dort werden kann, vor allem in den Bergen.

Bereits George Sand und Frédéric Chopin, die sich zwischen November 1838 und März 1839 zunächst in Palma und dann in Valldemosa aufhielten, hatten unter dem Winterwetter der Sonneninsel zu leiden. Ihr „Haus des Windes“, so schreibt George Sand, sei nach tagelangem Regen unbewohnbar geworden. „Die Mauern waren so dünn, dass der Kalk, mit dem unsere Zimmer verputzt waren, sich wie ein Schwamm voll sog. Ich selbst habe noch nie so gefroren, obwohl es in Wirklichkeit gar nicht sehr kalt war. Aber da wir daran gewöhnt sind, im Winter zu heizen, lag dieses Haus ohne Kamin auf unseren Schultern wie ein Eismantel, und ich fühlte mich wie gelähmt“ (2001, S. 60 f.).

Auch heute verfügen nur wenige Häuser auf Mallorca über eine komfortable Zentralheizung, die meisten sind mit Gasöfen oder offenen Kaminen ausgestattet, mit denen man zwar mächtig einheizen, das Eindringen von Feuchtigkeit und Kälte in die Wände aber nicht verhindern kann. Größere Temperaturschwankungen machen sich sofort empfindlich bemerkbar, da die meisten Gebäude nicht oder nur mangelhaft isoliert sind. Insbesondere ältere Menschen leiden häufig unter den Folgen. „Im Sommer war es ihnen heiß wie in einem Glashaus, im Winter erwiesen sich die Wände als derart dünn, dass die Gasöfen kaum gegen die sich immer mehr in sie hineinschleichende Kälte ankamen“, berichtet der ehemalige evangelische Inselpfarrer Heinrich Süselbeck (1997, S. 10).

Zweisam einsam

Wolfram und Barbara, beide um die 65, leben seit über sechs Jahren auf Mallorca. Sie bewohnen ein Häuschen in einem Bergdorf, in das sich nur selten Touristen verirren. Auch Residenten lassen sich lieber woanders nieder. Der einzige weitere Deutsche im Ort musste seine Finca schon bald nach dem Einzug wieder verkaufen: „Gehprobleme“, sagt Barbara, „mit seinen Krücken kam er die steilen Gassen nicht mehr rauf und runter.“

Mit der Entscheidung, ihren Lebensmittelpunkt nach Mallorca zu verlegen, haben die beiden sich lange Zeit gelassen. Anfangs flogen sie oft zurück nach Hamburg, um Kinder und Freunde zu besuchen. Dort besitzen sie auch eine „komplett abbezahlte“ Eigentumswohnung, die als Altersruhesitz dienen soll, wenn gesundheitliche Probleme einen weiteren Aufenthalt auf Mallorca nicht mehr erlauben. „Die Krankenversorgung auf Mallorca ist nicht mit der deutschen zu vergleichen“, erzählt Barbara. „Als ich mir einen Nerv eingeklemmt hatte, bekam ich Probleme mit der Krankenkasse. Zur Physiotherapie musste ich nach Palüia. Bezahlt habe ich das alles aus eigener Tasche.“

Das Haus auf Mallorca gehört Bekannten von Barbara und Wolfram, die es ihnen inzwischen dauerhaft zur Nutzung überlassen haben – „eine ideale Lösung“, finden beide, denn so können sie bei Bedarf die Brücken problemlos und schnell wieder hinter sich abbrechen. Zukunftsmusik ist trotzdem nicht „ihr Ding“: „Heut ist heut, und morgen ist morgen“, lautet ihr Lebensmotto. Ihm verdanken sie wohl auch den Optimismus, mit dem sie ihren Alltag meistern. „Wir haben uns lange gefragt, ob wir bleiben sollen oder nicht“, erzählen sie. „Die ersten sechs Jahre haben wir völlig isoliert gelebt. Bei Wind haben wir die eisernen Figuren rausgeholt und Schach gespielt, bei gutem Wetter Halma. So etwas geht nur gut, wenn die Partnerschaft stimmt. Wir sind beide zum zweiten Mal verheiratet. Wenn man erst mit über 50 seine große Liebe kennen lernt, geht man behutsam damit um und genießt die gemeinsame Zeit besonders intensiv.“

Doch sechs Jahre Einsamkeit machen selbst das glücklichste Paar mürbe, und so bedurfte es eines Zufalls, um die Entscheidung für Mallorca zu besiegeln. „Letzten

Winter haben wir Anschluss an die katholische Gemeinde gefunden.

Jetzt singen wir im ökumenischen Chor mit. Seitdem wollen wir nicht mehr hier weg."

Trotz regelmäßiger Stippvisiten in die Heimat hatte sich die Beziehung der beiden zu ihrem deutschen Freundeskreis schon seit längerem gelockert, und mit dem Beitritt zur Gemeinde wurden die auf Mallorca geschlossenen Bekanntschaften zunehmend wichtiger. Allerdings gehören nur sehr wenige Einheimische zum näheren Bekanntenkreis des deutschen Paares – die unmittelbaren Nachbarn –, denn ohne Spanisch- oder Mallorquinkenntnisse ist eine Verständigung mit ihnen nur über Floskeln und Gesten möglich. Auch deshalb plädieren Wolfram und Barbara dafür, das „Abenteuer Ausland" nur zu zweit zu wagen. „Wichtig ist, dass man zufrieden ist und gut miteinander auskommt. Alleine wäre keiner von uns hierher gezogen."

Andere haben genau das getan – mit mehr oder weniger Erfolg, wie sich noch zeigen wird. Eine Rentnerin zitierte Eichendorffs Gedicht „Heimweh" – Wer in die Fremde will wandern, / Der muss mit der Liebsten gehn, / Es jubeln und lassen die andern / Den Fremden alleine stehn – und gestand uns dann freimütig, dass sie sich auf der Insel isoliert fühle: „Ich bin ohne Liebsten hierher gekommen. Und manchmal fühle ich mich hier sehr einsam." „Wenn schon einsam, dann wenigstens im sonnigen Süden", halten andere dagegen.

Einsamkeit ist eines der häufigsten Probleme, mit dem Auswanderer sich auseinander setzen müssen, gleichgültig, wohin es sie verschlagen hat. Wird schon Mallorca, das mit seinen beiden deutschen Gemeinden und anderen Begegnungsmöglichkeiten für Residenten denkbar gute Voraussetzungen für die Kontaktaufnahme zu

Landsleuten bietet, vielen nicht zur Heimat, um wie viel schwerer muss die Integration dann in Regionen fallen, in denen weniger ideale Integrationsbedingungen herrschen? Die Zahl derer, die im selbst gewählten Paradies schwermütig werden, weil die vertrauten Freunde fehlen, ist erschreckend groß. In Deja, einem weltbekannten mallorquinischen Künstlerdorf, das im Sommer Scharen von Touristen anzieht, „sitzen die Ausländer im Winter im Café herum und beginnen vor lauter Langeweile zu trinken“, erzählt uns Dieter Rahmel, der Mallorca seit 26 Jahren kennt und schon lange dort lebt. Alkoholismus und Depressionen unter Residenten seien weit verbreitet, berichtet auch Pfarrer Süselbeck; gefährdet seien vor allem jene Menschen, die nach Jahren des gemeinsamen Lebens auf der Insel ihren Partner und damit auch ihren Lebensmittelpunkt verlieren.

Die bewusst oder unbewusst gewählte Isolation hänge, so sein Nachfolger Andreas Ahnert, unter anderem damit zusammen, „dass die meisten Auswanderer Individualisten sind“, die ihren ganz speziellen Lebenstraum verwirklichen wollen. Viele von ihnen sprechen auch nach jahrelangem Inselaufenthalt kein Wort Spanisch, geschweige denn Catalán oder Mallorquin, eine Mundart des Catalán, und unternehmen keinerlei Anstrengung, an diesem Zustand etwas zu ändern. Man mag vom Sprachpurismus der Mallorquiner, die das Catalán mittlerweile als Amtssprache pflegen, untereinander Mallorquin sprechen und Festlandsspanier als Ausländer betrachten, halten, was man will – das Erlernen zumindest der spanischen Sprache erleichtert jedem Fremden die Integration auf der Insel. Sicher, beim Einkaufen oder im Restaurant kommt man auf Mallorca auch mit Deutsch zurecht, doch für jeden Behördengang benötigt man einen Dolmetscher, und die Unterhaltung mit den einheimischen Nachbarn beschränkt sich auf den Austausch weniger Floskeln. Notorische Sprachmuffel bekunden mit ihrem Desinteresse an der Landessprache zugleich ihre Gleichgültigkeit gegenüber der jeweiligen Kultur. Dass dieses Verhalten von Einheimischen als mangelnder Integrationswille interpretiert wird, sollte niemanden erstaunen.

Welche Bedeutung der Verzicht auf das Erlernen der Landessprache praktisch haben kann, wird vielen erst dann klar, wenn sie zum Arzt oder ins Krankenhaus müssen, aber nicht einmal in der Lage sind, telefonisch einen Termin zu vereinbaren. Auf Mallorca besteht dann immerhin die Möglichkeit, sich gegen Rechnung oder bei entsprechender Versicherung an einen der zahlreichen deutschen Ärzte zu wenden. In anderen Ländern geht das nicht. Bei der spanischen „Insalud“ versicherte Mallorca-Residenten, die ihren Arzt nicht frei wählen können (siehe hierzu das Kapitel „Ein Haus am Meer“, S. 235 ff.), wenden sich in ihrer Verzweiflung oft an die Mitarbeiterinnen der deutschen AOK-Niederlassung in Palma, die „letzte Rettung“, wenn keiner mehr helfen kann.

Pfarrer Süselbeck berichtet von Deutschen, die, pflegebedürftig geworden, aufgrund mangelnder Spanischkenntnisse und kultureller Barrieren in keinem der ohnehin nicht sehr zahlreichen spanischen Altenheime untergebracht werden konnten. „Als einzige Lösung blieb lediglich die Rückkehr nach Deutschland, aber die war schwer, weil (...) oft seit Jahrzehnten tragfähige soziale Brücken längst abgebrochen waren.“ So habe ihm beispielsweise eine Witwe erzählt, sie sei, als ihr schwer pflegebedürftiger Mann eines Tages aus dem Bett gefallen war, auf die Straße gelaufen, habe sich vor einen herankommenden Laster geworfen und den Fahrer gebeten, ihr ihren Mann wieder ins Bett zu legen. „Jetzt aber war sie selbst so krank, dass sie ihr Haus, in dem sie 25 Jahre gelebt hatte, unter Tränen aufgab, um nach Deutschland in ein Pflegeheim zurückzukehren. Dort ist sie nach ein paar Wochen einsam verstorben“ (1997, S. 11).

Glücklicherweise ist ein Schicksal wie dieses nicht repräsentativ für Auswanderer, es ist aber auch kein Einzelfall.

Der Umzug in ein anderes Land ist für viele das letzte große Abenteuer ihres Lebens – ein Abenteuer, das Scheitern nicht vorsieht. Wer dennoch zu scheitern droht, hält sich an die Parole „Durchhalten bis zuletzt“, um vor sich selbst und den Bewunderung zollenden Freunden in der Heimat so lange wie möglich das Gesicht zu wahren, auch wenn die Rückkehr nach Deutschland oft die bessere Lösung wäre.

Paare wie Wolfram und Barbara, die illusionslos in die Zukunft blicken und die Brücken in die Heimat niemals vollständig hinter sich abgebrochen haben, kommen mit sich und dem Leben besser zurecht. Sie wissen, dass ihre gemeinsame Zeit auf Mallorca begrenzt ist. Vielleicht gelingt es ihnen gerade deshalb, ihren „Unruhestand“ aus vollen Zügen zu genießen.

Isolde Fiedler und ihr Paradiesgarten

Isolde Fiedler hat Talent zum Glück. Vor zwölf Jahren setzte sich die inzwischen 60-jährige Therapeutin und Kunsthandwerkerin aus Hamburg in ihren alten Bus und fuhr gen Süden Richtung Mallorca, die Insel, an die sie während eines Urlaubs ihr Herz verloren hatte. „Ich bin losgefahren und hab gedacht: Probier's einfach mal“ – und es hat geklappt. Mit wenig Geld und viel Improvisationstalent gelang es ihr, in Port de Sollér Fuß zu fassen;

zunächst lebte sie in ihrem provisorischen mobilen Domizil, danach in einer kleinen Wohnung in einem mallorquinischen Mietshaus. Mit Jobs und dem Verkauf von Kunsthandwerk hielt sie sich über Wasser und fühlte sich, wie sie sagt, „sauwohl“ dabei. Auch Freundinnen, Kinder und Enkel wussten das Leben im Süden zu schätzen und quartierten sich immer öfter bei ihr ein.

Dann geschah, was Isolde ihr „persönliches Märchen“ nennt: Sie erbte in Deutschland ein Haus. Der Verkaufserlös reichte, um ein Grundstück in den Bergen zu erwerben und einen lang gehegten Wunsch zu verwirklichen: einen Ort zu schaffen, an dem Frauen aus aller Welt Kreativurlaub machen oder inmitten von Pfauen, Katzen, den beiden Hängebauchschweinen Ping und Pong und zahlreichen anderen Tieren einfach ausspannen können. Ping und Pong „sind die Ururuenkel von zwei Schweinen, die ich aus Bremen mitgebracht habe, die Emus und Schwäne stammen von der Insel, aus einem Naturpark. Mit Tieren zu leben war immer mein großer Traum“, sagt Isolde. Zwar besaß sie als Städterin schon in Deutschland einen Hund, aber eben nicht das ersehnte Haus mit Garten.

Der „Garten“, den sie auf Mallorca angelegt hat, umfasst 7 000 Quadratmeter – Platz genug für eine Koppel, einen Teich, einen kleinen Zeltplatz, zahlreiche Olivenbäume und mehrere geschmackvoll eingerichtete, fröhlich-bunte Casitas, die an Urlauberinnen vermietet werden. Auch Frauen mit wenig Geld sind im „Valle de la Luna“, wie Isolde ihr Refugium nennt, willkommen; sie können sich durch Mithilfe auf dem Grundstück Kost und Logis erarbeiten. Mit den Tieren müssen sie sich irgendwie arrangieren. „Nicht alle kommen mit ihnen zurecht. Manche haben einfach kein Verhältnis zu Tieren.“

Den Umbau der Casitas bewerkstelligte Isolde mit der tatkräftigen Hilfe mallorquinischer Bauarbeiter. „Die dachten anfangs, och die, die können wir mal ein bisschen abzocken, und fragten als Erstes: Wo ist der Chef? Dann habe ich die ganze Crew rausgeschmissen und mir neue Leute gesucht. Am Schluss konnte ich perfektes ‚Bauspanisch'." Dank ihres geradlinigen Auftretens hatte Isolde im alltäglichen Leben nie Schwierigkeiten mit den Einheimischen: „Wenn die Mallorquiner merken, dass man nicht die dicken Dollars im Portemonnaie hat, sind sie nett. Zwar wird man mit ihnen nie vertraut genug, um enge Freundschaften zu schließen, aber ein guter Kontakt kann schon entstehen."

Problematischer gestaltete sich der Umgang mit den mallorquinischen Behörden. „Die Ummeldung meines Autos hat zwei Jahre gedauert, obwohl ich eine Gestoria damit beauftragt hatte" – ein Unternehmen, das Privatleuten den Weg durch den spanischen Behördendschungel ebnet. Auch die Tourismuspolizei hat dem „Tal der Mondin" schon einen Besuch abgestattet: Angestachelt durch eine anonyme Anzeige, lugte eines schönen Tages ein übereifriger Beamter über Isoldes Zaun, warf ihr vor, Sextourismus für Lesben zu betreiben, und trat in der Presse eine Schmutzkampagne gegen sie los. Mit Hilfe eines Anwalts und zahlloser Unterstützerinnen konnte Isolde die Vorwürfe bald entkräften, und längst ist die Ruhe zurückgekehrt ins „Valle de la Luna". Auch Ping und Pong können wieder ungestört ihrer Lieblingsbeschäftigung nachgehen: fressen und Schlammbäder nehmen.

Doch obwohl Isolde sich mitsamt ihrer Menagerie noch immer pudelwohl fühlt in ihrem kleinen Paradies, denkt sie aus gesundheitlichen Gründen immer öfter ans Abschiednehmen. „Ich kann die Arbeit hier auf Dauer nicht mehr bewältigen." Auch der Weg über den steinigen, schmalen Fußpfad hinunter nach Port de Sollér, die kürzeste Verbindung zum Ort, dürfte mit zunehmendem Alter immer beschwerlicher werden. Nach Deutschland zurückkehren möchte Isolde jedoch auf gar keinen Fall. „Wer weiß, wohin es mich noch verschlägt", sagt sie lachend, und wir wünschen ihr, dass noch einmal ein Märchen für sie wahr werden möge.

Mallorca light: Leben in einer Seniorenresidenz

Seniorinnen und Senioren, die sich von vornherein gegen alle Eventualitäten wappnen und sich die mühevolle Suche nach einem geeigneten Wohnobjekt ersparen wollen, können sich in bestimmten Urlaubsgebieten, vor allem in Spanien, in einer der deutschen Seniorenresidenzen niederlassen, die im Pflegefall auch die Betreuung übernehmen. Die mallorquinische Seniorenresidenz „Es Castellot" in Santa Ponça etwa, ein „Kind" der „Norddeutschen Gesellschaft für Diakonie" in Rendsburg, bietet im sonnigen Südwesten der Insel auf einem ehemaligen Herrensitz mit mittelalterlichem Wachturm und ausgedehntem Park 60 Einzimmerapartments und 20 Zweizimmerapartments.

Eigentlich sollte der Bau dieser Residenz mit Meerblick die Antwort auf eine Frage sein, die sich laut der Broschüre des Betreibers „immer dringlicher" gestellt habe: „Was geschieht eigentlich mit den älter werdenden Auslandsdeutschen, die nicht in die Heimat zurückkehren wollen?" Viele Menschen aus diesem Personenkreis benötigen mit zunehmendem Alter Betreuung und Pflege – kompetente Betreuung und dauerhafte Pflege, am liebsten durch Deutsch sprechendes Personal.

Die Wirklichkeit sieht anders aus: Diejenigen Einwanderer, die am meisten von einem solchen Konzept profitieren würden und auch am dringendsten darauf angewiesen wären, ziehen nicht in „Es Castellot“ ein – schlicht und einfach deshalb, weil sie die Kosten nicht aufbringen können. Die Kaltmiete inklusive Betreuungsentgelt für ein 43 Quadratmeter großes Einpersonenapartment der Kategorie A liegt derzeit bei rund 1 300 Euro (bei Meerblick wird ein Zuschlag fällig), hinzu kommen rund 25 Euro monatlich für den Pflegevertrag, eine Nebenkostenvorauszahlung für Heizung, Warmwasser und Strom, die bei einer Person mit rund 50 Euro monatlich zu Buche schlägt, und gegebenenfalls Stellplatzmiete und Verpflegungskosten. Zusätzlich wird ein Wohndarlehen verlangt, das dem Bewohner ein lebenslanges Wohnrecht in seinem Apartment sichert und sich für die oben genannte Einpersonenwohnung auf immerhin knapp 37 400 Euro beläuft. Angesichts dieser Summen bleibt den in Not geratenen deutschen Senioren auf Mallorca wohl nur der Rückflug in die kalten heimischen Gefilde – in den Genuss des höchst bescheidenen Komforts spanischer Altenheime kommen, gesetzt den Fall, sie wollen überhaupt, nur einige „Glückliche“, da es zu wenig Plätze gibt.

Der ehemalige evangelische Inselpfarrer Süselbeck, der sich anfangs sehr für den Bau der Residenz eingesetzt hatte schildert den sich schon bei der Planung abzeichnenden Widerspruch zwischen Anspruch und Wirklichkeit so: „Es stellte sich (...) heraus, dass die finanzielle Realisierung eines solchen Projektes nach den Vorstellungen und Standards seines Betreibers beziehungsweise den Vorschriften der spanischen Behörden die Kosten in solche Höhen trieb, dass für das Gros der älteren Deutschen, die auf Mallorca lebten, dieses Haus aus finanziellen Gründen nicht in Frage kam." So sei es notwendig geworden, in Deutschland für die Belegung zu werben (1997, S. 12). Und die Deutschen kamen und kommen noch immer – zumindest die, die über das nötige Kleingeld verfügen.

Dafür wird ihnen aber dann auch einiges geboten: Die komfortablen Apartments sind gut geschnitten und verfügen über ein rollstuhlgerechtes Duschbad, Balkon, Loggia oder Terrasse. Alle Wohnungen werden wöchentlich gereinigt, inklusive Bettwäsche- und Handtuchwechsel. Es gibt eine Großküche für diejenigen, die nicht selbst kochen möchten, einen Speisesaal, der auch für Feste und kulturelle Veranstaltungen genutzt werden kann, eine gut ausgestattete Bibliothek und ein Kaminzimmer im Haupthaus, zwei großzügig bemessene Außenschwimmbecken, mehrere Terrassen, eine gepflegte tropische Gartenanlage und ausreichend Stellplätze für PKWs. Über einen Notruf können Pfleger und Pflegerinnen rund um die Uhr erreicht werden, ein Deutsch sprechender Arzt kümmert sich um die Bewohner, und für den Fall der Fälle steht auch eine Pflegestation mit 15 Betten zur Verfügung.

Die Schönheit der Anlage hoch über dem Meer, die komfortable Rundumversorgung und die Gewissheit, den Traum vom sonnigen Süden nicht mit Einsamkeit und Fremdheitsgefühlen bezahlen zu müssen, erklären die hohe Anziehungskraft dieser Seniorenresidenz. Seit die ARD-Reportage „Mallorca für immer", die unter anderem auch in „Es Castellot" gedreht wurde, vor zwei Jahren erstmals ausgestrahlt wurde, sei die Nachfrage noch gestiegen, erzählt uns Margret-Ann Adolphs, die das Haus seit sechs Jahren leitet. Natürlich brauche der Entschluss, in Deutschland alle Brücken hinter sich abzubrechen und auf die Insel überzusiedeln, dann meist doch seine Zeit. „Jeder fragt sich: Mach ich's richtig? Was gebe ich auf, was gewinne ich? Und das ist auch gut und richtig so." Deshalb kämen die meisten Interessenten erst einmal zum Probewohnen her.

Wir sitzen mit Frau Adolphs und Herrn und Frau Bauer, einem sehr rüstig wirkenden Paar in den Achtzigern, das seit einigen Jahren in „Es Castellot" lebt, im Kaminzimmer des ehemaligen Herrenhauses. Die Sessel sind so ausladend wie bequem, die Einrichtung gediegen. In Deutschland soll es in dieser Oktobernacht bereits den ersten Bodenfrost gegeben haben. Hier brennt die Sonne heiß durch die zarten Schleier der Vorhänge und malt gleißende Kringel auf die mit kleinen Klebeschildchen versehenen Bücher im Regal – offenbar ist die Bibliothek so groß, dass ein Teil der Literatur im Kaminzimmer untergebracht werden musste.

Wie für die meisten deutschen Mallorca-Einwanderer war auch für die Bauers das milde Klima der Mittelmeerinsel ausschlaggebend für den Entschluss, die alte Heimat zu verlassen. Sie erinnere sich noch genau an den Tag, an dem sie den Werbebericht über „Es Castellot" in ihrer Fernsehzeitschrift entdeckt habe, sagt Frau Bauer. An jenem Morgen sei gerade ein Eisregen über das grau verhangene Garmisch niedergegangen. Der Winter in Deutschland habe ihr immer schwer zu schaffen gemacht, ihre Kehlkopfprobleme seien dann so schlimm geworden, dass sie nur unter großen Schmerzen habe sprechen können. „Ich las diese Anzeige, und mein Herz ging auf. Ich bin dann gleich rübergerannt zu meinem Mann – wir lebten damals schon länger getrennt –, und wir haben uns in Ruhe hingesetzt, alles mit spitzem Bleistift durchgerechnet und festgestellt, dass es reichen würde. Dann sind wir erst mal für zwei Wochen zum

Probewohnen hergekommen. Wir kannten Mallorca ja gar nicht."

Sie habe die Bewohner der Residenz auch gezielt nach den negativen Seiten gefragt, um einen möglichst realistischen Eindruck zu erhalten, berichtet Frau Bauer. Es werde ausnehmend viel getratscht, habe man ihr geantwortet, und das habe sie inzwischen leider bestätigt gefunden. „Aber man kann sich fern halten, oder man tratscht einfach nicht mit." Das Einleben sei ihr anfangs nicht leicht gefallen: „Es ist alles anders. Angefangen bei der Sprache, die man nicht versteht, die Umgebung ist anders, das Klima, das Wohnen, einfach alles. Da darf man einfach nicht zu lange warten. Ich war 77, als ich hierher gezogen bin. Das war schon eine Umstellung." Bereut haben die Bauers ihre Entscheidung trotzdem nicht. Das Großstadtleben allerdings, das fehle ihnen schon manchmal. Theater, Konzerte, das ganze Angebot, und ein Auto hätten sie hier ja auch nicht mehr. Es sei schon eine ziemlich umständliche Angelegenheit, mit öffentlichen Verkehrsmitteln nach Palma zu fahren.

Ein wenig Eigeninitiative sei schon vonnöten, wenn man hier oben nicht im eigenen Saft schmoren wolle, räumt Margret-Ann Adolphs ein. „Die berühmte Käseglocke." Viele Bewohner scheinen sich nicht mehr allzu sehr für die Welt außerhalb der Mauern und Gärten von „Es Castellot" zu interessieren, entsprechend gering ist die Nachfrage, wenn einmal ein Vortrag oder eine Lesung auf dem Programm steht. Zweimal im Monat gibt es eine organisierte Einkaufsfahrt, wer möchte, kann morgens an der Seniorengymnastik teilnehmen oder im Sommer für ein paar Stunden mit einem Shuttlebus zum Strand fahren. Ausflüge finden schon länger nicht mehr statt. „Es ist schwierig, alle unter einen Hut zu bringen", erklärt Frau Adolphs. Für Gehbehinderte und Rollstuhlfahrer gebe es kaum geeignete Ausflugsziele auf der Insel, andererseits könne man schlecht Touren anbieten, bei denen weniger Mobile von vornherein ausgeschlossen wären – also gibt es eben keine mehr.

Die Aktiveren unter den Bewohnern wissen sich zu helfen. Sie organisieren sich eine Mitfahrgelegenheit, um an einem Konzertzyklus in Palma oder an den allmonatlich stattfindenden Residententreffen für die deutschsprachigen Inselbewohner teilzunehmen, oder sie besuchen die wöchentlichen Gesprächsrunden mit dem evangelischen lnselpfarrer Ahnert. Herr Bauer ist außerdem Mitglied einer Skatrunde und eines Schachklubs und leitet eine kleine politische Mittwochsrunde im Kaminzimmer, in der über aktuelle politische und gesellschaftliche Themen debattiert wird. Als einer von etwa 15 Männern hat er in „Es Castellot“ einen guten Stand, noch mehr gilt dies natürlich für die acht allein stehenden Herren, die hier leben. „Die sind zweifellos heiß begehrt“, fügt Frau Adolphs lächelnd hinzu.

Als wir noch einmal nachhaken und wissen wollen, warum es nicht mehr gemeinschaftliche Aktivitäten gibt, wird sie energisch: „Ständig wird nach ‚Gemeinschaft‘ und ‚Wir-Gefühl‘ gefragt. Ich will gar keine ‚Wir‘-Gemeinschaft! Für mich ist das Herr Bauer und das Herr Fritzsche und so weiter, jeder hat seine Persönlichkeit. Die sollen so bleiben dürfen, wie sie sind. Ich wünsche mir nur einen guten Umgang untereinander. Mehr muss nicht sein. Wenn sich mehr entwickelt, umso besser, wenn nicht, ist das auch in Ordnung.“

Hat sich denn mehr entwickelt zwischen einzelnen Bewohnern?, fragen wir. Gibt es feste Gruppen oder Freundschaften, die über Skatrunden hinausgehen? „Freundschaften“, sagt Frau Bauer bestimmt, „Freundschaften schließt man in unserem Alter nicht mehr, aber mehr oder weniger enge Kontakte sind schon vorhanden. Man hat ja Auswahl hier, und es ist trotzdem überschaubar. Man kennt sich, fast wie in einer großen Familie." Herr Bauer hatte einen guten Freund, der seit dem Tod seiner Frau aber geistig zusehends verfalle. Manchmal berichte er ihm ganz aufgeregt, seine Frau sei gerade entführt worden. „Diese Freundschaften sind ja nicht mehr von so langer Dauer, das muss man bedenken", ergänzt Margret-Ann Adolphs. Frau Bauer nickt. „Man nimmt jeden Tag ein bisschen Abschied hier." Das klingt überraschend sachlich – eine knappe Feststellung, in der Gefühle wie Trauer oder Wehmut einfach keinen Platz mehr gefunden zu haben scheinen.

Besuch aus Deutschland bekommen die Bauers – wie die meisten Bewohner von „Es Castellot" – eher selten. „Unsere Kinder mögen Mallorca nicht besonders", sagt Herr Bauer. „Die alten Vorurteile, wissen Sie. Putzfraueninsel, Ballermann und so. Sie kommen einmal im Jahr. Dafür fliegen wir öfters nach Deutschland." Interessanterweise, bemerkt Frau Adolphs, seien die Beziehungen vieler Bewohner zu ihren Kindern nach der Übersiedelung deutlich besser geworden. „Man kommt eben nicht nur mal schnell auf eine Tasse Kaffee, sondern man kommt richtig zu Besuch, wohnt vielleicht in einem der Gästezimmer hier und hat Zeit füreinander."

Kontakte zu den Einheimischen gibt es dagegen kaum. Das verhindert schon die Sprachbarriere. „In meinem Alter", sagt Herr Bauer, „kann ich mir keine fremde Sprache mehr aneignen, selbst wenn ich mich bemühe. Was ich heute lerne, habe ich doch morgen zum großen Teil wieder vergessen." Aber es gebe „Augenkontakte", sagt Frau Bauer und lobt die Freundlichkeit und Hilfsbereitschaft der Mallorquiner. Letztes Jahr habe sie in einem Café schnell Zigaretten holen wollen und sei in ihrer Eile gegen eine Glastür gerannt und dann halb ohnmächtig auf den nächsten Stuhl getaumelt. „Die Bedienung kam sofort angelaufen und hat mir Wasser gebracht und angeboten, mit mir zum Arzt zu gehen, sie würde alle Kosten tragen. Da fingen bei mir die Tränen an zu rollen, so überwältigt war ich." Neulich habe sie die hilfsbereite Bedienung zufällig wieder getroffen, die junge Frau habe sie sofort erkannt und sei ihr vor Freude um den Hals gefallen. Frau Adolphs pflichtet ihr bei. „Die Freundlichkeit und Fröhlichkeit der Leute hier, die gibt's in Deutschland einfach nicht mehr. Nehmen Sie nur unser Personal: Wenn die Frauen morgens um sieben hier ankommen, dann schnattern sie so munter vor sich hin, als hätten sie sich wochenlang nicht gesehen. Und sie singen. Sie machen die Arbeit, die keiner so richtig gern macht, und singen dabei. Wer von uns singt denn noch?"

Allerdings wüssten nicht alle Bewohner so viel gute Laune zu schätzen – griesgrämige Gemüter empfänden das allgemeine Geträller schon mal als unliebsame Störung. Nicht jeder verfüge eben über die wünschenswerte Offenheit und Toleranz, um sich im Alter noch in einer fremden Umgebung eingewöhnen und sein Leben genießen zu können. „Auch hier gibt es Menschen, die immer nur meckern", bestätigt Frau Bauer. Ein paar sind sogar wieder ausgezogen – eine Bewohnerin habe schwere Depressionen entwickelt, eine andere habe „adäquate Gesprächspartner" vermisst und manchen gefalle die Insel einfach nicht, berichtet Frau Adolphs. Die meisten jedoch fühlen sich wohl und bleiben – bis zum Schluss.

„Im Fall der Pflegebedürftigkeit wird keiner abgeschoben. Dafür stehe ich ein", erklärt Margret-Ann Adolphs. Angesichts der Tatsache, dass es auf Mallorca nicht ein einziges Pflegeheim gibt, das deutschen Qualitätsstandards genügt, ist dies ein sehr gewichtiges Versprechen.

Sind 15 Betten da nicht zu wenig? Da jeder so lange wie möglich im eigenen Apartment gepflegt werde, sei es auf der Pflegestation noch nie eng geworden, beteuert Frau Adolphs. Und wer geistig klar sei, werde ohnehin nicht zu Demenz- und Alzheimerpatienten auf die Pflegestation verlegt. Um akute Erkrankungen kümmert sich der Deutsch sprechende Arzt, der seine Patienten notfalls an entsprechende Fachärzte überweist.

Probleme gebe es lediglich bei Krankenhauseinweisungen. Zwar sei Son Dureta, die Universitätsklinik von Palma, medizinisch erstklassig, aber der pflegerische Alltag sei für deutsche Patienten höchst gewöhnungsbedürftig: In den Mehrbettzimmern laufe der Fernseher praktisch im Dauerbetrieb, und die Angehörigen der spanischen Mitpatienten seien teilweise rund um die Uhr anwesend – notfalls schliefen sie nachts auf dem Boden neben dem Bett. „Mein Mann ist mit einer schweren Gallenerkrankung nach Son Dureta gekommen“, erzählt Frau Bauer, „und da haben sie ihm doch glatt Kartoffelsalat mit Eiern serviert! Und sein Bettnachbar hat bis zwei Uhr nachts Fußball geschaut.“ Hinzu komme das leidige Sprachproblem.

Trotz dieser und anderer Widrigkeiten ihres Inselalltags ziehen die Bauers eine positive Bilanz. „Das wunderbare Klima hier, die Wärme, die Pflanzenwelt, das Licht – das macht vieles wett.“

Was, fragen wir zum Schluss, würden sie Altersgenossen raten, die sich mit dem Gedanken tragen, ihren Lebensabend in „Es Castellot“ zu verbringen? „Man sollte schon ein wenig Neugier mitbringen“, sagt Margret-Ann Adolphs. „Es gibt Menschen, auch bei uns, die nicht mehr zuhören können, sondern nur noch ‚senden‘ wollen, weil sie zum Aufnehmen einfach keine Kapazität mehr haben. Und auf jeden Fall sollte man nicht zu lange warten“, fügt sie hinzu. „Neulich erklärte mir eine 90-Jährige, sie käme dann in ein paar Jahren, noch sei es ja nicht ‚so weit' mit ihr.“ Und Frau Bauer ergänzt: „Man sollte sich selbst sehr gut kennen und wissen, was man braucht und haben möchte und auf was man verzichten kann. Das ist das Wichtigste.“

Die Melancholie der Wunscherfüllung

Es ist Mittagszeit, als wir nach unserem Gespräch noch einmal im Schatten der Palmen durch die Parkanlage schlendern, und die Bewohnerinnen und Bewohner der Residenz strömen in den Speisesaal, aus dem lautes Stimmengewirr dringt. Ab und zu zaubert die Sonne ein goldenes Glitzern auf den kleinen Seerosenteich hinter dem Herrenhaus. Im Schwimmbecken kräuseln sich die Wellen. Wie es wohl sein mag, das tägliche Leben in diesem Refugium, das von der Außenwelt so vollkommen unberührt scheint?

Mehr als alle anderen Traumhäuser und -orte, die wir auf Mallorca kennen lernen konnten, verströmt „Es Castellot“ das Flair endloser Ferien: Nichts ist zu tun als das, wozu man Lust verspürt, für die Erfüllung alltäglicher Bedürfnisse ist gesorgt, Isolierung scheint ausgeschlossen. Wer Gesprächspartner sucht, der findet welche. Wir versuchen uns vorzustellen, an einem solchen Ort mehr als die üblichen zwei oder drei Wochen im Jahr dem Nichtstun oder einem Hobby zu frönen, nicht mehr kochen und putzen zu müssen, buchstäblich nur die Sonnenseite des Lebens zu genießen. Es gelingt uns nicht, oder besser gesagt: Es gelingt uns nicht, damit ein Glücksversprechen zu verbinden.

Manche „Es-Castellot"-Anwärter wünschten gar kein Zimmer mit Meerblick, weil sie fürchteten, sich schnell an diesem Ausblick satt zu sehen, hatte Margret-Ann Adolphs uns erzählt. Pfarrer Ahnert bezeichnet dieses Phänomen als „Melancholie der Wunscherfüllung" – ein Traum löst sich auf, sobald er erfüllt ist, und das Ergebnis gerät nicht selten zur bescheidenen Miniaturausgabe eines strahlenden Luftschlosses. Selbst *Der Spiegel* widmete sich in einem Mallorca-Special dem so genannten Inselkoller: „Dolce vita kann harte Arbeit sein", schrieb er über reiche deutsche Mallorca-Residenten, die nicht wissen, wie sie die Zeit totschlagen sollen, und sich deshalb dem Kaufrausch hingeben (33/1997). Auch wir begegnen auf dem Rückweg von „Es Castellot" zahlreichen Deutschen und Engländern, die leicht gelangweilt in den Auslagen der wie auf einer Schnur aneinander gereihten Boutiquen herumstöbern, auf der Suche nach dem 20. T-Shirt und ein bisschen Ablenkung im immer gleichen Tagesablauf.

Doch muss es wirklich so öde sein, das „süße Leben", wenn die Finca erst einmal ausgebaut, das Gelände gerodet und der Pool mit Wasser gefüllt ist? Was geschieht, wenn nichts mehr bleibt, wofür man sich engagieren kann, wenn das letzte große Lebensprojekt mit Erfolg gemeistert wurde und endlich Zeit wäre, es in vollen Zügen zu genießen? Paradoxerweise entsteht oft eine Leere im Leben, die umso schmerzlicher empfunden wird, je mehr Energie man in seinen Traum investiert hat. Selbstverständlich sind von diesem Ernüchterungsprozess nicht nur Auswanderer betroffen, aber diese trifft er besonders hart, und zwar vor allem dann, wenn sie nichts für ihre Integration in die fremde Kultur getan haben. Nicht zu Unrecht legt deshalb Herbert Heinrich, der wohl bekannteste deutsche Ruheständler auf Mallorca, den Lesern seines Buches *Unruhestand unter Palmen* ans Herz, sich nach der Übersiedlung eine sinnvolle Beschäftigung zu suchen. Er selbst hat sich vor allem als Autor von über zehn Mallorca-Wanderführern einen Namen gemacht und behauptet von sich, aufgrund seiner vielfältigen Aktivitäten dem „großen Inselkoller" niemals erlegen zu sein.

Tatsächlich bietet Mallorca Touristen wie Residenten neben seiner schönen Landschaft und den zahlreichen Golfplätzen ein breites Angebot an Beschäftigungsmöglichkeiten. Auch der Kontakt zu Landsleuten lässt sich problemlos knüpfen. Jüngere Auswanderer, die zum Zeitpunkt ihrer Übersiedlung noch mitten im Arbeitsleben stehen, kommen meist gar nicht auf die Idee, das Nichtstun auf Dauer als die ihnen angemessene Lebensform zu betrachten. Jeder hat die Chance, den Ruhestand unter Palmen in einen erfüllten Unruhestand zu verwandeln. Wie man das anfängt, davon soll später die Rede sein.

„Tauge ich für das Wohnen in Gemeinschaft?“ – Vom Sinn und Unsinn eines Psychotests

Die Zukunft ist als Raum der Möglichkeiten der Raum unserer Freiheit.
KARL JASPERS

Mit dem Einzug in ein gemeinschaftliches Wohnprojekt, egal welcher Art, vollziehen die meisten Menschen eine radikale biografische Wende, selbst wenn sie in früheren Jahren einmal in einer Wohngemeinschaft gelebt haben. Der Entscheidungsprozess, der diesem Entschluss vorausgeht, ist in der Regel so langwierig wie anstrengend: Werde ich mich mit meiner neuen Wahlfamilie auf Dauer verstehen? Kann das Projekt erfüllen, was ich mir davon erträume? Lohnt es sich, um der Gemeinschaft willen eine schöne Wohnung oder ein Haus aufzugeben? Ja, bin ich für eine solche Wohn- und Lebensform überhaupt geschaffen? Fragen wie diese stürzen auch hartgesottene Idealisten in ein Wechselbad der Gefühle, in ein stetiges Auf und Ab zwischen spontaner Begeisterung und Skepsis, Optimismus, Selbstzweifeln und Angst vor der eigenen Courage. Auch wer sich, wie die Wunschkandidatin der Hannover'schen Hausgemeinschaft, mit dem Mut einer „Turmspringerin“ ins sprichwörtliche kalte Wasser stürzt, springt nicht besinnungslos ins Unbekannte – und schon gar nicht ohne triftigen Grund.

Was also bewegt Sie dazu, sich mit gemeinschaftlichen Wohnformen zu beschäftigen, und was erhoffen Sie sich von einem solchen Projekt? Wenn Sie tatsächlich erwägen, sich einer Haus- oder Wohngemeinschaft anzuschließen oder sogar ein eigenes Projekt aus der Taufe zu heben, sollten Sie auf diese Fragen eine Antwort wissen. Dann können Sie die Weichen für die Zukunft stellen und die Umsetzung Ihrer Pläne in Angriff nehmen.

Den eigenen Wohnwünschen auf die Spur zu kommen ist oft gar nicht so einfach. Das Spektrum der sich bietenden Möglichkeiten ist verwirrend vielfältig, die Vorstellungen davon, wie sich der Alltag beispielsweise in einer Wohngemeinschaft abspielt, sind oft diffus, unausgegoren und wenig realistisch. Menschen, die auswandern wollen, haben es in dieser Hinsicht wesentlich leichter. Meist wissen sie schon lange vor dem Aufbruch zu fremden Ufern sehr genau, warum und wie sie im Ausland leben wollen, und exportieren zu diesem Zweck ihre bisherige Wohnform einfach in die neue Heimat. Die Fragen, mit denen sie sich auseinander setzen müssen, sind andere als die potenzieller WG-Mitglieder und werden deshalb in einem eigenen Kapitel besprochen.

Um herauszufinden, ob eine gemeinschaftliche Wohnform und, wenn ja, welche zum eigenen Lebensstil passt, sollte man sich als Erstes Klarheit darüber verschaffen, was für das Verbleiben in der bestehenden Wohnung und was für einen Umzug in ein Gemeinschaftsprojekt spricht. Wer zum Beispiel eine seniorengerecht ausgebaute Wohnung in einem Viertel sein Eigen nennt, das ideale infrastrukturelle Voraussetzungen bietet, und überdies auf seine Nachbarn zählen kann, hat höchstwahrscheinlich wenig Grund, sein Zuhause zugunsten eines gemeinschaftlichen Projektes aufzugeben. Gerade Stadtquartiere, in denen zahlreiche Senioren leben, sind prädestiniert für Initiativen, die statt Gemeinschaft Vernetzung anstreben und entsprechende Dienstleistungsangebote in erreichbarer Entfernung einzurichten versuchen. Auch die Stadtplanungsämter haben das in der Zwischenzeit begriffen und bemühen sich, mit Hilfe moderner Siedlungskonzepte die Voraussetzungen für eine quartiersübergreifende nachbarschaftliche Zusammenarbeit zu schaffen, wie sie im Freiburger Stadtteil Vauban gerade erprobt wird. Für das „Weiterwohnen wie bisher“ sprechen außerdem ein ausgeprägter Hang zur Unabhängigkeit und die Fähigkeit, sich selbst und andere immer wieder zu einer aktiven Freizeitgestaltung zu motivieren. Auch sollte man das Alleinsein oder das Allein-zu-zweit-Sein als befriedigend und nicht als Belastung empfinden.

Gemeinschaftliche Wohnprojekte setzen die Schwelle zur Selbstmotivation ganz bewusst so niedrig wie möglich an und eignen sich von daher besonders gut für Menschen, deren eigener Unternehmungsgeist durch die Impulse anderer erst richtig beflügelt wird. „Es ist immer jemand da, mit dem ich reden kann“, sagten viele unserer GesprächspartnerInnen mit Nachdruck in der Stimme, und es fällt nicht schwer, sich vorzustellen, wie ein Gespräch zwischen Tür und Angel in den spontanen Entschluss mündet, gemeinsam ins Konzert oder ins Theater zu gehen oder sich zusammen zu einem Sportkurs anzumelden, an dem teilzunehmen man alleine nicht den Mut aufbringt. Welche Schlüsselrolle hierbei der ungezwungene und auf Freiwilligkeit basierende Umgang miteinander spielt, hat die Dresdner WG uns einleuchtend vor Augen geführt; das „soziale Kunstwerk“ Haus- oder Wohngemeinschaft entfaltet seine Qualitäten nur in einer entspannten Atmosphäre.

Es hat also wenig Sinn, ein Gemeinschaftsprojekt mit einem fix und fertig ausgearbeiteten Wunschzettel im Kopf anzugehen, der weder einem selbst noch den anderen Spielraum für neue Ideen lässt. Fragt man die

Mitglieder existierender oder im Entstehen begriffener Projekte nach ihren Motiven für ihren Beitritt, erhält man nicht ohne Grund meist sehr allgemeine, ergebnisoffene Antworten: „Ich wollte im Alter nicht alleine sein“; „Ich möchte ein Leben in Sicherheit und Geborgenheit führen“; „Mir liegt daran, meine Freizeit mit Gleichgesinnten zu verbringen, meinen Kindern nicht zur Last zu fallen, und ich bin neugierig auf andere Menschen“ sind häufig genannte Gründe. Auch die Suche nach bezahlbarem Wohnraum und sozialpolitische Ideale wie der Wunsch, der Horrorvision Altenheim ein „menschenwürdiges, lebensbejahendes Altwerden in unserer Gesellschaft“ (Faltblatt des Frauenwohnprojekts „ Offensives Altern“) entgegenzusetzen, ist vielen ein Anliegen. Manche Projektmitglieder, die eher aus Zufall, etwa weil ihnen die Wohnung gekündigt wurde, mit der Idee des gemeinschaftlichen Wohnens in Berührung kamen, entdeckten lang verschüttete Träume wieder. Bei den meisten gingen praktische und ideelle Motive dabei Hand in Hand.

Und noch etwas fällt auf, wenn man sich mit Beteiligten über die Beweggründe für ihre Auseinandersetzung mit gemeinschaftlichen Wohnformen unterhält: Negativ und positiv formulierte Wünsche halten sich meist in etwa die Waage. „Ich möchte keine sterile Altenanlage mit eingezäunten Rasenflächen, sondern lebendiges, fröhliches Leben“ (www. seniorentreff.de/diskussion/archiv8/a42 html, 3.12.2002), äußerte zum Beispiel die Teilnehmerin eines lnternetforums in einer Diskussionsrunde. Dem Bedürfnis nach Abgrenzung von einer Lebensform, die man als einschränkend und Furcht einflößend interpretiert, entspricht in der Regel eine Glücksvision als positives Gegengewicht, dem egoistischen „Ich möchte, dass meine Mitbewohner für mich da sind“ ein altruistisches „Auch ich möchte selbstverständlich für sie da sein“. Diese Balance zwischen Geben und Nehmen ist die Grundbedingung für das Funktionieren einer Haus- oder Wohngemeinschaft.

Wenn Sie also Ihren imaginären Wunschzettel nicht nur mit einer prall gefüllten Spalte von Erwartungen, sondern auch mit Angeboten zur Gestaltung des alltäglichen Miteinanders versehen, haben Sie gute Chancen, in einem Gemeinschaftsprojekt die Ihnen angemessene Lebensform zu finden. Wahrscheinlich werden Sie die Fähigkeiten und Kenntnisse, die Sie sich im Laufe Ihres Lebens durch Ihre Berufstätigkeit und/oder Ihre Hobbys angeeignet haben, im Rahmen eines solchen Projekts noch einmal auf ganz neue Weise einbringen können. Vielleicht werden Sie verborgene Talente entdecken und entfalten können; vielleicht bei anderen Interesse für Themen wecken, die Ihnen am Herzen liegen, und durch deren Anregung selbst neue Interessen entwickeln. Die Neugier auf Menschen, ihre Geschichte und ihre Lebensphilosophie können etwas sehr Beflügelndes sein.

Wer hingegen als einzige „Mitgift“ seine Angst vor dem Alleinsein in ein Projekt einbringen kann, hat schlechte Karten. Gemeinschaftliche Wohnprojekte sind weder ein Ersatz für ein unerfülltes, leeres Leben, dem mit ihrer Hilfe wieder Sinn eingehaucht werden soll, noch ein Vehikel für die Verwirklichung ungelebter Träume oder Ideale. Erfolg ist ihnen dann beschieden, wenn ihre Mitglieder es verstehen, ein Gleichgewicht zwischen Anspruch und Wirklichkeit herzustellen. Scheitern sie, so liegt das häufig daran, dass dieses Gleichgewicht gestört ist. Dabei kann der maßlose Egoismus eines Einzelnen den anderen das Leben genauso zur Hölle machen wie ein ausgewachsenes Helfersyndrom.

Gestandene Haus- und Wohngemeinschaften prüfen daher bei der Neubelegung von Räumen sehr genau, warum sich BewerberInnen für ihr Projekt interessieren und in welchen Abhängigkeiten sie stehen. Menschen, die ihnen emotional allzu bedürftig und unselbstständig erscheinen, lehnen sie in der Regel ab, weil sie – oft zu Recht – befürchten, dass diese nur von der Gruppe, die Gruppenmitglieder aber nicht von ihnen profitieren. Eine der von uns befragten Hausgemeinschaften musste einer Mitbewohnerin, die beim „Bewerbungsgespräch" eine chronische Krankheit verschwiegen hatte, wieder kündigen, weil die dadurch entstehende Belastung auf die Dauer zu groß wurde. Auch psychische Krankheiten, zum Beispiel Depressionen oder Suchtkrankheiten, können Wohngruppen ohne entsprechendes Betreuungskonzept nicht auffangen.

Welche Eigenschaften müssen Sie also mitbringen, um den „Eignungstest" als idealer Wohngenosse oder ideale Mitbewohnerin zu bestehen? Müssen Sie kerngesund, von überaus harmonischem Wesen und immer sozialverträglich sein? Keineswegs, auch wenn die Fachliteratur diesen Schluss manchmal nahe legt. Der imposanteste und wahrscheinlich längste Anforderungskatalog findet sich in einem Beitrag von Engelbert Kerkhoff, der als Voraussetzung für das gemeinschaftliche Wohnen vor allem eines fordert: Bereitschaft, und zwar in jeder Hinsicht. Mitglieder einer selbst organisierten Seniorengemeinschaft benötigen seines Erachtens Bereitschaft zu permanentem Dialog und zur Diskussion, Bereitschaft zum offenen und ehrlichen Verhandeln von Anliegen, Bereitschaft zum sozialen Lernen, Bereitschaft, Konflikte als Herausforderung und nicht als Belastung zu betrachten, Bereitschaft, Nähe und Distanz in Einklang zu bringen, Bereitschaft zur Selbstkritik, Bereitschaft, „sich selbst in die Gruppe einzubringen, seine Identität zu behalten und zu entwickeln und neue Erfahrungen als persönliches Wagnis und persönliche Herausforderung anzunehmen“, Bereitschaft zu gegenseitiger Toleranz und Akzeptanz und, zum guten Schluss, den Willen zum Konsens, Frustrationstoleranz und Konfliktfähigkeit (1995, S. 269 ff.).

Frustrationstoleranz erfordert allein schon die Lektüre dieser Zusammenstellung – kein Mensch wird wohl ernsthaft von sich behaupten können, dem darin enthaltenen, höchst lobenswerten Ideal in jeder Lebenslage gerecht zu werden. Dennoch enthält Kerkhoffs Liste Voraussetzungen, die für die Erfolgsaussichten eines gemeinschaftlichen Wohnprojekts maßgeblich sind. Dies ist einmal die Bereitschaft, anderen Einblick in die eigenen Vorstellungen und Lebensgewohnheiten zu gewähren, also ein gewisses Maß an Offenheit, und zum anderen die Fähigkeit, die Lebensgewohnheiten und Ansichten anderer zu akzeptieren, also Toleranz. Auch Kompromissbereitschaft und Flexibilität sind Eigenschaften, die man in einer Gemeinschaft immer wieder wird unter Beweis stellen müssen.

Das Problem von Wunschkatalogen wie diesem ist also weniger ihr hoher Anspruch – die Krux liegt vielmehr darin, dass sozusagen die Bodenhaftung fehlt: Zu keiner dieser Eigenschaften existiert ein konkreter Zusammenhang. Wenn Sie jemand fragt, ob Sie sich für tolerant und flexibel halten, werden Sie wahrscheinlich wenigstens in einem Fall mit Ja antworten – ohne genau zu wissen, welche Art von Toleranz und welches Maß von Flexibilität die Haus- oder Wohngemeinschaft, in die Sie einziehen oder die Sie gründen wollen, überhaupt von Ihnen verlangt.

Versetzen Sie sich einmal in folgende Situation: Jüngere Mitglieder Ihres Mehrgenerationenprojekts haben es sich angewöhnt, schlammverkrustete Kinderschuhe, Bobbycars und anderes Spielzeug im Hausflur zu deponieren. Sie haben sie schon ein paar Mal darauf hingewiesen, dass Sie sich dadurch gestört fühlen, doch Ihre Bemühungen blieben erfolglos. Was tun Sie? Brechen Sie bei der nächsten Hausversammlung einen Streit vom Zaun, bei dem Sie alles auf den Tisch bringen, was Sie stört? Ziehen Sie sich schmollend in Ihre vier Wände zurück? Oder streben Sie einen Kompromiss an?

Ein anderes Beispiel: Sie kommen gerade von einem Stadtbummel nach Hause, und im Gemeinschaftsraum Ihrer Wohngemeinschaft sitzen Gäste einer Mitbewohnerin, mit denen Sie nicht gerechnet haben, ja die Sie vielleicht nicht einmal kennen, lautstark palavernd bei Kaffee und Kuchen. Man bittet Sie nicht dazu, und Ihre Pläne, sich gemütlich vor den Gemeinschaftsfernseher zu setzen, sind mit einem Mal zunichte gemacht. Wie verhalten Sie sich? Knallen Sie Ihre Zimmertür hinter sich zu, um den anderen auf diese Weise mitzuteilen, dass Ihnen diese Leute auf die Nerven gehen? Ringen Sie sich ein paar freundliche Worte ab, obwohl Sie innerlich kochen? Oder gelingt es Ihnen, die Sache nicht so eng zu sehen, und Sie beschließen, Ihre Pläne spontan zu ändern?

Beide Beispiele folgen dem gängigen Verfahren eines Psychotests, dessen Titel „Tauge ich für das Wohnen in einer Gemeinschaft?“ lauten könnte, und jeder, der schon einmal einen solchen Test gemacht hat, kann aus den angebotenen Antworten unschwer die „richtige“ herausfiltern. Darum geht es aber gar nicht. Wichtig ist vielmehr, dass Sie eine eigene Antwort finden, eine Antwort, in der Sie sich selbst wieder erkennen und die Ihre

„normalen“, alltäglichen Verhaltensweisen widerspiegelt. Ob Sie in einer Situation so oder so reagieren, sagt nicht zwangsläufig etwas über Ihre „WG-Tauglichkeit“ aus, sondern eher etwas über Ihre Bedürfnisse. Zu diesen Bedürfnissen sollten Sie stehen. Sind Sie unsicher, ob die Gemeinschaft Ihrer Wahl sich tatsächlich für Sie eignet, können Ihnen ein paar Tage oder Wochen Probewohnen Klarheit verschaffen – wie Ihren möglichen Mitbewohnern umgekehrt auch.

„Was-wäre-wenn-Spiele“ sind dennoch nicht gänzlich sinnlos. Das Ausmalen von Situationen, in denen man noch nie gewesen ist, gehört nicht umsonst zum Standardrepertoire der menschlichen Psyche, trägt es doch dazu bei, eigene Verhaltensweisen und Grenzen auf einem Gebiet auszuloten, auf dem man noch keine Erfahrung sammeln konnte. Vielleicht haben Sie bei der Lektüre der vorangehenden Wohnporträts ganz nebenbei bereits spontane Rückschlüsse auf sich selbst gezogen, und sei es nur der Gedanke „So etwas würde mir auch gefallen“ oder „So könnte ich nicht leben“ gewesen. Die meisten Kriterien, die zu einer Entscheidung für oder gegen eine bestimmte Variante des gemeinschaftlichen Wohnens führen können, sind in diesen Porträts bereits enthalten. So versteht es sich fast von selbst, dass Mehrgenerationenprojekte sich nur für Senioren eignen, denen (gelegentlicher) Kinderlärm nichts ausmacht und die bereit sind, ab und an einmal auf die Kinder der Nachbarn aufzupassen. (Die Jüngeren müssen dafür öfter mal einkaufen, Nachbarschaftshilfe leisten etc.) In einer Wohngemeinschaft werden Sie sich nur dann wohl fühlen, wenn Sie die räumliche Nähe zu Ihren MitbewohnerInnen ertragen können. Und in einer „Gesinnungsgemeinschaft“ erwartet man von Ihnen selbstverständlich die Akzeptanz oder zumindest Tolerierung der jeweiligen Lebensphilosophie.

Schwieriger wird es, wenn Sie versuchen, einen feineren Raster anzulegen. Kommunikations- und Kompromissfähigkeit beispielsweise benötigen Sie in allen gemeinschaftlichen Wohnformen – in einer Wohngemeinschaft allerdings werden Sie mit Ihren MitbewohnerInnen wesentlich öfter zusammentreffen und vielleicht auch aneinander geraten als in einer großen Hausgemeinschaft, die den Rückzug ins Private und die (räumliche) Distanzierung eher erlaubt. Wenn Sie sich nach geistiger Anregung und einem abwechslungsreichen Alltag sehnen und überdies ein Temperamentsbündel sind, werden Sie sich in einem größeren Mehrgenerationenprojekt, einer Gemeinschaft mit „Aktionsprogramm" – sei es die Betreuung von Tieren oder die biodynamische Bewirtschaftung eines großen Gartens – sicher wohler fühlen als in einem Haus, in dem fünf oder sechs Personen zusammenleben, von denen zwei vielleicht noch berufstätig sind, die für das Gemeinschaftsleben nur wenig Zeit aufbringen können. Andererseits finden Sie vielleicht gerade dort die Diskussionspartnerin, die Sie sich immer gewünscht haben ...

Wie gut Ihre persönlichen Eigenschaften und Wünsche auf der einen Seite mit einer bestimmten Wohn- und Lebensform auf der anderen Seite harmonieren, hängt also nicht nur von den infrastrukturellen Voraussetzungen eines Projekts ab. Daten wie Größe, Zusammensetzung, Lage und Grundidee können lediglich Anhaltspunkte für eine Weichenstellung sein. Entscheidend sind letztlich die Menschen, mit denen Sie später zusammenleben werden. Es erscheint daher müßig, an dieser Stelle weiter über geeignete und ungeeignete Konstellationen zu spekulieren. Wer und was wirklich zu Ihnen passt, das können nur Sie allein entscheiden.

Aus einer ganz anderen Perspektive nähert sich Astrid Osterland in ihrer Studie über die Göttinger Alten-WG der Frage nach den Grundvoraussetzungen für das gemeinschaftliche Leben im Alter. Als Schlüsselkriterien nennt sie Fürsorglichkeit und Beziehungsorientierung, also Eigenschaften, „die Frauen qua Geschlechtsrolle mitbringen“, und schließt daraus, dass die persönlichen Voraussetzungen eines „idealen“ Gemeinschaftsmitglieds „eher dem weiblichen Persönlichkeitsprofil entsprechen als dem männlichen“ (2000, S. 98). Die Lernprozesse, die Männer und Frauen innerhalb einer Gemeinschaft durchzumachen hätten, verliefen, so ihr Fazit, aufgrund der unterschiedlichen Geschlechtsrollen unterschiedlich und hätten verschiedene Ausgangspunkte (vgl. hierzu das Kapitel „Frauenwohnprojekte“).

Leben Frauen und Männer also doch auf jeweils eigenen Planeten? Auch wenn man dieses in die Jahre gekommene Klischee für Schnee von gestern hält, ist es außerordentlich empfehlenswert, die eigenen geschlechtstypischen Verhaltensweisen einmal kritisch unter die Lupe zu nehmen. Dies gilt auch für Frauen, die einem reinen Frauenprojekt beitreten oder selbst eines gründen möchten. Gehen Sie bei dieser Selbstbefragung aber nicht übermaßig streng mit sich ins Gericht: Um in einem Gemeinschaftsprojekt zu bestehen, müssen Sie die Rudimente Ihrer „typisch weiblichen“ oder „typisch männlichen“ Verhaltensmuster nicht gänzlich ausmerzen – was ohnehin ein Ding der Unmöglichkeit wäre –, Sie sollten allerdings bereit sein, bequeme Positionen zu verlassen, und sich darauf gefasst machen, dass andere das auch von Ihnen verlangen werden. Sich hinter scheinbarer Hilflosigkeit zu verschanzen oder den großen Zampano herauszukehren bringt Sie in einem Gemeinschaftsprojekt nicht weiter. Dort gibt es kein Gewohnheitsrecht auf eingefahrene Rollenmuster – nur die Chance, sie Tag für Tag von neuem zu überwinden.

Auch „Wohngemeinschaftsveteranen“ sollten sich nicht auf ihren Lorbeeren ausruhen. Zweifellos kann die von Studenten-Wohngemeinschaften so gerne geforderte WG-Erfahrung auch älteren Menschen beim Einstieg in ein Senioren- oder Mehrgenerationenprojekt nützen. Christel Schachtner zum Beispiel vertritt in ihrer Studie über eine Münchner Senioren-Wohngemeinschaft die Ansicht, dass „(v)orausgegangene gelungene Versuche des Zusammenlebens mit nicht verwandten Personen“ ihren Interviewpartnerinnen den Entschluss, in eine WG zu ziehen, erleichtert haben dürften, und beschreibt nicht familiäre gemeinschaftliche Wohnformen als „Lernfelder, in denen die Beteiligten einüben konnten, was ihnen heute in der WG hilfreich sein kann“ (1989, S. 46). Das erfordert von einer (Wohn-)Gemeinschaft jedoch noch immer, sich mit den unterschiedlichen Bedürfnissen der einzelnen Mitglieder auseinander zu setzen und authentische Konfliktlösungen zu formulieren, die sich nicht eins zu eins auf andere Gemeinschaften übertragen lassen. Einschlägige WG-Erfahrungen können bei diesem Diskussionsprozess eine Hilfe darstellen – sie können ihn aber auch behindern, nämlich dann, wenn jahrelang eingeübte Rollenmuster sich zu einem Korsett verfestigt haben, das abzustreifen nicht mehr gelingt.

Die Fähigkeit, sich nicht nur von alten Rollen, sondern von der Vergangenheit insgesamt zu lösen, spielte in den Gesprächen mit unseren InterviewpartnerInnen in vielerlei Hinsicht eine wichtige Rolle. Wer irgendwann einmal in einem neuen Leben ankommen will, muss in der Lage sein, sein altes Leben ohne Groll, ohne Verbitterung und ohne sentimentale Glorifizierung hinter sich zu lassen. Sie dürfen Ihrer Vergangenheit ruhig eine oder mehrere Tränen nachweinen – wenn Sie aber den Verlust Ihres heiß geliebten Biedermeiersekretärs auch nach Jahren nicht verwinden können, sollten Sie lieber alles daransetzen, so lange wie möglich in Ihrer alten Wohnung zu bleiben. Die biografische Zäsur, von der oben die Rede war, beginnt bereits lange vor einem Umzug mit der simplen Frage: Was nehme ich mit, und was lasse ich zurück? Möbelstücke sind dabei oft so etwas wie Objekt gewordene Erinnerungen: Gehen die Dinge verloren, so die Befürchtung, verschwinden die an sie geknüpften Bilder, Gefühle und Geschichten womöglich mit. Überdies gemahnt der Abschied von lieb gewordenen Gegenständen unweigerlich an den Tod – vor allem dann, wenn es sich definitiv um die letzte große Wende im Leben handeln soll. Interessanterweise schienen jedoch von all unseren Gesprächspartnern und Gesprächspartnerinnen diejenigen am glücklichsten zu sein, die von ihrem Hausrat am wenigsten in ihre Wohngemeinschaft hatten mitnehmen können. Man könnte daraus schließen, dass die Fähigkeit zu radikalen Schnitten einen Schlüssel zum Erfolg darstellt. Für Menschen, die in ihrem Leben schon oft haben Abschied nehmen müssen, mag das zutreffen, für Sammlernaturen hingegen nicht.

In der Altenforschung gilt es als erwiesen, dass das Gros der Menschen sich mit zunehmendem Alter immer stärker an einen vertrauten Mikrokosmos, zu dem ein Sofa genauso gehören kann wie der tägliche Schwatz mit der Nachbarin, gebunden fühlt. „Einen alten Baum verpflanzt man nicht“, lautet das passende Sprichwort dazu, und tatsächlich legen alle von uns befragten Gemeinschaftsmitglieder zögerlichen Interessenten nahe, mit der Entscheidung für ein Projekt nicht bis zum Sankt-

Nimmerleins-Tag zu warten. Mit 65 gewöhnt man sich leichter an ein neues Umfeld als mit 75 – und wird voraussichtlich auch länger etwas davon haben. Wenn es Ihnen schwer fällt, die Wurzeln zu kappen, Sie auf Ihren Wohntraum aber nicht verzichten wollen, können Sie probieren, in Ihrem eigenen Viertel ein Projekt auf die Beine zu stellen. Angesichts der gerade in Städten meist angespannten Lage auf dem Wohnungsmarkt gestaltet sich dieses Unterfangen wahrscheinlich alles andere als einfach. Einen Versuch ist es aber allemal wert.

Wenn Sie nun, nach der Lektüre dieser Seiten, das Gefühl haben sollten, dass das Ziel vor Ihren Augen zwar näher gerückt, aber noch längst nicht in Reichweite ist, liegt das nicht nur an den komplexen Denk- und Gefühlsprozessen, die einer so wichtigen Weichenstellung wie der Entscheidung für ein gemeinschaftliches Wohnprojekt vorausgehen, sondern auch an der Materie selbst. So sind Fragen, die die Umsetzung von Gruppenprojekten betreffen, bislang noch gar nicht aufgetaucht. Dazu kommt, dass die individuellen Startbedingungen, auf die wir hier nur sehr allgemein eingehen konnten, so verschieden sind wie die Menschen selbst. Mehr Entscheidungshilfen können wir Ihnen jedoch nicht bieten, denn es gibt sie nicht, die knallharten, eindeutigen Kriterien, die zu präzisen, glasklaren Antworten führen. So salomonisch wie dieses Kapitel fallen daher auch unsere abschließenden Ratschläge aus:

Erwarten Sie von einem Gemeinschaftsprojekt nicht zu viel, aber auch nicht zu wenig. Führen Sie sich ehrlich vor Augen, wozu Sie in der Lage sind und wozu nicht. Loten Sie Ihre Grenzen aus, und versuchen Sie herauszufinden, welche Sie überschreiten können. Reden Sie darüber mit Ihrem Partner, Ihrer Partnerin, Ihren Kindern, Verwandten und Freunden. Und vor allem: Lassen

Sie sich nicht aus der Ruhe bringen, wenn Sie feststellen, dass in Ihrer Brust plötzlich zwei Herzen schlagen. Paradox anmutende Wünsche, zum Beispiel das Bedürfnis nach Nähe und Distanz, lassen sich in einem Gemeinschaftsprojekt oft leichter unter einen Hut bringen, als es den Anschein haben mag. Wenn Sie gar nicht mehr weiterkommen, zapfen Sie Ihre Lebenserfahrung an, schließlich haben Sie sich bereits in vielen Situationen bewährt, haben Konflikte mit Ihrem Partner, Ihren Freundinnen, Ihren ArbeitskollegInnen und vielleicht Ihren Kindern ausfechten müssen. Warum sollte Ihnen das nicht auch in einer Haus- oder Wohngemeinschaft gelingen? Blicken Sie gelassen in die Zukunft, den Raum Ihrer Freiheit. Atmen Sie noch einmal tief durch. Und dann wagen Sie den Sprung ins Unbekannte. Wie lange Sie vorher zitternd auf dem Sprungturm ausharren, spielt keine Rolle. Hauptsache, Sie springen.

Teil 2

So wird Ihr Wohntraum Wirklichkeit

BewohnerInnen des Mehrgenerationenprojekts „Schloss Gripsholm“ in Freiburg

Ein Haus für uns: Wie realisiert man ein Gemeinschaftswohnprojekt?

Wenn Sie uns bis hierher gefolgt sind, haben Sie einige sehr unterschiedliche gemeinschaftliche Wohnformen und -projekte kennen gelernt, einen Eindruck von der dort herrschenden Atmosphäre gewonnen und vielleicht schon die ein oder andere Vorentscheidung getroffen. Sie haben darüber nachgedacht, welche Wohnform Ihnen am meisten zusagt und liegt, und wissen, welche persönlichen Voraussetzungen Sie mitbringen und mit welchen Schwierigkeiten Sie rechnen sollten.

In diesem Kapitel möchten wir Sie ermutigen, Ihre Wohnwünsche in die Tat umzusetzen. Sie erfahren, wie man ein Wohnprojekt gründet und aufbaut, ein stimmiges Konzept entwickelt, die gemeinsame Arbeit so effektiv und angenehm wie möglich gestaltet und mit gruppendynamischen Problemen umgeht. Wir muten Ihnen einige ziemlich trockene, aber notwendige Seiten über die Vor- und Nachteile verschiedener Rechts- und Finanzierungsformen zu und sagen Ihnen, wann und wo man sich Hilfe von Fachleuten holen sollte. Kurzum: Wir begleiten ein vorerst nur in Ihrer Fantasie existierendes Projekt von der Idee bis zum Einzug.

Nun ist es nicht jedermanns Sache, selbst ein Projekt auf die Beine zu stellen. Dem einen wird beim bloßen Gedanken an Verhandlungen mit städtischen Behörden, Architekten und Bauträgern flau im Magen, die andere schreckt vielleicht vor den gruppendynamischen Stolpersteinen eines Gemeinschaftsprojekts zurück, der Nächste steckt noch voll im Berufsleben und kann sich nicht vorstellen, über ein bis zwei Jahre immer wieder Abende und Wochenenden zu opfern.

Wenn Sie nach einem Zeit und Kraft sparenden Weg suchen, sich Ihren Traum vom gemeinschaftlichen Wohnen zu erfüllen, und bereit sind, dafür auf Gestaltungsspielraum, Einflussmöglichkeiten und die Vorzüge einer langsam gewachsenen Gemeinschaft zu verzichten, sollten Sie sich nach einer Abkürzung umsehen. Da die Idee des gemeinschaftlichen Wohnens in den letzten Jahren mehr und mehr Anhänger gefunden hat, ist das gar nicht mehr so schwierig. So unterhält das „Forum für Gemeinschaftliches Wohnen im Alter e.V.“, das in den meisten Bundesländern mit eigenen Regionalstellen vertreten ist, beispielsweise eine nach Postleitzahlen geordnete Liste von geplanten und realisierten Projekten im Internet. Dort können Sie leicht und schnell herausfinden, ob schon ein Projekt in Ihrer Nähe existiert, das Ihnen zusagt und dem Sie sich anschließen möchten, oder ein Verein, unter dessen Dach und mit dessen sachkundiger Hilfe Sie Ihre Idee verwirklichen können. In Großstädten wie Hamburg, München und Leipzig finden außerdem in regelmäßigen Abständen so genannte Wohnprojekttage statt, die nicht nur informative Vorträge und Workshops zum Thema „Gemeinschaftliche Wohnformen“ anbieten, sondern ebenso Projektbörsen, wo man sich über neue Vorhaben informieren kann. Die auch für Nichtmitglieder zugänglichen mehrtägigen Frühjahrs- und Herbsttagungen des „Forums für gemeinschaftliches Wohnen im Alter“ bieten ebenfalls die Möglichkeit, sich über bestehende und neu gegründete Projektgruppen zu informieren. Eine gute Anlaufstelle sind auch die in vielen

Städten vertretenen Seniorenbüros, die Anfragen sammeln und Kontakte vermitteln.

Mitstreiter finden

Wer selbst ein Projekt ins Leben rufen möchte, braucht Mitstreiter und Gleichgesinnte. Was liegt näher, als erst einmal den eigenen Freundes- und Bekanntenkreis auf etwaige zukünftige Wohngenossen hin abzuklopfen? Möglicherweise haben Sie bereits einige „Anwärter“ im Sinn, die Sie für Ihr Projekt werben möchten. Bevor Sie jedoch Ihren gesamten Freundeskreis für Ihre neuen, aufregenden Pläne zu begeistern versuchen und vielleicht vorschnell große Erwartungen wecken, sollten Sie die Jahre Ihrer Bekanntschaft noch einmal Revue passieren lassen und die Beziehung zu Ihren Freunden gedanklich auf den Prüfstand stellen: Wie alltagstauglich ist Ihre Freundschaft? Halten Sie sie für tragfähig genug, um auch größere Belastungen wie etwa längere Krankheitsphasen oder einen größeren Konflikt auszuhalten? Welche Bewährungsproben musste sie bisher bestehen? Fällt es Ihnen leicht, Schwäche zu zeigen und die Hilfe von Menschen anzunehmen, die Ihnen sehr nahe stehen, oder lassen Sie sich im Ernstfall lieber von Fremden unter die Arme greifen? Überlegen Sie, ob es tatsächlich sinnvoll ist, Ihre freundschaftliche Verbundenheit in eine Lebensform überzuführen, die nicht nur, aber auch auf das Zulassen wechselseitiger Abhängigkeit gründet.

Dass die Chemie zwischen Ihnen stimmt, darf nicht das einzige Entscheidungskriterium sein. Je enger man später aufeinander hockt, umso bedeutsamer wird die Übereinstimmung von Lebensgewohnheiten und die Bereitschaft, Störendes zu ertragen und auf Überraschungen gefasst zu sein. Eigenheiten, die man bei Zufallsnachbarn achselzuckend toleriert, gesteht man engen Freunden meist weniger bereitwillig zu. Oft ist das Bild, das man sich im Laufe vieler Jahre von einer Freundin oder einem Freund gemacht hat, auch so starr geworden, dass das Risiko, verletzt und gekränkt zu reagieren, wenn das Verhalten des oder der anderen einmal nicht den eigenen Erwartungen entspricht, vergleichsweise groß ist. Bedenken Sie, dass das Scheitern eines Wohnprojekts, in das man Hoffnungen, Lebenszeit, Gefühle und oft genug auch Geld gesteckt hat, zwar immer bedauerlich, aber sicherlich leichter zu verkraften ist als das bittere Ende einer langjährigen Freundschaft. Besondere Vorsicht ist geboten, wenn das Wohnprojekt gemeinsam finanziert werden soll. Damit die Freundschaft nicht sprichwörtlich beim Geld aufhört, sollten Sie gerade bei kleinen Projekten mit engen Freunden auf klaren, schriftlich fixierten und für alle Parteien verbindlichen Regelungen bestehen (mehr dazu später).

Stellvertretend für viele kläglich gescheiterte Freundschaftswohnprojekte sei hier das Beispiel von Sigrid Herrmann* aus München zitiert, die mit ihrem fast erwachsenen Sohn, ihrem neuen Lebenspartner und einem befreundeten Paar ein großes Haus auf dem Land gemietet hatte. Abgeschlossene Wohneinheiten gab es nicht, jeder hatte ein Zimmer, jede Familie ein Bad. Der Lebensunterhalt wurde aus der gemeinsamen Haushaltskasse bestritten. Obwohl alle Beteiligten sich seit Jahren kannten und häufig zusammen verreist waren, gestaltete sich das Zusammenleben im Alltag schon bald schwieriger als gedacht. Immer häufiger gab es Streit um Kleinigkeiten. Als Sigrid Herrmann schließlich ihre Arbeitsstelle

* Name geändert

verlor und sich nicht mehr in der Lage sah, den aufwendigen Lebensstil der Hausgemeinschaft mit rauschenden Festen, Krabbensalat und vielen Freunden zu finanzieren, verhärteten sich die Fronten. „Das war dann der Anfang vom Ende", sagt Sigrid Herrmann heute. Wenig später stand sie vor den Trümmern ihres mit viel Hoffnung begonnenen Projekts: Die Freundschaft war zerbrochen, die Partnerschaft gescheitert, und aus dem gemeinsamen Fünfjahresmietvertrag musste sie sich in einem ebenso langwierigen wie kostspieligen Prozess herausklagen.

Glücklicherweise enden nicht alle Geschichten über das Wohnen mit Freunden so. Wer jedoch auf Nummer sicher gehen und seine Freunde behalten möchte, sollte es lieber mit abgeschlossenen Wohnungen und getrennten Kassen versuchen oder sich für sein Projekt wenigstens noch ein paar zusätzliche Mitstreiter suchen.

Der einfachste und direkteste Weg, Ihren Interessentenkreis zu vergrößern, heißt Mundpropaganda: Reden Sie über Ihre Ideen, wann immer sich die Gelegenheit ergibt. Durchforsten Sie in Gedanken zunächst Ihr direktes Umfeld. Wer in Ihrem weiteren Freundes- und Bekanntenkreis, welche Ihrer Nachbarn, (ehemaligen) Kollegen und Kolleginnen oder Vereinskameraden könnte sich für Ihre Idee begeistern? Wer hat vielleicht schon Erfahrungen mit gemeinschaftlichen Wohnformen gesammelt und kann Ihnen wertvolle Ratschläge geben? Meist bildet sich im Laufe der Gespräche schon eine erste kleine Kerngruppe, in der sich die Grundzüge eines Konzepts zügig erarbeiten lassen. Dabei kann die Lektüre von Berichten über bereits verwirklichte Projekte sehr hilfreich und inspirierend sein. Wenn Sie Kontakt zu bestehenden Projekten aufnehmen möchten, können Sie sich an die einschlägigen Beratungsstellen wenden (Literatur und Adressen finden Sie im Anhang). Dort erhalten Sie außerdem Rat und Unterstützung in zahllosen rechtlichen und organisatorischen Fragen, die auf Sie zukommen.

Wichtig für eine erste Skizze Ihrer Projektidee – die brauchen Sie, wenn Sie geeignete Mitstreiter finden wollen – ist zunächst die Überlegung, wie groß Ihre Gemeinschaft werden soll. Allzu klein sollten Sie sie jedenfalls nicht planen: Die Erfahrung hat gezeigt, dass es in Gruppen mit mehr als zehn Mitgliedern seltener zu dauerhaften Zerwürfnissen kommt als in kleineren Gemeinschaften, und zwar schlicht und einfach deshalb, weil in einer größeren Gruppe nicht jeder mit jedem „können" muss – es gibt ja Auswahl und Ausweichmöglichkeiten, und allein diese Perspektive kann schon zu mehr Gelassenheit im Umgang mit Konflikten führen.

Überlegen Sie auch, welches Altersspektrum Ihr Projekt umfassen soll und ob Sie – ohne sich allzu früh festzulegen – bereits einen ungefähren Standort im Sinn haben: Wer partout auf dem Land leben möchte oder sich seinen Tag ohne lautes Kinderlachen nicht vorzustellen vermag, ist gut beraten, dies klar und deutlich zu signalisieren, wenn er für seine Idee wirbt. Wichtig für eine gezielte Anwerbung passender Interessenten ist auch die Klärung der Frage, ob Ihr Projekt sich möglicherweise nur unter bestimmten finanziellen Rahmenbedingungen verwirklichen lässt. Überspitzt formuliert: Wenn Sie davon träumen, ein altes Schloss zu kaufen und es mit Eigentumswohnungen und luxuriösen Extras auszustatten, werden Sie Ihrem Ziel mit einer Hand voll Rentnerinnen, die eine öffentlich geförderte Sozialwohnung benötigen, kaum näher kommen.

Sobald Ihr Vorhaben klarere Umrisse gewonnen hat, sollten Sie es unbedingt auf eine möglichst breite Basis stellen – nicht nur, weil jede Initiative immer wieder auf Anregungen, Zweifel und Kritik von außen angewiesen ist, sondern auch, weil Sie damit rechnen müssen, dass eine erkleckliche Zahl von InteressentInnen im Laufe der Zeit aus den unterschiedlichsten Gründen wieder abspringen wird. Der Kreis der potenziellen Mitstreiter sollte daher unabhängig von der Zielgröße des geplanten Wohnmodells gerade am Anfang nicht zu klein sein, wenn Ihrem Projekt nicht vorzeitig die Puste ausgehen soll. „Bei unserem zweiten Wohnprojekt", erinnert sich die Sozialwissenschaftlerin Ulrike Petersen, die an zwei Wohninitiativen der „Grauen Panther" in Hamburg mitgewirkt hat, „haben sich für eine Hausgemeinschaft mit 15 Wohnungen fast 100 Leute gemeldet. Inzwischen sind zwei Jahre vergangen, und die Gruppe ist nun auf 16 ernsthaft Interessierte zusammengeschrumpft. Das klingt vielleicht abschreckend, aber es ist ein ganz normaler Vorgang"(Müller 1993, S. 35).

Um möglichst viele potenziell Interessierte zu erreichen, benötigen Sie also die Aufmerksamkeit einer größeren Öffentlichkeit. Wer gezielt Senioren ansprechen und auch überregional für sein Projekt werben möchte, sollte Kontakt zum „Forum für gemeinschaftliches Wohnen im Alter" aufnehmen. Mitglieder können ihr Projekt umsonst in der Internet-Projektbörse des „Forums" vorstellen, von Nichtmitgliedern wird für diese Leistung ein moderater Jahresbeitrag verlangt. Auch die schon erwähnten Wohnprojekttage sind eine hervorragende Möglichkeit, Ihre Zielgruppe zu erreichen. Viele Wohnprojektgruppen haben außerdem gute Erfahrungen mit Kleinanzeigen in der Tagespresse oder im Gemeindeblatt der örtlichen Kirchengemeinden gemacht. Vielleicht gelingt es Ihnen, die Neugier eines Redakteurs Ihrer Lokalzeitung zu wecken, der Ihr Projekt dann in einem Artikel vorstellt – idealerweise mit Bild, Kontaktadresse und allen nötigen Angaben zu einer ersten Informationsveranstaltung für Interessierte. Oder Sie präsentieren Ihre Idee auf einem Handzettel oder Faltblatt, das Sie im Seniorenbüro Ihrer Gemeinde, in Arztpraxen, Wohnungsämtern oder Bibliotheken auslegen oder aushängen.

Welches Medium, welche Methode auch immer Sie wählen, um eine breitere Öffentlichkeit für Ihre Idee zu interessieren: Überlegen Sie sich genau, wen Sie mit Ihrer Präsentation ansprechen und welche Erwartungen Sie wecken möchten, und wählen Sie Ihre Formulierungen mit Bedacht. „Unser erstes Stück Öffentlichkeitsarbeit", berichtet Ulrich Schmidt vom Hamburger Verein „Wohngemeinschaft Jung und Alt", „war ein Handzettel- und Anzeigentext mit dem gut gemeinten Anfang: ‚Fühlen Sie sich einsam?' Fehlleistung! Rausgeworfenes Geld! Es meldeten sich Leute, die nichts weiter im Sinn hatten, als ihre Einsamkeit zu überwinden, und die schon froh waren, wenn sie bei unseren Infoabenden mit anderen Einsamen bekannt wurden" (1990, S. 61).

Solche Infoabende, zu denen alle Interessierten kommen können, um unverbindlich mehr über Ihr Projekt zu erfahren und zu sondieren, ob es für sie in Frage kommen könnte, sollten aufgrund der schon erwähnten großen Fluktuation anfangs häufiger und in regelmäßigen Abständen stattfinden und später bei Bedarf wiederholt werden – am besten zu einem festen Zeitpunkt (also etwa an jedem ersten und dritten Dienstag im Monat) und an einem Ort, der Ihnen langfristig zur Verfügung steht, damit Sie diese Angaben auf Ihre Handzettel drucken können und zögerliche InteressentInnen die Möglichkeit haben, auch nach einer längeren Bedenkzeit wieder zu Ihnen zu stoßen. Geeignete Räumlichkeiten sind zum Beispiel ein ruhiges Café oder das Nebenzimmer einer Gaststätte. Auch Kirchengemeinden, Stadtteilzentren,

Wohlfahrtsverbände oder Bürgervereine sind häufig gerne bereit, ihre Räume zur Verfügung zu stellen. Achten Sie darauf, dass der gewählte Veranstaltungsort mit öffentlichen Verkehrsmitteln gut zu erreichen ist und über Parkmöglichkeiten verfügt.

Sorgen Sie am Veranstaltungsort für eine einladende, ungezwungene Atmosphäre, zum Beispiel indem Sie Getränke bereitstellen (wenn Sie nicht ohnehin in einer Gaststätte tagen) und Stühle und Tische so anordnen, dass die Leute nicht hintereinander oder an weit voneinander entfernten Tischen sitzen müssen, sondern Blickkontakt haben, sich miteinander unterhalten und auch Ihre Präsentation ohne größere Verrenkungen verfolgen können. Nach einer kurzen Begrüßung der Anwesenden sollten Sie und Ihre Kerngruppen-MitstreiterInnen sich zunächst kurz vorstellen. Wenn der Kreis nicht allzu groß und die Atmosphäre offen genug ist, kann sich eine allgemeine Vorstellungsrunde anschließen, bevor Sie – beziehungsweise die Person aus Ihrer Gruppe, die für diesen Abend mit der Gesprächsleitung beauftragt wurde – damit beginnen, Ihr Vorhaben zu schildern.

Wie präsentiert man eine Idee? Wie macht man anderen ein Konzept schmackhaft, das vorerst hauptsächlich im eigenen Kopf existiert? Hauchen Sie Ihrer Wohnidee Leben ein, indem Sie sie möglichst plastisch und anschaulich werden lassen. Am besten funktioniert das, wenn die Interessenten sich nicht nur auf Ihre Worte und ihr eigenes Gedächtnis verlassen müssen, sondern etwas vor sich sehen. Sie können zum Beispiel mit Hilfe eines Overheadprojektors, einer Wandzeitung oder einer großen Tafel die Eckpunkte Ihres Konzepts für alle deutlich sichtbar festhalten, Sie können zur Anregung der Vorstellungskraft Ihrer Zuhörer Dias zeigen, auf denen ähnliche, bereits realisierte Projekte und ihre BewohnerInnen zu sehen sind, oder Sie können – sicherlich nicht an Ihrem ersten Infoabend, aber vielleicht zu einem späteren Termin – einen oder mehrere Bewohner eines solchen Wohnprojekts einladen, aus ihrem Alltag und von ihren Erfahrungen zu berichten. Schildern Sie die sozialen und finanziellen Vorteile eines Gemeinschaftswohnprojekts, und skizzieren Sie die nächsten konkreten Schritte zu seiner Verwirklichung – einschließlich eines Zeitrahmens, der keinen Entscheidungsdruck aufbaut und genügend Gelegenheiten zum gegenseitigen Kennenlernen vorsieht.

Und vor allem: Fassen Sie sich kurz. Erliegen Sie nicht der Versuchung, jede denkbare Frage bereits vorwegzunehmen oder sich als Privatdozentin oder Showmaster zu empfehlen. Ihr Vortrag sollte Ihre Zuhörer und Zuhörerinnen nicht in Ehrfurcht verstummen lassen oder mit staubtrockenen Fakten und unübersichtlichen Einzelheiten quälen, sondern zunächst einmal Lust auf einen neuen Lebensabschnitt wecken und dazu ermutigen, eigene Ideen, Erfahrungen, Zweifel und Argumente beizusteuern und auszutauschen.

Wer möchte, sollte die Möglichkeit haben, sich anschließend mit Namen, Anschrift und Telefonnummer in vorbereitete Adressenlisten einzutragen. Wem dies schon zu verbindlich ist, der wird zumindest herzlich zu den nächsten Infoabenden oder -nachmittagen eingeladen, die Sie – um sich nicht jedes Mal komplett wiederholen zu müssen und Mehrfachbesucher nicht zu langweilen – auch jeweils unter ein bestimmtes Thema stellen können. Rechnen Sie damit, dass Sie viele Besucher nicht wiedersehen werden, selbst solche nicht, die mit Feuer und Flamme bei der Sache zu sein schienen. Diese scheinbar unvermittelte „Fahnenflucht“ ist ein Phänomen, mit dem alle Gemeinschaftswohnprojekte zu kämpfen haben:

„Man findet die Idee großartig, aber wenn es um die Verwirklichung geht, schwindet die Begeisterung dahin. Dann kommen die Bedenken: Was ist, wenn ich mit den Leuten nicht zurechtkomme? Werde ich es schaffen, ein neues Leben zu beginnen? Wohin, wenn die Sache schief geht und ich keine Wohnung mehr habe?" (Schmidt 1990, S. 55).

Sich in fortgeschrittenem Alter für eine völlig neue Lebensform und einen neuen Kreis von Menschen zu entscheiden erfordert ein gerütteltes Maß an Mut, Offenheit und Risikobereitschaft – Zweifel an der eigenen Eignung für ein solches Unterfangen sind da nur zu verständlich und werden Ihnen auch in späteren Phasen immer wieder begegnen. Nehmen Sie sie also mit Gelassenheit. Nach zwei bis drei solcher Veranstaltungen sollten Sie über genügend Kontakte zu ernsthaft Interessierten verfügen, um mit der eigentlichen Arbeit beginnen zu können.

☞ **Tipp:** Eine Arbeitsmappe mit nützlichen Materialien zur Gruppenarbeit, Vereinsgründung, Pressearbeit und anderen wichtigen Hinweisen für Wohnprojekte ist bei der Bundesgeschäftsstelle des „Forums für gemeinschaftliches Wohnen im Alter e.V." erhältlich. Auch das „Kuratorium Deutsche Altershilfe" versendet Infomaterial (Adressen im Anhang).

Zusammenwachsen und zusammen wachsen: Der Gruppenprozess

Initiativen, die ein selbstverwaltetes Wohnprojekt planen, unterschätzen im Allgemeinen die Bedeutung gruppendynamischer Prozesse.
Astrid Osterland

Vor Ihnen liegt jetzt eine schwierige, aber auch spannende Aufgabe: Aus einer mehr oder weniger losen Ansammlung von Individuen mit unterschiedlichen Biografien, Temperamenten, Wertvorstellungen, Ansichten, Vorlieben und Empfindlichkeiten muss eine arbeitsfähige Gemeinschaft werden, die engagiert ein gemeinsames Ziel verfolgt und sich auch von Durststrecken und gelegentlichen Rückschlägen und Konflikten nicht entmutigen lässt.

Wichtig ist zunächst einmal, dass Sie sich einen festen Rahmen geben: Die Gruppe sollte regelmäßig zusammenkommen, und die Teilnahme an diesen Treffen sollte verbindlich sein. Wer nicht teilnehmen kann, sollte absagen, aber auch die Möglichkeit haben, das Besprochene später nachzuvollziehen. Am besten gewöhnen Sie sich frühzeitig an, Arbeitsergebnisse mit Hilfe von Rundbriefen, einem Gruppen-„Logbuch" oder Protokollen schriftlich zu fixieren und zu archivieren, damit auch eventuelle spätere Neueinsteiger sich möglichst schnell informieren und einarbeiten können. Ein Protokoll muss selbstverständlich nicht en détail den Verlauf jeder Sitzung nachzeichnen, es genügt, wenn die Tagesordnung, die Namen der Anwesenden, gefasste Beschlüsse, Aufgabenverteilung und Diskussionsergebnisse nach dem Motto „Wer macht was und wann?" festgehalten werden (siehe Kasten auf S. 159).

Protokoll der Versammlung der Wohnprojektgruppe „Alte Hasen"
am 5. Juni 2003, 20 Uhr, Gaststätte „Jägerschnitzel", 78763 Neuental
Abkürzungen:
A = Aufgabe, F = Feststellung, B = Beschluss

Tagesordnungspunkt	Art	Beschreibung
Anwesenheit	F	Herr U, Frau V, Herr und Frau W, Frau X, Frau Y
Fahrt zum Wohnprojekt „Graubarts Zimmer" nach Heckersbach am 2. Juli	B	Die Einladung der „Graubärte" wurde einstimmig angenommen. Wir treffen uns am 2. Juli um 9.30 Uhr am Bahnhof
Interview Lokalzeitung	A	Frau V vereinbart Termin mit Herrn Schreiberle von den Neuentaler Nachrichten
nächstes Treffen	F, A	Das nächste Gruppentreffen findet am 19. Juni im Nebenraum der Gaststätte „Jägerschnitzel" statt. Tagesordnung und Gespächsleitung wird Herr W übernehmen.

Legen Sie fest, wie Entscheidungen getroffen werden sollen: mit einfacher Mehrheit, mit Zweidrittelmehrheit oder im Konsens? Manche Gruppen haben mit dem Konsens- oder „Indianerprinzip“ gute Erfahrungen gemacht, da es dazu zwingt, ein Problem so lange von allen Seiten zu betrachten, bis eine Lösung gefunden ist, mit der alle leben können. Das erfordert natürlich einen langen Atem, Kommunikationstalent und eine ausgeprägte Fähigkeit zum Kompromiss. Das Mehrheitsprinzip verspricht schnellere Ergebnisse und sichert die Handlungsfähigkeit der Gruppe, hat aber den Nachteil, dass die jeweils unterlegene Minderheit sich schnell „untergebuttert“ fühlt und den Gruppenprozess möglicherweise später an anderer Stelle – bewusst oder unbewusst – sabotiert. Überlegenswert ist daher, ob man nicht beides kombiniert und das Konsensprinzip für klar definierte Entscheidungen wie zum Beispiel die Aufnahme neuer Mitglieder gelten lässt, mit denen später ja alle leben müssen, ansonsten aber mit Mehrheit entscheidet.

Regeln sollten Sie auch, welches Gruppenmitglied welche Aufgaben übernimmt. Die gleichmäßige Verteilung von Pflichten, Rechten und Verantwortung ist dabei ein Ideal, das man zwar unbeirrt anstreben sollte, das sich aber selten tatsächlich verwirklichen lässt. Die Realität sieht in den meisten Projekten anders aus: „Jede Gruppe braucht zwei oder drei Leute, die zwei Jahre lang powern“, stellt Peter Koppelmann von der Hamburger Wohnprojektgruppe „Jung und Alt e.V.“ im Rückblick auf eine lange und anstrengende Realisierungsphase nüchtern fest (Müller 1993, S. 101). Speziell die Außenbeziehungen einer Gruppe, etwa der Kontakt zur Presse oder Verhandlungen mit Behörden, Banken oder Architekten, funktionieren ohnehin meist besser und reibungsloser, wenn jeweils eine oder zwei Personen dauerhaft dafür zuständig sind und als feste Ansprechpartner auftreten können.

Nicht jeder ist für jede Aufgabe gleich gut geeignet; eine Gruppe tut also gut daran, sich die Erfahrungen und Kompetenzen ihrer Mitglieder zunutze zu machen: Der eine hat vielleicht juristische Kenntnisse oder Interessen, die andere Erfahrung mit Öffentlichkeitsarbeit, und der Nächste beweist besonderes Geschick im Umgang mit unsicheren Neueinsteigern. Andere Aufgaben, wie etwa die Leitung einer Gruppensitzung, das Besorgen von Literatur oder das Anfertigen eines Protokolls, sollten dagegen turnusmäßig wechseln, damit niemand über Gebühr belastet wird und niemand das Gefühl bekommt, nutzlos oder unfähig zu sein.

Die meisten Projektgruppen stellen außerdem sehr bald fest, dass sie um die Gründung eines Vereins nicht herumkommen, unabhängig davon, welche Rechtsform die Gruppe später vielleicht zusätzlich wählt: Ein Verein bietet nicht nur den Vorteil einer verbindlichen Satzung, sondern hat auch die Möglichkeit, Mitgliedsbeiträge zu erheben, um die laufenden Kosten wie etwa Raummiete, Kopier- und Portokosten zu decken, Zuschüsse und Fördergelder zu beantragen und später in Verhandlungen mit Behörden und Institutionen geschlossen und professionell aufzutreten und entsprechend ernst genommen zu werden. Auch hier sind Zuständigkeiten zu regeln und Ämter zu vergeben.

Insgesamt ist diese Phase, in der die Gruppe damit beginnt, sich Regeln zu geben und die gemeinsame Arbeit straffer zu organisieren, gruppendynamisch nicht unproblematisch, denn mit der Übernahme von Verantwortung werden zugleich auch Positionen und Rollen geklärt und oft genug auch zementiert: Da gibt es die lauten Wortführer und die passiven Schweiger, die Berufsskeptiker und die naiven Optimisten, die Manager und die Handlanger. Sympathien und Antipathien verfestigen sich und können die gemeinsame Arbeit dominieren oder behindern; oft bilden sich auch Untergrüppchen und Cliquen, die das große Ganze zu sprengen drohen.

Je heterogener eine Gruppe ist, desto schwerer fällt es ihren Mitgliedern meist, in den manchmal großen persönlichen Unterschieden zwischen ihnen nicht nur das Trennende, sondern auch eine Bereicherung zu sehen. Umso wichtiger ist es, dass sie sich genügend Zeit lassen, sich gegenseitig von möglichst vielen Seiten kennen und schätzen zu lernen, Vertrauen zueinander zu fassen, die Grenzen der eigenen Toleranz zu erfahren und vielleicht zu erweitern. Das ist natürlich schwer möglich, wenn man ständig nur über Sachfragen brütet. Nichts schmiedet eine noch junge Gemeinschaft mehr zusammen als gemeinsame Aktivitäten in entspannter Atmosphäre. Besuchen Sie also nach Lust und Laune miteinander Konzerte, Theateraufführungen oder Vorträge, unternehmen Sie Ausflüge, zum Beispiel zu anderen Wohnprojekten, planen Sie gemeinsame Wochenenden, Wanderungen und Spieleabende ein, verabreden Sie sich auf ein Bier oder einen Kaffee. So wird aus der anfangs eher abstrakten Erwägung, an einem neuartigen, spannenden Projekt mitzuwirken, allmählich der konkrete Wunsch, miteinander, mit diesem Mann, dieser Frau, diesen Menschen, zu wohnen und zu leben. Solche Unternehmungen sind mehr als ein Zeit raubendes „Beiprogramm“, das ungeduldigere Gemüter vielleicht insgeheim gerne schnell hinter sich bringen würden, um endlich „zur Sache“ zu kommen.

„Es ist für die Zusammenarbeit in einer Gruppe von zentraler Bedeutung, dass die Mitglieder die Gelegenheit haben, ihre Motivationen und Erwartungen einander mitzuteilen. Geben Sie dafür genügend Zeit. Viele Konflikte in Gruppen sind darin begründet, dass ebendies versäumt wurde" (Gäde/Listing 1995, S. 35). Die Zeit, die Sie miteinander verbringen, lässt Vertrauen, Offenheit und Interesse aneinander entstehen – Voraussetzungen nicht nur für die Bewältigung möglicherweise bevorstehender Durststrecken, sondern auch für ein glückendes späteres Zusammenleben. Gruppen, bei denen diese Phase, aus welchen Gründen auch immer, zu kurz ausfällt (erfahrene Projektbegleiterinnen halten ein bis zwei Jahre für optimal), haben erfahrungsgemäß später deutlich größere Mühe, in den gemeinsamen Alltag hineinzufinden und Probleme zu bewältigen, welche die Anstrengung aller Beteiligten erfordern, etwa die eintretende Hilfs- oder Pflegebedürftigkeit eines Bewohners.

Diese „zwischenmenschliche Verdichtung", die Ulrike Petersen als wesentliche Aufgabe der Gruppenaufbauphase betrachtet, muss durchaus nicht immer harmonisch verlaufen: Je intensiver sich der Annäherungsprozess gestaltet, je mehr das Vertrauen zueinander wächst, desto wahrscheinlicher kommen nach und nach auch unterschwellige Ängste, Hoffnungen und Erwartungen der Einzelnen auf den Tisch, und das kann zu Verletzungen, Enttäuschungen und auch zu handfesten Streitigkeiten führen. Eine Gruppe, die solche Konflikte aus übergroßem Harmoniebedürfnis einfach unter den Teppich kehrt, vergibt eine große Chance: „Schon vor dem Einzug streiten, zuhören und schlichten lernen ist unerlässlich. Während dieser Auseinandersetzungen treten einzelne menschliche Eigenschaften und Verhaltensweisen wie Bescheidenheit, Solidarität und Kompromissfähigkeit scheinbar in Konkurrenz zu Durchsetzungskraft, Egoismus und Dominanzansprüchen. Sie können ausgelebt werden, wenn das gemeinsame Ziel nicht aus den Augen gerät. Das Durchleben und Erproben schwieriger Gruppen- und Projektphasen birgt die Chance, dass die zukünftige Nachbarschaft nicht in der ersten großen Krise unter einem Dach auseinander bricht“ (Petersen 1993, S. 22).

Spätestens in solchen Phasen sollte man erwägen, eine neutrale Instanz oder einen professionellen Helfer einzuschalten. Das kann beispielsweise eine Vertrauensperson aus dem Trägerverein sein wie bei den Dresdner „AWiG“-Wohngemeinschaften oder ein Mitarbeiter einer Beratungsstelle, eine Erwachsenenbildnerin, ein Sozialpädagoge oder eine Psychologin. Wichtig ist, dass die ausgewählte Person eine Moderations- oder Supervisionsausbildung und Erfahrung in der Begleitung von Gruppen vorweisen kann. Die meisten der von uns befragten Gruppen haben sich in Krisenphasen mindestens einmal qualifizierte Hilfe von außen gesucht, manche Modellprojekte wurden sogar über mehrere Jahre hinweg von Beratern begleitet.

Moderation und Supervision

Moderation

Unter Moderation versteht man die ergebnisorientierte Leitung von Gesprächen, Sitzungen und Workshops. Ein Moderator/eine Moderatorin bietet kein Expertenwissen in inhaltlichen Fragen, sondern gestaltet und fördert Gruppen- und Entscheidungsprozesse, sorgt für die Beteiligung aller Anwesenden am Geschehen, für die Vereinbarung von Spielregeln und deren Einhaltung, gleicht Hierarchieunterschiede innerhalb der Gruppe aus.

Methoden: zum Beispiel Brainstorming, Pinnwand-Technik, Gruppenarbeit. Wichtiger Grundsatz: Alle Arbeitsschritte werden für alle sichtbar festgehalten.

Eine Moderation empfiehlt sich,

- um verbindliche Ergebnisse zu erarbeiten, die von allen mitgetragen werden;
- bei der Behandlung konfliktträchtiger, emotionsgeladener Themen;
- bei ausgeprägten Hierarchien und verfestigten Rollen (zum Beispiel Schweiger und Vielredner);
- wenn sich die Gruppe immer wieder in Zeit raubende, aber fruchtlose Diskussionen verstrickt;
- wenn kreative Lösungswege und ein klarer Arbeitsplan gefragt sind.

Moderationen werden meist von Diplom- oder SozialpädagogInnen, professionellen Projektbetreuern oder PsychologInnen mit entsprechender Zusatzausbildung angeboten. Daher findet man sie eher selten im Branchenverzeichnis. Erkundigen Sie sich am besten bei den Wohnberatungsstellen oder bei den Erwachsenenbildungsstätten in Ihrer Umgebung, und fragen Sie nach Referenzen.

Supervision

Supervision soll die Wahrnehmung des eigenen Erlebens und Handelns verbessern. Bei der Gruppen- und Organisationssupervision werden gruppendynamische Probleme aller Art durch die neutrale Außenperspektive des Supervisors/der Supervisorin in einem für alle Mitglieder offenen Gesprächsraum der Wertschätzung, des Zuhörens und Verstehens gemeinsam analysiert und bearbeitet. Eine Supervision sollte von entsprechend geschulten Psychologen oder Psychotherapeuten und über einen längeren Zeitraum durchgeführt werden.

Methoden: Je nach Ausrichtung des Supervisors/der Supervisorin (gestalttherapeutisch, systemisch, psychoanalytisch u.Ä.) zum Beispiel im Gespräch, Rollen- oder Planspiele, Körper- und Bewegungsarbeit, Psychodrama, Visualisierungstechniken, Soziogramme.

Eine Supervision empfiehlt sich

- bei Beziehungs-, Macht- und Interessenkonflikten;
- bei destruktivem Konfliktverhalten in der Gruppe;
- bei Kommunikationsstörungen;
- wenn die Zusammenarbeit nicht funktioniert.

PsychologInnen mit anerkannter Supervisionsausbildung findet man im Branchenverzeichnis oder über die Berufs- und Fachverbände, zum Beispiel die „Deutsche Gesellschaft für Supervision e.V.“ in Köln, die bundesweit und regionalspezifisch Adressen von über 3 000 Mitgliedern zur Verfügung stellt. Fragen Sie in jedem Fall nach Referenzen und Empfehlungen für die Arbeit mit Gruppen.

Empfehlenswert ist die Inanspruchnahme von Profis auch bei heiklen oder tabuisierten Themenbereichen, mit denen jede Gruppe irgendwann konfrontiert ist. So hat die Münchner Hausgemeinschaft „Nachbarschaftlich leben für Frauen im Alter“ sich mit Hilfe einer Supervisorin schon frühzeitig mit „Sterben und Tod“, „Hilfe annehmen und geben“, „Umgang mit Krankheit und Behinderungen“ auseinander gesetzt und gruppendynamische Konfliktpotenziale bearbeitet und entschärft: „Themen wie Rivalität, Ängste vor zu viel Nähe und Vereinnahmung, die Grenzen der Einzelnen in der Gruppe und Vertrauen untereinander werden in jeder Wohngruppe früher oder später aktuell. Die Gruppenmitglieder sollten ihre Ängste und Bedenken formulieren können, ohne befürchten zu müssen, ausgeschlossen zu werden. Eine externe Person kann der Gruppe helfen, diese Probleme anzusprechen und damit umzugehen“ (Henckmann 1999, S. 123).

Zu früh eine Person von außen in das Projekt zu bitten, zu einem Zeitpunkt, an dem die Gruppe noch wenig gefestigt ist, birgt allerdings die Gefahr der Abhängigkeit. Die Verantwortung für die Kontrolle des Gruppenprozesses sollte stets bei der Gruppe bleiben, fordert Monika Müller daher zu Recht. Aus ähnlichen Gründen könne die wissenschaftliche Begleitung einer Gruppe sich als problematisch erweisen, da Forschungsprojekte als Gegenstand wissenschaftlichen Ehrgeizes unter einem gewissen Druck stehen, glücken zu müssen (1993, S. 45 f.). Es spricht allerdings nichts dagegen, schon in einem sehr frühen Stadium Erkundigungen einzuholen und sich eine geeignete Person für die Moderation oder Supervision auszusuchen, bevor der erste größere Konflikt aufbricht – so kann man im Ernstfall schnell auf sie zurückgreifen.

Träumen, planen, kämpfen: Das Wohnkonzept und seine Umsetzung

Parallel zu diesem inneren Organisationsprozess der Gruppe findet die inhaltliche Arbeit statt: Die Vorstellungen vom Zusammenwohnen nehmen allmählich Form an, die Suche nach einem geeigneten Objekt beginnt, die Gruppe arbeitet an einer tragfähigen Finanzierung, bespricht die Vor- und Nachteile anderer Wohnprojekte, diskutiert über bautechnische und architektonische Fragen und hat zahlreiche rechtliche und organisatorische Aspekte zu klären.

Je konkreter das Projekt wird, desto deutlicher werden meist auch die Unterschiede zwischen den Mitgliedern. Die finanziellen Möglichkeiten werden ebenso verschieden sein wie die Vorstellungen davon, wie viel Raum der oder die Einzelne zum Leben braucht, in welcher Form sich der Gemeinschaftsgedanke in dem Projekt niederschlagen soll, wie ruhig oder lebendig die Umgebung zu sein hat und so weiter. Das hat Konsequenzen: Am Ende steht immer ein Kompromiss, der unter großen Mühen aus den Zugeständnissen und Rücksichten aller geboren wurde. Einer Bewohnerin des Berliner Frauenwohnprojekts „Offensives Altern" verdanken wir eine sehr plastische, selbstironische Beschreibung dieser manchmal chaotisch anmutenden Arbeit am Konzept:

„Ein Haus für uns, zusammen leben im Alter. Immer beschäftigen wir uns mit diesem Gedanken ... wäre es nun aber da, das Haus, das Traumhaus? Es hätte Garten, der keine aufwendige Gartenarbeit erfordert, wäre im Grünen, Wald und Wassernähe, doch nicht zu weit von belebter Innenstadt, Kino, Theater, alles mit naher U-Bahn-Verbindung. Eine jede hätte natürlich ihre eigene

Wohneinheit, zwei Räume, wie die meisten wünschen, Küche, Dusche, selbstverständlich Balkon ... Gemeinschaftsräume brauchen wir, der Mittwochgruppenabend muss bleiben, und feiern wollen wir auch öfter. Ach ja, fast alle Wohnungen sollten natürlich im Parterre liegen, sonst Fahrstuhl. Das Haus soll kein Hochhaus sein, modern, das ja, aber auch alt und gemütlich ... Es ist ein ruhiges Haus und voller Leben, denn wir möchten, dass auch junge Frauen mit Kindern, Katzen, Hunden und anderem Hausgetier dort wohnen. Männer? Nein, Männer dürfen nicht, nur zu Besuch ... Ich hätte ja gern noch ein Schwimmbad im Keller, schwimmen ist so gesund im Alter ... Schade, dass wir zunächst nur in Wunschträumen schwimmen. Aber wer weiß, wenn wir hier ein bisschen abstreichen, da ein paar Zugeständnisse machen, auf einiges vielleicht doch verzichten, es könnte etwas daraus werden. Vielleicht nicht traumhaft schön, aber menschlich gut" (Amann/von Neumann-Cosel 2000, S. 13).

Das „Schwimmen in Wunschträumen" ist zwar nur ein Übergangsstadium, aber ein sehr wichtiges und notwendiges, aus dem sich viel Kraft schöpfen lässt. Träume, Visionen, Utopien sind ein starker Motor und die beste Möglichkeit, Lösungen zu finden, die neu und besser sind als die, die schon existieren. Deshalb arbeiten die meisten Gruppen ganz bewusst mit ihnen, wohl wissend, dass viele dieser Träume dazu verurteilt sind, Träume zu bleiben.

Den Wünschen auf die Spur kommen

Wie kommt man seinen Wünschen – die ja nicht immer an der Oberfläche liegen und auf Kommando bereitwillig erscheinen – auf die Spur? Wie teilt man sie den anderen mit, und wie nutzt man ihre beflügelnde Kraft, ohne sie unkritisch zum ehernen Maßstab zu machen, einem Maßstab, dem die Realität nie genügen kann? Viele Projektgruppen haben mit der Arbeit an den eigenen Wohnwünschen begonnen, indem die Mitglieder sich gegenseitig in ihren Wohnungen und Häusern besucht beziehungsweise einzelne Gruppensitzungen reihum dort stattgefunden haben. Man kann einander die eigenen Wohnbiografien erzählen oder sie niederschreiben und austauschen. Eine unkonventionellere und vorzugsweise unter fachkundiger Anleitung durchzuführende Methode, die manchmal überraschende Erkenntnisse über die eigenen Wünsche zutage fördert, ist die Fantasiereise, bei der man sich zunächst in einen Zustand tiefer Entspannung versetzt, um sich dann seinem jeweiligen Ziel, in diesem Fall zum Beispiel seiner Traumwohnung oder seinem Traumhaus, zu nähern – und „nähern" ist hier ganz wörtlich gemeint: Kommen Sie näher, betrachten Sie das Haus Ihrer Träume von allen Seiten, treten Sie ein. Bei diesem spielerischen Erkunden der eigenen Wünsche kommt es nämlich nicht auf Quadratmeterzahlen oder die Entfernung zum nächsten Orthopäden oder Lebensmittelgeschäft an, sondern darauf, dass man ohne jede Rücksicht auf die Realisierbarkeit oder die innere Logik seiner Wunschvorstellung alles so konkret und sinnlich wie möglich wahrnimmt.

Erlauben Sie sich, einmal großzügig und verschwenderisch zu träumen: Geld spielt keine Rolle, nichts ist unmöglich. Wichtig ist allein das, was Sie sehen, hören, riechen und fühlen. Wie sieht Ihr Haus aus? Aus welchen Materialien ist es gebaut? Ist es klein und gemütlich oder weitläufig und elegant? Liegt es versteckt in einem ruhigen Park oder vielleicht an einer belebten südlichen Piazza? Scheint die Herbstsonne auf Ihr Haus, oder fällt ein warmer Frühlingsregen? Steht jemand in der Tür und erwartet Sie schon? Was sehen Sie, wenn Sie eintreten? Wie fühlt sich der Boden unter Ihren Fußsohlen an? Wie sieht Ihr Lieblingsplatz aus, an dem Sie sich erholen und auftanken, wie ist Ihr Schlafzimmer, die Küche, das Bad eingerichtet? Sitzen fröhlich plaudernde Menschen um den Küchentisch herum und bitten Sie auf ein Glas dazu? Gibt es einen Garten, der vielleicht nach Rosen duftet, nach frisch gemähtem Gras oder Rosmarin?

Nach Ihrer Rückkehr konnen Sie den anderen dann von Ihren Reiseerlebnissen erzählen, Sie können, wenn Sie mögen, auch ein Bild dazu malen, eine Collage anfertigen, einen kleinen Text oder ein Gedicht schreiben. So ergiebig, heiter und spielerisch das Ausloten der eigenen Wünsche sein kann: Nicht nur diese, sondern auch alle anderen Methoden, die aus dem Umkreis der Selbsterfahrungsarbeit stammen – dazu gehören auch die so beliebten Rollenspiele –, sollten nicht zu früh und immer mit Bedacht zum Einsatz kommen. Es ist in jedem Falle ratsam, „Psycho-Experimente“ aller Art von einem Fachmann oder einer Fachfrau anleiten zu lassen (Volkshochschulen und andere Institutionen der Erwachsenenbildung können Ihnen sicher eine geeignete Person nennen), weil die Erfahrung, vielleicht zum ersten Mal nach langer Zeit wieder mit den eigenen, überwunden geglaubten oder womöglich tief verschütteten Träumen konfrontiert zu werden, schmerzhaft sein und Ängste auslösen kann. Umso wichtiger, dass eine Gruppe, gleichgültig, wie gut sich ihre Mitglieder schon zu verstehen glauben, sich der eigenen Grenzen bewusst ist: „Eine Wohngruppe“, warnt Monika Müller, „ist keine Therapiegruppe. Bricht ein Gruppenmitglied weinend zusammen, ist eine erst kurz bestehende Gruppe nicht immer in der Lage, die Situation wieder aufzufangen" (1993, S. 38).

Anleitung in Gestalt von einer/einem, noch besser zwei erfahrenen ModeratorInnen suchen Sie sich am besten auch für eine weniger persönliche, aber genauso häufig und gern eingesetzte Methode, die sich vor allem für größere Gruppen mit mindestens 15 Teilnehmern eignet: die Zukunftswerkstatt.

Die Idee der Zukunftswerkstatt entstand in den 60er Jahren als Gegenentwurf des Zukunftsforschers Robert Jungk zur grassierenden „Expertokratie": „Die Zukunftswerkstatt geht (...) von zwei Grundressourcen jedes Menschen aus: einerseits dem Wissen über die eigenen Lebensumstände, andererseits der Fantasie, den Wunschvorstellungen und Träumen von idealen Zuständen. Auf dieser Basis soll über die eigene Zukunft nachgedacht werden" (Dauscher 1998, S. 97 f.). Probleme und rational begründete Einwände sollen dabei keineswegs ausgeklammert werden, sie werden lediglich nicht mehr zur alleinigen Basis von Zukunftsentwürfen gemacht.

Eine Zukunftswerkstatt, für die Sie inklusive der notwendigen Erholungspausen mindestens einen Tag, idealerweise ein ganzes Wochenende einplanen sollten, funktioniert in etwa so: In einer ersten Phase, die auch Kritikphase genannt wird, werden Feststellungen zum unbefriedigenden Status quo gesammelt, der sich durch die Teilnahme an dem Projekt ändern soll, also zum Beispiel die gegenwärtige Wohn- und Lebenssituation der Mitglieder. In der anschließenden Fantasiephase wird ein positiver Endzustand formuliert, etwa „Unsere Hausgemeinschaft im Jahr 2005", indem die zunächst unverbunden nebeneinander stehenden Wunschvorstellungen der Einzelnen strukturiert und zu utopischen Entwürfen verdichtet werden. Dabei geht es ausdrücklich nicht um realitätskonforme kleine „Schönheitsreparaturen" am kritisierten Ist-Zustand, sondern um Idealvorstellungen – so unausgegoren, verrückt und realitätsfern sie auch scheinen mögen. Lassen Sie Ihre Wünsche ruhig ins Kraut schießen. Kein Vorschlag ist unbrauchbar, keine Äußerung soll kritisiert werden, und niemand hat ein Patent auf „seine" Idee. Es ist also durchaus erwünscht, dass ein anderer Teilnehmer einen Vorschlag aufgreift und weiterspinnt.

Die Fantasiephase ist nur dann ertragreich, wenn die Teilnehmer der Werkstatt das Gefühl haben, ungeniert und spielerisch alles äußern zu dürfen, was ihnen durch den Kopf schießt. Dass dies leichter fällt, wenn für eine entsprechend entspannte und inspirierende Atmosphäre gesorgt ist, leuchtet ein. Viele Zukunftswerkstätten beginnen ihre Fantasiephase daher mit einem auf die jeweilige Gruppe abgestimmten Einstiegsspiel, etwa einer Fantasiereise, wie sie oben beschrieben wurde, mit Bewegungsspielen oder einer Rundgeschichte, bei dem jeder Teilnehmer den Faden seines Vorgängers aufgreift und weiterentwickelt. Beliebt ist auch die Arbeit mit Bildern und Fotos: Die Mitglieder der Freiburger Projektgruppe „Wege zu Gott" beispielsweise sollten sich unter rund 30 Bildern, die alle mit dem Thema Wohnen zu tun hatten, jeweils ein Bild aussuchen, das sie besonders ansprach, und anschließend den anderen Teilnehmerinnen anhand des ausgewählten Fotos ihre Gedanken und Wünsche schildern.

Anschließend wird an dem von der Gruppe formulierten positiven Endzustand gearbeitet, zum Beispiel in einem Brainstorming (was frei übersetzt so viel bedeutet wie „Ideenwirbel" oder „Gedankensturm"), bei dem ein bis zwei Personen auf Zuruf die Gedanken und Ideen der anderen auf Wandtafeln oder Plakaten festhalten. Dabei gelten folgende Spielregeln: Jeder sagt spontan das, was ihm oder ihr einfällt, und zwar möglichst knapp und in Form von Stichworten, alle Ideen sind gleichwertig und wichtig, nichts wird diskutiert oder bewertet, Rückfragen und Kommentare sind nicht gestattet. Auf diese Weise kann man in sehr kurzer Zeit sehr viele Ideen sammeln, die später in Kleingruppen strukturiert und ausgewertet werden können.

Beliebt und besonders für Gruppen geeignet, die dazu neigen, ihr Thema zu abstrakt und intellektuell anzugehen, ist auch das Bildermalen: Dabei zeichnen oder malen kleine Gruppen von bis zu fünf Teilnehmern ihre Vorstellung von ihrer „Hausgemeinschaft im Jahr 2005“ auf einen großen Bogen Papier. Anschließend werden alle Bilder aufgehängt, und alle Betrachter mit Ausnahme der jeweiligen „Künstler“ äußern, welche Wünsche ihnen beim Anschauen des jeweiligen Bildes in den Sinn kommen. Erst danach ergänzen die Maler das Gesagte um ihre eigenen Ideen. Die Ergebnisse dieser Wunschsammlung können durch weitere kreative Methoden wie die Herstellung einer Collage, die Aufführung einer Pantomime oder das Erfinden einer Geschichte angereichert und vertieft werden. Dabei kristallisieren sich bereits erste Strukturen heraus, Widersprüche werden sichtbar, so genannte Wunsch-Cluster (zu Deutsch etwa „Wunschnetze“) und Schwerpunkte entstehen – ein sehr wichtiger Prozess, der auch zutage fördert, dass nicht alle Wünsche, die man gemeinsam produziert hat, „echt“ und fruchtbar sind. Denn in die ersten Überlegungen darüber, wie die zukünftige Gemeinschaft funktionieren, wie das gemeinsame Haus aussehen, welche Möglichkeiten es gewähren und welche Räume es enthalten soll, fließen erfahrungsgemäß „so ziemlich alle Wünsche“ ein,

„die bisher nicht realisiert werden konnten oder die aus irgendeinem Grunde schon immer für besser gehalten wurden. Diese müssen nicht immer mit den wirklich eigenen Träumen identisch sein" (Dettbarn-Reggentin 1993, S. 119).

Um ein differenzierteres und klareres Bild zu gewinnen, „werden die Äußerungen nicht nur gesammelt. Sie werden auch zueinander in Beziehung gesetzt und weiter ausgesponnen, sodass sich die Teilnehmer immer tiefer mit ihren Vorstellungen auseinander setzen" (Dauscher 1998, S. 138).

Auf der Grundlage dieser Auseinandersetzung wird die Gruppe fähig, gemeinsam eine Gewichtung vorzunehmen und – immer noch ohne Rücksicht auf mögliche rationale Einwände – die schönsten, elektrisierendsten, fantastischsten Ideen und Kombinationen von Ideen herauszusuchen, die die Weiterarbeit lohnen.

Mit diesen neu gewonnenen Schwerpunkten tritt die Zukunftswerkstatt in die Realisierungsphase ein. Erst jetzt werden die Wünsche auf ihre Bedeutung für das Thema der Werkstatt hin abgeklopft. Die Gruppe setzt sich ein klares Ziel, das sie erreichen möchte, und prüft die Wege zu seiner Realisierung. Wie lassen sich fantastische Ideen in realitätsnahe Formulierungen übersetzen? Gibt es hier und jetzt vielleicht schon Ansätze zu ihrer Verwirklichung, an denen man weiterarbeiten könnte? Welche Forderungen sollen aufgestellt, welche Zwischenziele können formuliert werden, und welche konkreten Schritte müssen als Nächstes erfolgen? Wer übernimmt was und bis wann?

Am Ende einer solchen Zukunftswerkstatt hat die Gruppe einen langen Weg zurückgelegt. Sie hat sich mit Hilfe ihrer Fantasie und der Kraft ihrer Wünsche frei gemacht von allzu kleinen, allzu bescheidenen Vorstellungen, von eingefahrenen Denkwegen und von der Versuchung, vorschnell vor der einschränkenden Realität zu kapitulieren. Sie hat die Freiheit des kühnen Entwurfs zurückgewonnen und gleichzeitig erkannt, dass das Setzen von Prioritäten nicht nur Verzicht und Verlust bedeutet. Sie hat klare Zielvorstellungen und Zwischenziele formuliert und die nächsten Arbeitsschritte geplant. Und vermutlich ist durch das Offenlegen der eigenen Wünsche, das schwelgerische Auskosten verrückter Fantasien und den Spaß am Aufstellen vermeintlich vermessener Forderungen auch eine tiefe Verbundenheit miteinander und eine starke Identifikation mit dem gemeinsamen Ziel entstanden – nicht die schlechteste Basis für die Weiterarbeit.

Welche Schubkraft ein solcher Workshop entfalten kann, zeigen einige Schlusskommentare von TeilnehmerInnen einer von Martin Link vom Paritätischen Bildungswerk durchgeführten Visionswerkstatt: „Der Gedanke, in der Gemeinschaft zu leben, ist viel konkreter geworden. Ich will mich einbringen!“; „Faszinierend, was für Gedanken da zusammenkommen“; „Mein nächstes Leben wird spannend!“ (Borho 2000, S. 36).

Erwartungen klären

Natürlich kann und sollte auch auf andere Weise am Wohnkonzept gearbeitet werden. Eine probate Methode und gleichzeitig eine solide Grundlage für die Objektsuche und die späteren Verhandlungen mit Behörden, Wohnungsbauunternehmen und Architekten ist die Zusammenstellung einer Checkliste, auf der jedes Gruppenmitglied vermerken kann, welche Merkmale beziehungsweise Standortfaktoren ihm wichtig oder eher unwichtig sind. Beim Ausfüllen der Checkliste werden Sie vermutlich bemerken, dass sich viele Faktoren gegenseitig beeinflussen: Ein Mehrgenerationenprojekt, das Schalträume plant, die alternativ der einen oder anderen Wohnung zugeschlagen werden können, ist flexibler bei der Festlegung der Wohnungsgrößen als Projekte mit starren, am Bedarf der Erstbezieher orientierten Wohnungszuschnitten, da Wohnungen innerhalb des Projekts jederzeit vergrößert, verkleinert oder getauscht werden können. Wer Wert auf einen großzügig dimensionierten Gemeinschaftsraum mit Küche für Feste, Familienfeiern und Spieleabende legt, wird kaum auf einem großen Wohn- und Essbereich in der eigenen Wohnung bestehen. Ein weitläufiger Gemeinschaftsgarten entschädigt möglicherweise für kleine oder eher schattige Balkone, und zusätzliche Zimmer für die Unterbringung von Verwandten und Freunden erübrigen sich oft, wenn die Gruppe beabsichtigt, ein Gästeapartment zu errichten.

Checkliste

Gewünschte Mindestgröße der Wohnung/Wohneinheit:
_______ Quadratmeter
gewünschte Anzahl der Zimmer: _______

	sehr wichtig	wichtig	weniger wichtig	unwichtig
eigener Sanitärbereich				
eigene/r Balkon/Terrasse				
barrierefreie Bauweise				
rollstuhlgerechte Bauweise				
Notrufanlage				

Aufzug				
Schalträume				
Keller				
Abstellkammer				
Garage/Stellplatz				
Fahrradkeller				
Trockenraum				
Garten				
Solaranlage				
Grasdach				
Regenwasser-zisterne				
anderes ______________				
Im Zwei-Kilometer-Radius sollten erreichbar sein:				
bisherige Freunde und Nachbarn				
Ärzte/Apotheke				
soziale Dienste				
Dienstleister (Friseur, Fußpflege, Physiotherapie)				
Gaststätten				
Post				
Banken				
Geschäfte des täglichen Bedarfs				
Kirchen				
Kino/Theater				

Sportstätten/ -vereine				
Bibliotheken				
Parks/Naherholungsgebiete				
Bus-/Straßenbahnhaltestellen				
anderes: ______				
Ich wünsche mir folgende Gemeinschaftseinrichtungen				
Gästezimmer/ -apartment				
Gemeinschaftsgarten				
Gemeinschaftsraum (für Feste etc.)				
Gemeinschaftsküche				
Sauna/Fitnessraum				
Fernsehraum				
andere: ______				

Natürlich werden Sie später Abstriche an Ihren Wunschlisten hinnehmen müssen – weil das Budget nicht alle Extras hergibt, weil nicht jedes Objekt Ihnen alle gewünschten Merkmale bietet, weil Sie Sozialwohnungen bauen möchten und sich deshalb an feste Quadratmetervorgaben halten müssen oder weil nicht jede Wohnungsbaugesellschaft großzügige Gemeinschaftseinrichtungen finanzieren kann und möchte – aber das ist kein

Grund, von vornherein allzu bescheiden und klein zu planen. Schließlich geht es um Ihre Zukunft.

Wichtiger als die Frage nach dem Machbaren ist zunächst, dass Sie einen Modus finden, Ihre Anforderungen an Ihr künftiges Zuhause mit denen Ihrer zukünftigen Wohngenossen zu vereinbaren. Dieser Prozess ist bei gut funktionierenden Gruppen häufig weniger problematisch, als man annehmen könnte. Individuelle Wohnwünsche, so die Erfahrung Ulrich Schmidts, können an Wichtigkeit verlieren, wenn man sie nicht sofort in den Mittelpunkt stellt und zur Bedingung macht: „Wir haben es erlebt, dass eine von uns absolut nicht nach Altona ziehen wollte. So lange, bis ihre Zuneigung zu einigen anderen Frauen im Verein stärker war als die Abneigung gegen den Stadtteil. Seitdem ist ihr das Zusammenleben die Hauptsache." Vier andere Frauen, denen die Vorstellung, ein Bad mit anderen zu teilen, reichlich suspekt erschien, machten den Praxistest und fuhren zusammen in Urlaub: „Wir dachten immer, jede von uns müsse ihr eigenes Badezimmer haben. Nun wissen wir es besser. Ein Bad für uns vier genügt" (Schmidt 1990, S. 85).

Wie für alle neuralgischen Punkte im Gruppenprozess gilt auch für die Formulierung eines gemeinsamen Wohn- und Raumkonzepts: Kommunikation ist alles. Reden ist Gold. Vielleicht müssen Sie auf ein paar Träume verzichten, aber Sie müssen es nicht stillschweigend tun – um stattdessen dann einen heimlichen Groll zu hegen und zu pflegen. Suchen Sie Argumente für Ihre Position, kämpfen und streiten Sie ruhig, aber verziehen Sie sich nicht in die Schmollecke. Gerade in konfliktreichen Phasen – und oft ist der Versuch, die unterschiedlichen Wohnwünsche der Einzelnen in einem zähen, langwierigen Ringen um den Kompromiss zur Deckung zu bringen, von harten Auseinandersetzungen begleitet – ist es wichtig, die vielleicht noch zerbrechlichen Verbindungen untereinander nicht abreißen zu lassen. Es müssen nicht immer große Worte sein, die das Wir-Gefühl auch durch solche Zeiten retten: „Kommunikation ist der tägliche, alltägliche Austausch von Worten, Taten und Gefühlen – mal belanglos, mal lebenswichtig trägt er das Zusammenleben einer Gruppe. Dieser Austausch will immer neu gelernt sein, braucht Zeit, verläuft nicht gradlinig und ohne ein festgelegtes Ende. ‚Kommunizieren' heißt nicht, konfliktfrei, sondern konfliktfähig zu leben" (Petersen 1993, S. 9).

Das gilt auch für eine tragende Säule in der sozialen Architektur Ihres Projekts: Sie sollten frühzeitig klären, welche Erwartungen innerhalb der Gruppe für den Fall bestehen, dass jemand pflegebedürftig wird. Es geht nicht darum, sich sozusagen am grünen Tisch verbindlich zu irgendetwas zu verpflichten, das man dann im Ernstfall vielleicht doch nicht leisten kann. Wer weiß heute schon, wie er oder sie mit Belastungen fertig wird, die durch die Hilfe- oder Pflegedürftigkeit eines oder mehrerer späterer Mitbewohner entstehen, und bis zu welchem Grad die Gemeinschaft dann in der Lage sein wird, diese Belastungen aufzufangen beziehungsweise auf mehrere Schultern zu verteilen?

Wichtig ist vielmehr, dass Sie überhaupt darüber reden, dass jeder und jede Einzelne darüber nachdenkt, was er oder sie im Falle des Falles von den Mitbewohnern offen oder auch nur insgeheim erwartet – und im Gegenzug bereit ist zu geben: Möchten Sie zum Beispiel, dass jemand für Sie einkauft, für Ihre Mahlzeiten sorgt oder Ihnen beim Sauberhalten der Wohnung hilft, wenn Sie nicht mehr dazu in der Lage sind? Hoffen Sie, dass die anderen Ihre ärztliche Versorgung organisieren, Kontakt zu Ihren Angehörigen aufnehmen und eventuell einen ambulanten Pflegedienst einschalten? Erwarten Sie, dass Sie bis zu Ihrem Tod in Ihrem neuen Zuhause bleiben können? Können Sie sich vorstellen, kranke oder dauerhaft bettlägerige Mitbewohner regelmäßig zu besuchen und ihnen einen Teil Ihrer Zeit zu widmen? Sehen Sie sich in der Lage, einem Mitbewohner beim Ankleiden oder bei der Körperpflege zu helfen?

Erstaunlicherweise wird das Thema Pflegebedürftigkeit gerade in Seniorenwohnprojekten häufig ausgeklammert oder vertagt, obwohl Klarheit in diesem Punkt entlastend wirkt und größeren Enttäuschungen vorbeugt. „Wir haben die Erfahrung gemacht, dass es schwer ist, über das Thema zu reden“, klagt etwa ein Mitglied einer Alt-und-Jung-Hausgemeinschaft in Hamburg. „Es gibt da zwar eine ganz bestimmte Erwartungshaltung, vor allem bei den Älteren in der Gruppe. Nur wird die leider nicht offen ausgesprochen. Und genau das ist unser Problem. Wir haben zwar ein paar Leute, die immer mal wieder versuchen, dieses Thema endlich zu diskutieren. Aber es geht nicht“ (Müller 1993, S. 152 f.).

Je erfolgreicher die Verdrängung, desto schwerwiegender können die Folgen sein. Das fängt schon bei Fehlplanungen und Versäumnissen bei der baulichen Umsetzung an. Der Architekt des Münchner Projekts „Nachbarschaftlich leben für Frauen im Alter“ beispielsweise führt den Verzicht auf etliche Standards des alten- und behindertengerechten Bauens nicht nur auf Sparzwänge zurück, sondern auch darauf, „dass die Frauen von ihrem momentanen Gesundheitszustand ausgegangen sind und sich keine Verschlechterung vorgestellt haben. Das wiederum entspricht ihrer Selbstvorstellung, in der sie sich eher als Helfende, weniger als Hilfsbedürftige sehen“ (Henckmann 1999, S. 103).

Reden Sie also über Krankheit und Pflegebedürftigkeit, auch wenn es schwer fällt, weil das Thema Angst machen kann – Angst vor der Konfrontation mit der eigenen Endlichkeit, Angst vor Abhängigkeit, vor zu viel Nähe, Angst vor schwer eingrenzbaren Belastungen, denen man möglicherweise nicht gewachsen sein wird. Vielleicht steht am Ende Ihrer Gespräche eine klare, schriftlich fixierte Vereinbarung, wie sie beispielsweise die Mitglieder der Hausgemeinschaft in Hannover, die Göttinger Alten-WG „Am Goldgraben" oder die Frauen des Wohnprojekts „Zeisewiese" in Hamburg getroffen haben: weitgehende Übernahme häuslicher Verpflichtungen, Versorgung im akuten Krankheitsfall und Hilfe bei der Organisation ambulanter Versorgung ja, eigenhändige (Langzeit-)Pflege nein.

Vielleicht entscheiden Sie sich auch dafür, wie die Mitglieder des Münchner Projekts „Nachbarschaftlich leben für Frauen im Alter" zunächst gemeinsam einen Kurs in Haus- und Altenpflege zu besuchen, um besser abschätzen zu können, was möglicherweise auf Sie zukommt. Oder Sie verknüpfen die Einbindung ambulanter Pflegedienste mit der Regelung, dass alle Projektmitglieder reihum ihren „sozialen Tag" haben, an dem sie einzeln oder zu zweit für die Betreuung und Unterstützung erkrankter oder hilfsbedürftiger Mitbewohner zuständig sind – so die Idee des Freiburger Projekts „Die Arche", die sicherlich nur in größeren Gemeinschaften umzusetzen ist.

Die gewiss sehr sinnvolle Entscheidung, sich keine Verpflichtung zur Dauerpflege von Mitbewohnern aufzuerlegen, um das mühevoll geknüpfte Beziehungsgeflecht nicht überzustrapazieren, hat natürlich schon lange vor dem Einzug weit reichende Konsequenzen – zum Beispiel die, dass bereits pflegebedürftige oder schwer chronisch erkrankte Interessenten in der Regel abgelehnt werden müssen oder dass Mitglieder sich verabschieden, weil sie das Risiko nicht in Kauf nehmen möchten, die Wohn- oder Hausgemeinschaft eines Tages wieder verlassen und doch in ein Pflegeheim umsiedeln zu müssen.

Ein geeignetes Objekt finden

Auf die häufig gestellte Frage, wann Projektgruppen mit der Suche nach einem geeigneten Wohnobjekt beginnen sollten, lässt sich nur eine ebenso philosophische wie vage Antwort geben: „Nicht zu früh und nicht zu spät" – wann der richtige Zeitpunkt gekommen ist, kann von Projekt zu Projekt verschieden sein. Natürlich sollten die Mitglieder einer Gruppe ausreichend Zeit gehabt haben, miteinander vertraut zu werden und die oben erörterten zentralen Fragen zu klären, bevor sie Entscheidungen von großer Tragweite treffen und sich in Verhandlungen begeben müssen. Speziell Wohngemeinschaften, deren Bewohner später auf vergleichsweise engem Raum zusammenleben wollen, tun gut daran, eine längere Kennenlernphase einzukalkulieren.

Steht eine Organisation oder ein größerer (Träger-) Verein hinter dem Projekt, kann dieser sich natürlich schon nach einem geeigneten Objekt umsehen, bevor eine feste Gruppe existiert. Dass auch in solchen Fällen eine hinreichend lange Kennenlernphase veranschlagt werden sollte, zeigt das vorne schon ausführlicher beschriebene zweite „AWiG"-Wohnprojekt in Dresden. Dort fand sich, wie geschildert, aufgrund vieler Unwägbarkeiten und Verzögerungen beim Umbau erst dann eine Gruppe zusammen, als die Wohnung nahezu bezugsfertig war – nicht die glücklichste Lösung, wie sich bald herausstellte, denn die Schwierigkeiten und Konflikte, mit denen andere Gruppen sich vor dem Einzug herumschlagen müssen, traten dort nach dem Einzug auf und hatten weitaus schwerwiegendere Folgen.

Andererseits bleibt nicht selten die Motivation auf der Strecke, wenn zu viel Zeit bis zum Einzug vergeht. Wenn wie bei dem im Kapitel „Frauenwohnprojekte" vorgestellten Berliner Wohnprojekt „Offensives Altern" zwischen Vereinsgründung und Einzug ganze 15 Jahre vergehen, ist es kaum verwunderlich, dass von den Gründungsfrauen nicht mehr als eine Hand voll dann tatsächlich ihre Umzugskisten packten. Außerdem kann sich der Charakter eines Projektes völlig verändern, wenn kurzfristig NachrückerInnen gefunden werden müssen, die den langen Gruppenprozess nicht durchlaufen haben. Auch wenn „Offensives Altern" sicherlich den Extremfall darstellt: Je älter die MitstreiterInnen eines Wohnprojekts sind, desto weniger Zeit können und möchten sie mit Warten und Hoffen verbringen. Ulrike Petersen rät „den Gruppen deshalb, mutig zu sein und mit der Haussuche nicht zu lange zu warten. Denn für das Wohnen in Gemeinschaft geeignete Räume sind rar" (Müller 1993, S. 48).

Herkömmliche Wohnungen oder Häuser eignen sich in der Tat kaum für Wohn- oder Hausgemeinschaften. Erstens sind sie in aller Regel zu klein, zweitens sind die vorhandenen Räume von ihrer Größe und Anordnung her selten gleichwertig, da sie für Familien gebaut wurden: Meist gibt es ein größeres Wohnzimmer, ein oder mehrere kleinere Kinder- und Schlafzimmer, eine Küche, ein bis zwei Bäder und einen Balkon oder eine Terrasse, die nur von einem der Zimmer aus zu erreichen sind. Oft sind gleich mehrere Räume Durchgangszimmer, und Platz für Gemeinschaftseinrichtungen fehlt gänzlich. Nicht zufällig haben etliche der von uns befragten

Gruppen ehemalige Hotels, Pensionen, Gaststätten, Kindergärten, Schulgebäude oder zusammengelegte Kleinwohnungen gemietet. Zwar sind auch dort oft größere Umbaumaßnahmen – und damit nicht nur die Zustimmung des Eigentümers, sondern auch entsprechende finanzielle Aufwendungen – erforderlich, aber zumindest sind Anschlüsse für die zusätzlich benötigten Sanitärbereiche vorhanden, die sonst für teures Geld nachgerüstet werden müssten, es gibt genügend Spielraum für ein Gemeinschaftszimmer mit Küche oder eine Gästewohnung, und die Individualräume sind vollwertige Zimmer von vergleichbarer Größe beziehungsweise abgeschlossene Wohneinheiten.

Fazit: Wer ein passendes Objekt mieten oder gar kaufen und umbauen will, braucht viel Geduld. Die Mühe lohnt trotzdem, denn hat man erst einmal ein geeignetes Gebäude an der Hand, kostet die weitere Realisierung weitaus weniger Zeit, Geld und Nerven als ein Neubauprojekt. Dafür sind viele Gruppen gerne bereit, sich mit den vorhandenen baulichen Gegebenheiten und den daraus resultierenden Einschränkungen zu arrangieren.

Wenn Sie also einen Versuch auf dem freien Wohnungsmarkt wagen möchten, können Sie zunächst den üblichen Weg beschreiten, sprich, den Anzeigenteil regionaler und überregionaler Tages- und Wochenzeitungen studieren. Darüber hinaus sollten Sie unbedingt selbst eine Annonce aufgeben. Auch die Einschaltung eines Maklers ist zu überlegen. Wenn Sie damit keinen Erfolg haben, schreiben Sie an die in Ihrer Region tätigen Wohnungsgesellschaften, nehmen Sie Kontakt zum Seniorenbüro Ihrer Stadt, zu Kirchengemeinden und Wohlfahrtsverbänden auf. Auch Banken, Sparkassen und Versicherungen besitzen Immobilien und sind ebenfalls geeignete Adressaten. Manche Projekte haben auch positive Erfahrungen mit Vertretern der im Stadt- beziehungsweise Gemeinderat sitzenden Parteien gemacht. Verwenden Sie Überlegung und Sorgfalt auf die Formulierung Ihres Anschreibens, schildern Sie Ihr Vorhaben ausführlich, aber ohne sich in Details zu verlieren, schließlich möchten Sie als professionelle, zielorientierte Verhandlungspartner auftreten. Monika Müller empfiehlt, einem solchen Brief eventuell vorhandene Presseberichte über Ihr Vorhaben (spätestens jetzt zahlt sich eine gute Pressearbeit aus ...) oder ersatzweise Artikel und Aufsätze über bereits verwirklichte Wohnprojekte beizulegen, die Ihre Pläne anschaulicher werden lassen (1993, S. 96 ff.).

Gruppen, die das große Los gezogen und eine passende Mietwohnung oder ein Haus gefunden haben, müssen sich vor dem Einzug allerdings noch einmal gründlich den Kopf zerbrechen – und zwar darüber, wie das Mietverhältnis rechtlich gestaltet werden soll. Sind Einzelmietverträge für Sie günstiger, oder streben Sie einen Generalmietvertrag zwischen Verein und Vermieter an, der den Verein berechtigt, die einzelnen Wohneinheiten an geeignete Bewerber unterzuvermieten? Was tun, wenn ein Mitglied den anderen nicht mehr tragbar erscheint – zum Beispiel, weil er oder sie die Miete nicht zahlt? Wer haftet für Mietausfälle, die auch dann entstehen können, wenn eine frei gewordene Wohnung nicht gleich wieder besetzt wird? Welche Kündigungsfristen soll es geben? Wie soll über Neuaufnahmen entschieden werden? Wie lassen sich Rücklagen bilden, etwa für Schönheitsreparaturen oder Renovierungsmaßnahmen?

Für die Klärung dieser und anderer Fragen sollten Sie eine ausführliche Rechtsberatung in Anspruch nehmen, damit am Ende eine für Ihre Gruppe passende Lösung steht, mit der sich alle identifizieren können. Eine Rechtsberatung benötigen auch zukünftige Eigentümergemeinschaften, etwa um sich für den Fall der Vermietung, des Verkaufs oder für den Erbfall vertraglich ein Mitspracherecht zu sichern – andernfalls lässt sich nämlich kaum verhindern, dass zu Ihrer Gemeinschaft mit der Zeit immer mehr Mitglieder stoßen, die an Ihrem ursprünglichen Konzept herzlich wenig Interesse zeigen.

Da vor allem die Suche nach einem geeigneten Mietobjekt nebst einem zu Umbauten gewillten Eigentümer schwierig und langwierig ist und der Faktor Zeit aus den oben erläuterten Gründen für das Gelingen eines Projekts entscheidend sein kann, ist es sinnvoll, sich für die Option „Wir mieten oder kaufen ein schon bestehendes Haus“ von vornherein eine Frist zu setzen. Wenn diese verstrichen ist, sollte man sich beherzt den verbliebenen drei anderen Optionen zuwenden. Erstens: Die Gruppe versucht ein Bauunternehmen zu finden, das sich bereit erklärt, das gewünschte Objekt in Zusammenarbeit mit den Mitgliedern und unter Berücksichtigung ihrer Wünsche und finanziellen Möglichkeiten zu bauen und ihnen die entstehenden Wohneinheiten zu vermieten oder zu verkaufen. Zweitens: Die Gruppe sucht nach einem geeigneten Grundstück und baut in Eigenregie mit Architekten oder Bauunternehmen. Bei diesem Modell sind die späteren Bewohner in aller Regel Eigentümer. Drittens: Die Gruppe gründet eine Genossenschaft oder schließt sich einer bereits bestehenden Genossenschaft an, die bereit ist, sich bei der Realisierung des Projekts zu engagieren. Alle Mitglieder erwerben Anteile, suchen Fördermitglieder zur Aufstockung des Genossenschaftskapitals und erhalten dafür lebenslanges Wohnrecht in der genossenschaftlichen Immobilie.

Diese drei Grundmodelle, ihre Vor- und Nachteile und die mit ihnen verbundenen Finanzierungsformen sollen im Folgenden kurz erläutert werden. Daneben gibt es etliche mehr oder weniger komplizierte Varianten und Kombinationsmöglichkeiten, die hier nicht näher ausgeführt werden können. Welches Modell eine Gruppe wählt, hängt von ihren Zielen, vor allem aber von den finanziellen Möglichkeiten ihrer Mitglieder ab. Bedenken sollten Sie auch, dass die Gründung einer Baugemeinschaft oder Genossenschaft einiges an Zeit und Kraft kostet und daher in aller Regel voraussetzt, „dass in der Gruppe zumindest einige überdurchschnittlich agile und engagierte Menschen tätig werden“ (Weeber/Wölfle/Rösner 2001, S. 80). Gleichgültig, welches Modell Sie und Ihre Mitstreiter favorisieren: Es sollte genau auf die Bedürfnisse Ihrer Gemeinschaft zugeschnitten sein. Qualifizierte Beratungsstellen, Steuerfachleute, Finanzinstitute und entsprechend spezialisierte Rechtsberater können Ihnen bei dieser schwierigen Entscheidung helfen.

Gelassen bauen lassen? – Vor- und Nachteile der Kooperation mit Wohnungsbauunternehmen

Nehmen wir an, Ihre Gruppe sieht sich nicht in der Lage, die mit einem Neubau verbundenen Mühen und Risiken selbst zu bewältigen – vielleicht weil keines der Mitglieder über das nötige Know-how verfügt oder weil die Vermögensverhältnisse der Einzelnen eher bescheiden oder sehr unterschiedlich sind –, und beschließt daher, sich für die Planung, Finanzierung und Durchführung ihres Projekts einen Partner zu suchen. Die Kooperation mit einem Wohnungsbauunternehmen ist nicht umsonst der wohl am häufigsten beschrittene Weg zur Realisierung eines Gruppenwohnprojekts, bietet sie doch einige handfeste Vorteile: Die Gruppe kann von der Erfahrung, den personellen Ressourcen und der Finanzkraft eines etablierten Unternehmens profitieren und damit nicht nur sehr viel Zeit sparen, sondern auch Nervenkostüm und Geldbeutel schonen. Das finanzielle Risiko der Projektentwicklung, also die Kosten, die entstehen, bevor überhaupt feststeht, ob ein Bau realisiert werden kann, trägt das Unternehmen – ein großer Vorteil vor allem für die Projekte, die auf öffentliche Fördergelder angewiesen sind. Kein Gruppenmitglied muss sich durch den Dschungel von HOAI, VOB, Bauverordnungen und Rechtsratgebern aller Art kämpfen, es gibt keine nächtelangen Debatten über das Für und Wider von Polystyrol-Hartschaumdämmplatten, und den hilflosen Versuch, als blutiger Baulaie Angebote verschiedener Zimmerer oder die Korrektheit einer Handwerkerrechnung über das Anbringen von Sparrenpfettenankern zu prüfen, kann man sich auch sparen. Das klingt so verlockend, dass man die Nachteile dieser Lösung schnell übersieht.

Zunächst ist es gar nicht so einfach, ein Bauunternehmen zu finden, das geneigt ist, mit einer Gruppe von Laien zusammenzuarbeiten, die zwar kaum Geld, aber dafür umso mehr Wünsche und Vorstellungen haben, bei allem und jedem mitreden wollen und sich dabei oft nicht einmal einig sind. Die meisten Bauunternehmen haben wenig oder keine Erfahrung im Umgang mit Wohnprojektgruppen und hegen daher schnell die Befürchtung, eine solche Klientel könnte statt Profit vor allem knirschenden Sand in das gut geölte Getriebe ihres Unternehmens bringen. Besonders schwierig kann die Suche dann werden, wenn verschiedene Finanzierungs- beziehungsweise Eigentumsformen miteinander kombiniert werden müssen, sprich, wenn Ihre Gruppe sowohl Wohnungen braucht, die im Wege des sozialen Wohnungsbaus realisiert werden, als auch frei finanzierte Mietwohnungen und Eigentumswohnungen errichten möchte. Viele Wohnungsbauunternehmen scheuen vor solchen Mischformen zurück, weil sie den vergleichsweise hohen Planungs-, Organisations- und Verwaltungsaufwand fürchten.

Dass all diese Befürchtungen nicht gänzlich unbegründet sind, zeigt das Resümee der „Berliner Bau- und Wohnungsgenossenschaft von 1892 eG", die das Frauenwohnprojekt „Offensives Altern" realisierte. Mit etwas Fantasie kann man zwischen den Zeilen gewissermaßen noch die Fetzen fliegen sehen: „So zeigte sich der Umgang der unkonventionellen Nutzerinnen mit der eher traditionell geführten Genossenschaftsverwaltung als durchaus konfliktträchtig. Den planerischen und verfahrenstechnischen Grenzen standen die ‚Wohnutopien' der Frauen gegenüber. Da das Projekt zudem vor dem Hintergrund bürokratischer Hürden und restriktiver finanzieller Bedingungen des Berliner Sozialen Wohnungsbaus umgesetzt wurde, verschärfte sich manche Diskussion noch zusätzlich." Dennoch zieht das Unternehmen eine positive Bilanz und hält die Realisierung dieses Projekts im Rückblick nicht nur für gelungen, sondern auch für eine „ganz wesentliche Erfahrung" (Amann/von Neumann-Cosel 2000, S. 46 u. 4).

Eine Gruppe, die ein Wohnungsbauunternehmen für ihr Vorhaben gewinnen möchte, muss sich also darauf gefasst machen, dass erst einmal Überzeugungsarbeit geleistet und Schwellenangst abgebaut werden muss. Da lohnt es sich durchaus, zunächst Kontakt zu bereits realisierten Projekten in der Region aufzunehmen oder bei Beratungsstellen und Seniorenbüros nach Bauunternehmen zu fragen, die vielleicht schon über diese „ganz wesentliche Erfahrung" verfügen und weiterempfohlen werden können. Wenn Sie auf diesem Wege nicht fündig werden, nehmen Sie am besten die in Ihrer Stadt tätigen Unternehmen einmal genauer unter die Lupe. Gibt es vielleicht welche darunter, die sich durch innovative Bauprojekte auszeichnen oder eine Untemehmensphilosophie pflegen, die soziale Ziele einschließt? Solche Kooperationspartner stehen Ihren Ideen sicherlich aufgeschlossener gegenüber als Wohnungsbaugesellschaften, die ein konfektioniertes Großprojekt nach dem anderen hochziehen.

Bevor Sie bei den von Ihnen ausgewählten Unternehmen vorstellig werden, sollten Sie als Grundlage für Ihre Verhandlungen ein knappes schriftliches Gruppenprofil erstellen, in dem Sie Ihre Ziele, eventuelle Standortwünsche, Ihre Wohnbedürfnisse (zu diesem Zweck können Sie die Wohnwunsch-Checklisten auswerten) und die gewünschte Kombination von Finanzierungs- und Eigentumsformen darstellen. Wenn Sie auf öffentliche Gelder angewiesen sind, sollten Sie schon im Vorfeld zu klären versuchen, welche Fördermöglichkeiten überhaupt bestehen und wie viele Gruppenmitglieder Anrecht auf einen Wohnberechtigungsschein haben.

Mit der im Januar 2002 in Kraft getretenen Reform des sozialen Wohnungsbaus sind viele bürokratische Hürden aus dem Weg geräumt worden, gleichzeitig wurde aber auch die Neubauförderung zugunsten von Modernisierungsmaßnahmen für den vorhandenen Wohnungsbestand zurückgefahren. Weggefallen sind auch die traditionellen Förderwege, die einige der in diesem Buch vorgestellten Projekte noch in Anspruch genommen haben. Länder und Kommunen haben seither mehr Spielraum für eigene Fördermaßnahmen, den sie abhängig von ihren wohnungspolitischen und städtebaulichen Zielen nutzen können – oder eben nicht. Wer öffentliche Gelder über die Landeswohnungsbauprogramme in Anspruch nehmen will, ist in der Regel gezwungen, das Projekt in einem von der jeweiligen Landesregierung festgelegten so genannten Fördergebiet zu errichten. Förderfähig sind beispielsweise Bauvorhaben auf Konversionsflächen, etwa auf einem ehemaligen Industrie- oder Militärgelände. Ob Sie in den Genuss einer öffentlichen Förderung kommen, hängt damit unter anderem von Ihrem Bundesland, dem geplanten Standort des Projekts und dem Ermessensspielraum von Behörden und Gremien ab. Da kann es, wie das Beispiel „Offensives Altern“ und die Aktivitäten des Dresdner „AWiG“-Vereins zeigen, durchaus hilfreich sein, die lokale Presse einzuschalten, um ein innovatives Wohnprojekt, das der Solidargemeinschaft die Finanzierung teurer Heimplätze erspart, in den Fokus der öffentlichen Aufmerksamkeit zu rücken.

Eines sollten Sie sich in jedem Fall klar machen: Ein maßgeschneidertes Finanzierungskonzept ist ohne professionelle Hilfe nicht zu haben. Die im Anhang vorgestellten Beratungsstellen können Ihnen kompetente Fachleute vermitteln, die zusammen mit Ihnen klären, welche Fördermöglichkeiten in Betracht kommen. Neben Mitteln des sozialen Wohnungsbaus sind das unter anderem Städtebauförderungs- sowie kommunale Wohnumfeldprogramme, gezielte Modellförderungen für zukunftsweisende Projekte, Förderprogramme für den Bau von Altenwohnungen oder Gelder, die im Rahmen eines Wettbewerbs fließen. Manche Bundesländer sind oder waren hier deutlich aktiver als andere: In Nordrhein-Westfalen beispielsweise erhielten zahlreiche Projekte öffentliche Mittel im Rahmen der Programme „Zukunftsweisende Bauvorhaben" und „Förderung neuer Wohnformen für alte und pflegebedürftige Menschen". Unter bestimmten Umständen kommen auch regionale oder sogar europäische Wirtschaftsförderprogramme in Frage, zum Beispiel, wenn Sie wie die Bremer Beginen nicht nur Wohnungen, sondern auch so genannte mit Wirtschaftsinfrastrukturmaßnahmen verbundene Gewerbeeinheiten errichten und auf diese Weise Arbeitsplätze schaffen.

Bei frei finanzierten, also ohne öffentliche Gelder errichteten Neubaumietwohnungen orientiert sich die zu erwartende Miete an den ortsüblichen Vergleichsmieten. Viele Kommunen geben einen so genannten Mietspiegel heraus, dem Sie entnehmen können, welche Miete bei welcher Wohnungsgröße und -ausstattung in etwa auf Sie zukommen wird.

Wenn Ihr Gruppenprofil komplett ist, verschicken Sie Ihre Unterlagen mit einem sorgfältig formulierten Anschreiben inklusive eventuell vorhandener Presseartikel an die Wohnungsbauunternehmen Ihrer Wahl und bitten um einen Gesprächstermin. Trotz der geschilderten Berührungsängste vieler Unternehmen ist Optimismus erlaubt, denn die Erfolgsaussichten für Gruppenprojekte verbessern sich zunehmend: Es scheint sich allmählich herumzusprechen, dass auch professionelle Wohnungsbauunternehmen von einer Zusammenarbeit mit einer stabilen und motivierten Gruppe künftiger Mieter und/oder Käufer profitieren. Im Gegensatz zu den üblichen Bauprojekten, die „von oben" geplant und realisiert werden und dann aufwendig vermarktet werden müssen, ist ein gemeinschaftlich organisiertes Gruppenprojekt auf die Bedürfnisse der Nutzer zugeschnitten, und die späteren Bewohner und Bewohnerinnen stehen von vornherein fest. Das Unternehmen kann mit einer hohen Wohnzufriedenheit, großem Engagement für das Projekt und einer geringen Fluktuation der Mieter beziehungsweise Eigentümer und damit auch mit einem entsprechend reduzierten Verwaltungsaufwand rechnen – vom Imagegewinn ganz zu schweigen: Welche Wohnungsbaufirma heftet sich nicht gerne das Prädikat an die Brust, mit Risikofreude und Tatkraft neue, zukunftsweisende Bau- und Wohnformen entwickelt zu haben?

Bei allen Argumenten, die für eine Zusammenarbeit mit einem etablierten Unternehmen sprechen: Überschätzen Sie Ihre Einflussmöglichkeiten nicht. Die eingefahrenen, für Außenstehende nicht unbedingt transparenten Abläufe und Denkwege in einem solchen Apparat („Das haben wir immer schon so gemacht"), die einschüchternde Sachkenntnis der Bauprofis („Das funktioniert schon rein technisch nicht"), der eine Gruppe von Laien meist wenig entgegenzusetzen hat, und nicht zuletzt die Machtposition desjenigen, der – wenn Sie nicht überwiegend oder ausschließlich Eigentumswohnungen bauen wollen – das gesamte finanzielle Risiko trägt und damit immer am längeren Hebel sitzt, haben schon so manche Projektgruppe an den Rand der Verzweiflung getrieben.

Umso wichtiger ist es, dass Ihre Gruppe handlungsfähig ist und zumindest nach außen hin mit einer Stimme spricht: „Gerade in der Verhandlung mit einem so wichtigen (und mächtigen) Kooperationspartner wie einem Wohnungsbauunternehmen ist es notwendig, klare Entscheidungsstrukturen und Ansprechpartner/-innen zu benennen. Diese Strukturen sind notwendig, weil die Abwicklung eines Bauvorhabens, auch wenn es gut organisiert ist, in der ‚heißen Phase' häufig schnelle und klare Entscheidungen erfordert" (WohnBund-Beratung NRW 1999, S. 8 f.). Spätestens jetzt sollten Sie also festlegen, wer von Ihnen welche Aufgaben übernimmt und wie welche Entscheidungen getroffen werden sollen.

Wenn Sie bisher noch keinen Verein gegründet haben, sollten Sie dies unbedingt so schnell wie möglich nachholen. Der Vereinsstatus ist nicht nur ein Instrument zur Organisation und Professionalisierung Ihrer Gruppe, er stärkt auch Ihre rechtliche Position, da mit dem Eintrag ins Vereinsregister die Außenvertretung formell an den Vorstand übergeht und die Haftung der Mitglieder wie des Vorstands auf das Vereinsvermögen begrenzt wird. Anders bei der Gesellschaft bürgerlichen Rechts (GbR) – und als solche gilt eine Gruppe von Menschen, die gemeinsam rechtlich verbindlich handeln und wirtschaftliche Absprachen treffen –, bei der alle Mitglieder mit ihrem persönlichen Vermögen haften.

Wie immer Sie sich organisieren: Benennen Sie auf jeden Fall ein oder zwei GruppensprecherInnen, die dem Unternehmen als ständige AnsprechpartnerInnen dienen – idealerweise Menschen mit Verständnis und Interesse für Baufragen, die gut zu erreichen und zeitlich flexibel sind. Klare Zuständigkeiten helfen Missverständnisse zu vermeiden und sichern den Informationsfluss.

Der Startschuss für die Realisierung eines Wohnprojekts ist dann gefallen, wenn Sie sich mit dem Bauunternehmen Ihrer Wahl auf die Grundzüge Ihrer Zusammenarbeit geeinigt haben. Auch das sollte schriftlich geschehen, in Form einer gemeinsamen Erklärung, in der erste Ziele festgehalten werden. Ein ausführlicher, für beide Seiten bindender Kooperationsvertrag, der nicht nur für die Planungs- und Bauphase, sondern wegen der langfristig relevanten Regelungen beispielsweise zur Neubelegung von Mietwohnungen auf unbestimmte Zeit abgeschlossen werden sollte, hält dann die Ergebnisse der auf diese Absichtserklärung folgenden Verhandlungen fest.

Kooperationsverträge sind insbesondere für reine Mieterprojekte von zentraler Bedeutung, da sie Ihre Mitspracherechte bei der Auswahl des Architekten, bei der Grundrissgestaltung, dem Standard des Innenausbaus sowie bei der Gestaltung der Gemeinschaftsräume und Außen- beziehungsweise Grünflächen sichern. Vereinbaren Sie außerdem einen präzisen und transparenten Ablaufplan, in dem festgelegt wird, bis zu welchem Zeitpunkt die Gruppe welche Entscheidungen treffen muss. Transparenz ist auch in Kostenfragen unerlässlich, trägt sie doch dazu bei, manch hitzige Diskussion erheblich zu versachlichen. Wenn die Kosten auf dem Tisch liegen, lassen sich auch leichter Prioritäten setzen: So können Sie und Ihre Mitstreiter abwägen, ob Sie auf eine teure bauliche Maßnahme verzichten wollen, um stattdessen zwei kostengünstigere umzusetzen.

Was die Mitsprachemöglichkeiten angeht, sollte die Gruppe beispielsweise zu erreichen versuchen, dass das Wohnungsbauunternehmen ein Architekturbüro beauftragt, das bereits Erfahrung mit Gemeinschaftsprojekten hat. Eine geradezu ideale Planungs- und Entscheidungsgrundlage erhalte man, so die „WohnBund-Beratung NRW“ in ihrer bereits zitierten, sehr empfehlenswerten Broschüre *Kooperation zwischen Wohngruppen und Wohnungsbauunternehmen*, wenn bis zu fünf Architekturbüros in einer so genannten Planung in Alternativen zur Entwicklung von Vorentwürfen aufgefordert werden. Die Honorarmehrkosten für einen solchen Wettbewerb seien mit zirka einem Prozent der Gesamtkosten ein akzeptabler Preis für den Zugewinn an Entscheidungssicherheit (WohnBund-Beratung NRW 1999, S. 13). Die Autoren empfehlen außerdem, in den Architektenvertrag, der den Umfang der Architektenleistungen festlegt, eine zusätzliche Honorierung für alle Extras aufzunehmen, die den Leistungskatalog der Honorarordnung für Architekten und Ingenieure (HOAI) überschreiten, um sicherzustellen, dass sich das Architektenteam auch mit dem erforderlichen Engagement auf den manchmal belastenden und Zeit raubenden Gruppenprozess einlässt.

In sämtlichen Fragen der technischen Ausstattung und der Innenraumgestaltung sollten Sie gemeinsam mit dem Unternehmen eine möglichst genaue Baubeschreibung formulieren. Die meisten Gruppen legen verständlicherweise gerade bei der Innenausstattung Wert auf Mitsprache, den Vertretern der meisten Wohnungsbauunternehmen dürfte hingegen schon der Gedanke an teure Detail- und Sonderwünsche den kalten Schweiß auf die Stirn treiben. Stellen Sie sich also darauf ein, dass Sie in diesem Bereich die ein oder andere Kröte schlucken müssen. Erinnern Sie Ihren Baupartner aber ruhig daran, dass eine durchdachte und qualitativ hochwertige Innenraumgestaltung nicht nur die Identifikation der Bewohner mit „ihrer" Wohnung erhöht, sondern auch die spätere Wiedervermietbarkeit erleichtert. Bei Eigentumswohnungen ist die Umsetzung von Sonderwünschen meist unproblematisch – vorausgesetzt, Sie sind bereit, einen entsprechenden Aufpreis zu bezahlen.

Kostentreibend wirken sich auch bestimmte technische Ausstattungsstandards aus – in diesem Fall nicht nur für das finanzierende Unternehmen, sondern in Form von Betriebs- und Nebenkosten auch für die späteren Eigentümer oder Mieter. So manche Bewohnergruppe hat sich bei der Umlage der alljährlich eintrudelnden Rechnung für die Wartung und Instandhaltung ihres ultramodernen Hightechaufzugs schon verwundert die Augen gerieben ...

Klären sollten Sie in jedem Fall die Finanzierung der Gemeinschaftsräume. Die meisten Wohnungsbauunternehmen sind nur dann zu einer Finanzierung bereit, wenn

Gemeinschaftsräume sich später gegebenenfalls in vermietbaren Wohnraum zurückverwandeln lassen und „ihnen glaubhaft gemacht werden kann, wie die Kosten für die spätere Nutzung/Anmietung aufgebracht werden sollen" (WohnBund- Beratung NRW 1999, S. 19). Viele Gruppen gründen zu diesem Zweck einen Bewohnerverein, der sich verpflichtet, die Gemeinschaftsräume anzumieten und selbst zu verwalten. Die Miet- und Nebenkosten werden dann über die Mitgliedsbeiträge erwirtschaftet. Bei gemischtfinanzierten Projekten muss geregelt werden, wie die späteren Wohnungseigentümer über ihre Kaufverträge angemessen an den Kosten beteiligt werden – sonst könnten Sie nach dem Einzug in die gleiche missliche Lage kommen wie die Mieter im Kölner Mehrgenerationenprojekt „Haus Mobile", die feststellen mussten, dass einige der im Projekt vertretenen Eigentümer keineswegs bereit und rein rechtlich auch nicht verpflichtet waren, die vorgesehene monatliche Pauschalabgabe für die Gemeinschaftsflächen zu leisten.

Vor allem für Mietprojekte langfristig besonders wichtig ist eine Vereinbarung über Ihre Mitsprachemöglichkeiten bei der Neubelegung oder dem Verkauf von Wohnungen. Bislang ist es nur wenigen Vereinen gelungen, mit dem Bauunternehmen einen Generalmietvertrag abzuschließen, der den Verein ermächtigt, die Wohnungen in Eigenregie unterzuvermieten. Doch Sie können zum Beispiel vertraglich festlegen, dass das Wohnungsbauunternehmen die entstehenden Wohnungen grundsätzlich nur an Mitglieder des Vereins verkauft oder vermietet, es sei denn, der Verein ist nicht in der Lage, innerhalb einer bestimmten Frist geeignete Bewerber zu stellen. Wenn der Verein nicht bereit ist, für eventuelle Mietausfälle aufzukommen, wird diese Frist allerdings meist nicht allzu großzügig bemessen sein, und in der

Regel sichert sich das Unternehmen auch ein Vetorecht für den Fall, dass berechtigte Zweifel an der Zahlungsfähigkeit des vorgeschlagenen Mieters bestehen. Projekte, die Mittel des sozialen Wohnungsbaus in Anspruch nehmen wollen oder müssen, sollten sich zusätzlich um eine entsprechende Vereinbarung mit der Kommune bemühen, die in solchen Fällen fast immer das Belegungsrecht besitzt.

Oft hilft es, die kommunalen Wohnungsämter nachdrücklich auf den besonderen Charakter des Projekts und seine Vorteile für alle Beteiligten hinzuweisen: „Dafür, dass dem Sozialamt durch das gemeinschaftliche Wohnen alter Menschen in vielen Fällen die Übernahme teurer Heimkosten erspart bleibt, sollte im Gegenzug der Fortbestand des Projekts nicht durch unflexibles Bürokratentum gefährdet werden. Die Entscheidung darüber, wer mit wem unter das gemeinsame Dach zieht, muss in jedem Fall bei der Gruppe bleiben. Das sollte nicht nur für die Erstbelegung, sondern auch für die nachfolgenden Mietergenerationen sichergestellt werden“ (Müller 1993, S. 103).

Bei einer Mischung von Eigentums- und Mietwohnungen wird für die Eigentumswohnungen zunächst eine Teilung durch Teilungsvertrag nach dem Wohnungseigentumsgesetz (WEG) vorgenommen. Damit das Konzept der Gruppe nicht allmählich verwässert oder gar stirbt, wenn einzelne Eigentümer ihre Wohnung verkaufen möchten oder der Erbfall eintritt, sollten Sie in Ihren Kooperationsvertrag mit dem Wohnungsbauunternehmen ein im Grundbuch einzutragendes Vorkaufsrecht für den Verein vereinbaren. Ein Vorkaufsrecht sollte sich der Verein auch für den Fall zusichern lassen, dass das Unternehmen bei reinen Mietprojekten das gesamte

Gebäude, bei Mischprojekten die darin befindlichen Mietwohnungen eines Tages veräußern sollte.

Bei der Verhandlung all dieser Punkte werden Sie vermutlich einige Zähigkeit beweisen müssen. Bleiben Sie hartnäckig, ohne sich Illusionen hinzugeben: Ein Wohnungsbauunternehmen, das sei noch einmal betont, kann und wird keine unwirtschaftlichen Entscheidungen treffen.

☞ **Tipp:** Muster-Kooperationsverträge und ausführliche Erläuterungen enthält die bereits genannte Broschüre *Kooperation zwischen Wohngruppen und Wohnungsbauunternehmen*, die kostenfrei bei der „WohnBund-Beratung NRW“ (Adresse im Anhang) angefordert werden kann.

Abenteuer Baugemeinschaft: Ein Modell für Mutige

Wenn eine Projektgruppe sich entschließt, ein oder mehrere Häuser in Eigenregie zu bauen, ist das nur selten eine Wunschlösung. Oft bleibt einer Gruppe schlicht nichts anderes übrig als der sprichwörtliche Biss in den sauren Apfel: „Wir haben natürlich versucht, einen Bauträger zu finden. Denn wir wollten ja eigentlich zusammen wohnen, nicht zusammen bauen“, berichtet etwa Peter Koppelmann von „Jung und Alt e.V.“. „Leider haben wir in Hamburg niemanden gefunden, der bereit war, uns ein Haus zu bauen und zu vermieten, in dem Leute mit Wohnberechtigungsschein ebenso leben können wie Leute ohne. Man wollte entweder nur Sozialwohnungen errichten oder nur andere“ (Müller 1993, S. 100).

Dennoch täte man dem Modell Baugemeinschaft Unrecht, wollte man es mit dem Etikett „Notlösung“ versehen. Die Gründung einer Baugemeinschaft bietet nämlich durchaus Vorteile, insbesondere dann, wenn kein hochkompliziertes Finanzierungsmodell notwendig wird, weil die finanziellen Verhältnisse der einzelnen Gruppenmitglieder den Verzicht auf öffentliche Fördergelder und private Investoren zulassen. Ein Krösus muss man deswegen noch lange nicht sein: Dank des großen Gestaltungsspielraums privater Baugemeinschaften können auch Menschen mit sehr unterschiedlichen Raumbedürfnissen und finanziellen Möglichkeiten miteinander bauen. Zwar ist derzeit noch völlig offen, ob und in welcher Form es die staatliche Eigenheimzulage weiter geben wird. Die bisher geplanten Änderungen lassen jedoch vermuten, dass zumindest Familien mit mehreren Kindern weiter in den Genuss der Förderung kommen werden. Ein Aspekt, der zumindest für Mehrgenerationenprojekte interessant sein dürfte. Geplant ist außerdem, Baumaßnahmen in innerstädtischen Bereichen bevorzugt zu fördern (Stand: Juli 2003).

Rechnen kann sich eine Baugemeinschaft jedoch auch für Gruppenmitglieder, die keine Zulagen mehr beantragen können, denn anders als beim durchschnittlichen „Häuslebauer", der typischerweise ein Ein- oder Zweifamilienhaus errichtet, können Bauleistungen und -materialien von einer Baugemeinschaft gemeinsam ausgeschrieben werden. Das steigert vor allem bei größeren Projekten das Auftragsvolumen – und lässt über Preisnachlässe und Mengenrabatte vom Architektenhonorar bis zur Einbauküche die Baukosten für den Einzelnen zum Teil erheblich sinken. Und mit Verhandlungsgeschick und etwas Glück gelingt es einer Baugemeinschaft vielleicht sogar, an ein günstiges Erbbaugrundstück zu kommen.

Zwar gestaltet sich die Bauphase für Baugemeinschaften meist deutlich anstrengender als für Gruppen, die sich für die Kooperation mit einem Wohnungsbauunternehmen entscheiden, dafür kann aber jedes Gruppenmitglied auf sämtliche Entscheidungsprozesse Einfluss nehmen, sich dabei so manches Extrawürstchen braten und erhält zum Schluss seine eigene abgeschlossene und rechtlich selbstständige Wohneinheit. Außerdem lassen sich Probleme, die manchem Einzelbauherrn schlaflose Nächte bereiten, gemeinsam viel gelassener angehen, weil eine Gruppe von den Kompetenzen aller Mitglieder profitieren kann: So hat der eine vielleicht handwerkliche oder technische Fertigkeiten, die Nächste juristische oder betriebswirtschaftliche Kenntnisse, ein weiteres Gruppenmitglied einen guten Draht zu kommunalen Baubehörden oder besonderes Verhandlungsgeschick.

Eine Gruppe, die sich die individuelle Abwicklung ihres Bauvorhabens mit Architekten und Handwerkerfirmen nicht zutraut, kann entweder einen Generalunter- oder -übernehmer mit dem Bau beauftragen oder sich einen Baubetreuer suchen (siehe Kasten; einige der im Anhang vorgestellten beratenden Organisationen übernehmen auf Wunsch auch die Baubetreuung). Die meisten der uns bekannten Baugemeinschaften haben sich jedoch wegen der größeren Mitwirkungs- und Entscheidungsfreiheit und aus Kostengesichtspunkten für die Zusammenarbeit mit einem Architekturbüro entschieden.

Generalunter-/-übernehmer und Baubetreuer

Generalunter-/-übernehmer

Ein Generalunter-/-übernehmer übernimmt im Auftrag der Bauherrengemeinschaft alle für die Errichtung der Immobilie notwendigen Leistungen einschließlich der Koordinierungsaufgaben. Bei einem Generalübernehmer gehört dazu auch die Planung des Bauwerks, alle weiteren Bauleistungen werden hingegen an Subunternehmer vergeben, während der Generalunternehmer ein oder mehrere Gewerke, beispielsweise den Rohbau, selbst ausführt.

Vorteil dieser Bauform ist, dass man nur einen einzigen Vertragspartner und eine gewisse Kostensicherheit hat, da meist ein Pauschalpreis vereinbart wird – der allerdings liegt im Vergleich zu den Kosten bei Beauftragung einzelner Handwerksfirmen deutlich höher. Teuer wird's auch, wenn Ihnen während des Bauens einfällt, dass Sie vielleicht doch lieber Holz- statt Kunststofffenster möchten: Bei alternativen Ausstattungswünschen, die nicht in der Leistungsbeschreibung enthalten sind, ist mit saftigen Aufschlägen zu rechnen.

Achtung: Die Tätigkeit eines Generalunter-/-übernehmers ist nicht zulassungspflichtig und fällt auch nicht unter die Makler- und Bauträgerverordnung. Daher sollten Sie Ihren zukünftigen Vertragspartner besonders sorgfältig auswählen und den Vertrag unbedingt rechtlich prüfen lassen.

Baubetreuer

Ein Baubetreuer übernimmt ganz oder teilweise die technische und wirtschaftliche Betreuung eines Bauvorhabens. Dazu gehören, je nach Umfang seines Auftrags, die Entwicklung einer Konzeption, das Aufsetzen von Verträgen, Wirtschaftlichkeitsberechnungen, die Auswahl von Handwerksfirmen und Bauunternehmen inklusive der Verhandlungen, die Erstellung von Zeit- und Zahlungsplänen und die Überwachung des Baufortschritts und der Kostenentwicklung. Manche Baubetreuer übernehmen auch Planungsleistungen und initiieren Bauprojekte, für die sie dann geeignete Bauherren oder Baugemeinschaften suchen.

Eine Baubetreuung ist bequem, kann aber teuer werden, vor allem dann, wenn Sie Ihrem Baubetreuer eine Vollmacht für die Auftragsvergabe erteilt haben. Da sich die Vergütung nach der Honorarordnung für Architekten und Ingenieure (HOAI) richtet, ist sie an die Baukosten gekoppelt: Sparbemühungen bei der Auftragsvergabe lohnen sich, falls nichts anderes vereinbart wurde, für den Baubetreuer also nicht.

Baubetreuer, die ein Bauvorhaben in fremdem Namen und auf fremde Rechnung vorbereiten oder durchführen, benötigen eine Gewerbeerlaubnis.

Wenn Sie mit einem Architekturbüro bauen möchten, ist der beste Weg auch hier wieder, Kontakt zu bereits realisierten Projekten zu suchen, die Ihnen Architekten mit Gruppenbauerfahrung empfehlen können. Außerdem können Sie sich an die Beratungsstellen des Wohnbunds und an die Landesarchitektenkammern wenden. Auch das Internet ist eine gute Informationsquelle. Dort gelangt man über Suchmaschinen und Datenbanken auf unzählige Homepages von Architekten, zum Teil mit ausführlichen Selbstdarstellungen und Bildmaterial. Löchern Sie die Architekten, die sich für Ihr Projekt interessieren und in die engere Wahl kommen, ruhig mit Ihren Fragen, denn nur so können Sie klären, wer sich von seinen fachlichen und persönlichen Voraussetzungen her für Ihr Projekt wirklich eignet:

Hat das Architekturbüro beispielsweise genügend qualifiziertes Personal, um eine Gruppe zu betreuen? Kann der Architekt oder die Architektin Referenzen oder Referenzobjekte vorweisen? Ist sichergestellt, dass Ihnen während der Planungs- und Bauphase immer ein kompetenter Ansprechpartner zur Verfügung steht? Ist der Architekt oder die Architektin bereit, sich auf ein Pauschalhonorar, eine Festschreibung der Baukosten oder ein Erfolgshonorar einzulassen (dabei wird ein vorher vereinbarter Anteil der ohne Qualitätseinbußen erreichten Einsparungen dem Architektenhonorar zugeschlagen)? Kann das Büro Ihnen Vorschläge zum kostengünstigen Bauen unterbreiten? Ist der Architekt willens, gegebenenfalls leitend oder moderierend an Baugruppensitzungen teilzunehmen? Wie steht er oder sie zu Eigenleistungen der späteren Bewohner? Maßgeblich für Ihre Wahl sollte neben den Antworten auf diese und andere Fragen durchaus auch Ihr ganz persönlicher Eindruck sein: Ein mundfaul und ungeschickt argumentierender Architekt, der bei vermeintlich „dummen" Fragen die Augen verdreht, aggressiv oder arrogant reagiert, mag noch so ästhetische und zweckmäßige Objekte zustande bringen – für ein gemeinschaftliches Bauvorhaben ist er völlig ungeeignet.

Parallel zur Architektensuche sollten Sie nach geeigneten Grundstücken Ausschau halten. Da Grundstücke auf dem freien Markt bekanntlich recht teuer sind und vor allem in Großstädten und bevorzugten Lagen oft genauso viel kosten wie das Haus, das man darauf errichten möchte, lohnt cs sich, das Wohnprojekt zunächst dem Liegenschaftsamt und den örtlichen Kirchengemeinden vorzustellen. Für Projekte mit sozialer Zielsetzung haben Kirchen und Gemeinden häufig ein offenes Ohr, und sie verfügen über Grundstücke, die sie im Wege des Erbbaurechts vergeben können. Da der Stadt- beziehungsweise Gemeinderat über die Vergabe städtischer Grundstücke entscheidet, empfiehlt es sich, Kontakt zu den Vertretern der einzelnen Parteien aufzunehmen. Gruppenmitglieder, die vielleicht seit Jahren im Kirchenchor mitsingen oder aktiv in der Gemeinde mitarbeiten, können und sollten den guten Draht zu ihrem Pfarrer nutzen. Auch Landwirte und andere Privatleute vergeben dann und wann ein nicht benötigtes Grundstück gegen Erbpacht.

Das Erbbaurecht gewährt Ihnen eigentumsähnliche Rechte für eine vereinbarte Laufzeit (meist 99 Jahre) an einem Grundstück, das Sie bebauen und beleihen dürfen. Das Gebäude, das Sie darauf errichten, kann außerdem veräußert und vererbt werden. Nach Ablauf der Vertragsdauer besteht in der Regel die Möglichkeit zur Verlängerung, oft wird auch ein An- oder Vorkaufsrecht gewährt. Da der Erbbauzins nur mit durchschnittlich vier bis sechs Prozent des Grundstückswerts zu Buche schlägt, lässt sich auf diese Weise die monatliche Belastung durch Zins und Tilgung erheblich senken.

Ein Erbbauvertrag muss notariell beurkundet werden und wird ins Erbbaugrundbuch eingetragen. Vorher sollten Sie den Vertrag jedoch unbedingt rechtlich prüfen lassen, insbesondere dann, wenn Sie das Grundstück aus privater Hand übernehmen. Neben ungünstigen Zinsanpassungsklauseln und der Verpflichtung, vor einem Weiterverkauf des Hauses die Zustimmung des Grundstückseigentümers einzuholen, haben sich Regelungen zum so genannten Heimfall als besonders tückisch erwiesen: Manche Grundstückseigentümer versuchen möglichst viele Gründe in den Vertrag aufzunehmen, bei deren Eintreten das Grundstück samt Haus an sie zurückfällt – gegen Zahlung einer Entschädigung, versteht sich, aber Ihr Haus sind Sie trotzdem los.

Manchmal hilft auch der Zufall bei der oft mühseligen Suche nach einem geeigneten Grundstück: So hatte sich die Aachener Projektgruppe „Stadthaus statt Haus“ bereits vergeblich um zahllose Grundstücke bemüht, als sie erfuhr, dass der Arbeitgeber eines Gruppenmitglieds einen Käufer für seinen Parkplatz suchte ... Reden Sie also über Ihr Projekt, wann und wo immer sich Ihnen die Möglichkeit bietet. Je mehr Menschen von Ihrem Vorhaben wissen, je mehr Kanäle Sie anzapfen können, desto besser stehen die Chancen, frühzeitig von Grundstücken zu erfahren, die zum Verkauf stehen.

Gleichgultig, auf welchem Wege Sie an ein Grundstück kommen: Eine sorgfältige Prüfung vor dem Kauf ist in jedem Fall angebracht. Klären sollten Sie beispielsweise, ob der Bebauungsplan für das Gebiet, in dem Ihr Grundstück liegt, bestimmte Auflagen enthält und ob das Grundstück, das Sie bebauen möchten, an Kanäle, Versorgungsleitungen und öffentliche Wege angeschlossen ist. Falls dies nicht der Fall ist, erkundigen Sie sich, welche Erschließungsleistungen im Kaufpreis enthalten sind. Wenn Sie Ihr Grundstück nämlich komplett auf eigene Kosten erschließen lassen müssen, kann auch ein vermeintliches Schnäppchen schnell zur Kostenfalle werden. Ob sich das Gelände überhaupt für eine Bebauung eignet, kann mit Hilfe eines Bodengutachtens festgestellt werden. Bei vormals militärisch oder industriell genutzten Flächen ist außerdem ein Altlastengutachten dringend zu empfehlen.

Um auf dem von Ihnen ausgewählten Grundstück überhaupt ein Haus mit rechtlich selbstständigen Eigentumswohnungen errichten zu können, muss das Grundstück zunächst durch einen so genannten Teilungsvertrag geteilt werden. Der Teilungsvertrag legt zum einen genau fest, wer welche Wohnung mit welcher Quadratmeterzahl erhalten soll, setzt also voraus, dass Sie die entsprechenden Pläne vorlegen können. Außerdem enthält er die Gemeinschaftsordnung, die das spätere Zusammenleben der Wohnungseigentümer regelt. Hierzu gehören etwa Vereinbarungen zur Beschlussfassung, zur gewerblichen Nutzung, zur Haltung von Haustieren, zur Renovierung, zu Verkauf und Vermietung und zur Verwaltung des Gebäudes.

Weil jedoch schon während der Planung Ihres Bauvorhabens nicht unerhebliche Kosten entstehen und Entscheidungen gefällt werden müssen, sollte jede Baugemeinschaft zusätzlich einen Planungsgesellschaftsvertrag abschließen, der mit Beginn der Bauphase von einem Baugesellschaftsvertrag abgelöst wird. Der Planungsgesellschaftsvertrag legt Mehrheiten für Entscheidungen fest und regelt die Aufnahme oder das Ausscheiden von Mitgliedern und die Vertretung der Gruppe nach außen. So schafft er die notwendige Verbindlichkeit, ohne die einzelnen Mitglieder allzu fest an das Projekt zu ketten. Auch wichtige Gruppen- und Bauziele wie „behindertengerecht", „ökologisch" etc. können in den Vertrag aufgenommen werden. Der Baugesellschaftsvertrag sollte überdies die Verteilung der Baukosten und den Umgang mit Eigenleistungen regeln sowie genaue, gruppenfreundliche Bestimmungen für den Fall enthalten, dass ein Mitglied abspringt, da das Ausscheiden eines Gesellschafters während der Bauphase das ganze Projekt gefährden kann.

Baugemeinschaften, die verhindern wollen, dass ihr Wohnprojekt sich durch Erbfälle und durch die Vermietung oder den Verkauf von Wohnungen im Laufe der Zeit in eine mehr oder weniger beliebige Eigentümergemeinschaft verwandelt, müssen Zusatzvereinbarungen zum Teilungsvertrag treffen. Nach dem Wohnungseigentumsgesetz (WEG) ist nämlich jeder Eigentümer grundsätzlich berechtigt, sein Eigentum unabhängig von der Gemeinschaft zu verkaufen oder zu vermieten. Das bedeutet im Klartext, dass die Gemeinschaft keine Möglichkeit hat, auf die Auswahl zukünftiger Bewohner und damit auch auf die Entwicklung des gemeinsamen Projekts Einfluss zu nehmen. Im Teilungsvertrag kann zwar festgelegt werden, dass die Gemeinschaft beziehungsweise der Hausverwalter der Veräußerung und Vermietung jeweils zustimmen muss, diese Zustimmung darf aber nur dann versagt werden, wenn äußerst gewichtige Gründe vorliegen. Dass die Hausgemeinschaft den Käufer „irgendwie unsympathisch" findet, zählt nicht dazu – Sie sollten schon nachweisen können, dass der neue Mitbewohner in der Wohnung ein Bordell betreiben möchte oder in absehbarer Zeit zahlungsunfähig sein wird.

Mit anderen Worten: Wenn Sie Ihre Gruppenziele über die Zeit retten wollen, bleibt Ihnen nichts anderes übrig, als zusammen mit einem Rechtsanwalt ein paar nicht ganz unkomplizierte Vereinbarungen auszuarbeiten. So können Sie zum Beispiel gegenseitige Vorkaufsrechte bestellen oder den verkaufswilligen Eigentümer verpflichten, der Gemeinschaft die Möglichkeit einzuräumen, innerhalb einer bestimmten Frist einen passenden Nachfolger zu finden, der die Wohnung dann zu einem gutachterlich festgesetzten Preis erwirbt.

Fazit: Wer zusammen mit einer Gruppe ein Bauvorhaben realisieren will, geht hohe persönliche und finanzielle Verbindlichkeiten und Risiken ein. Jede Baugemeinschaft tut also gut daran, so früh wie möglich eine Rechtsberatung in Anspruch zu nehmen, alle getroffenen Vereinbarungen schriftlich festzuhalten und umfassende Verträge zu schließen, so überflüssig oder kleinkariert dies manchem auch erscheinen mag. Nicht wenige alternative Projektgruppen sind nach einem euphorischen Start an den finanziellen Problemen eines einzelnen Mitglieds gescheitert oder in unversöhnlichem Streit auseinander gegangen ...

☞ **Tipp:** Weitere nützliche Hinweise, Vertragsbeispiele und Erläuterungen enthält der von uns verfasste Ratgeber *Bauen in der Gruppe* (siehe Literatur) – eine ausführliche Rechtsberatung ersetzt er jedoch nicht.

Gemeinsam stark: Eine Baugenossenschaft gründen

Mit dem Genossenschaftsmodell lässt sich eine zwischen Einzeleigentum und Miete angesiedelte Wohnform realisieren, die vor allem für Projektgruppen in Frage kommt, die wenig Eigenkapital haben, in sehr unterschiedlichen Vermögensverhältnissen leben oder bewusst kein Eigentum bilden wollen, aber auf weit reichende Mitbestimmungsmöglichkeiten und eine demokratische Selbstverwaltung nicht verzichten möchten.

Als Mitglied einer Genossenschaft erwerben Sie durch Ihre Kapitaleinlage – die in der Regel weit unterhalb des für den Bau einer Eigentumswohnung erforderlichen Eigenkapitalanteils liegt – einen Genossenschaftsanteil und sichern sich so ein lebenslanges Wohnrecht. Ein Vorteil dieses Modells ist, dass nicht unbedingt jedes

Mitglied in gleicher Weise zum Gesamtkapital beitragen muss. So können Sie beispielsweise regeln, dass vermögende Mitglieder mehr Anteile erwerben oder dass – wie etwa bei dem generationenübergreifenden Kölner „Mieterschutz-e.G.“-Projekt „Veledastraße“ – pro Zimmer ein Anteil erworben werden muss, Genossenschaftler mit geringem Raumbedarf also auch weniger belastet werden. Mitglieder, die weniger Anteile erwerben, müssen nicht befürchten, deshalb zu „Genossenschaftlern zweiter Klasse“ zu werden: Jeder und jede hat gleiches Stimmrecht und damit gleich viele Möglichkeiten der Mitbestimmung, unabhängig davon, wie viel Kapital er oder sie in das Projekt eingebracht hat. Genossenschaftsanteile sind veräußerbar (wenn auch nur an die Genossenschaft selbst) und können vererbt werden, Spekulation jedoch ist ausgeschlossen. Das Belegungsrecht für die entstandenen Wohnungen liegt bei der Genossenschaft, damit ist garantiert, dass die Projektidee im Laufe der Zeit nicht verwässert. Ein weiterer Pluspunkt: Die „Miete“ – eigentlich eher eine Art Nutzungsentgelt – für genossenschaftlich errichtete Wohnungen liegt meist deutlich unterhalb der ortsüblichen Vergleichsmieten. Selbstverständlich kann eine Genossenschaft auch Sozialwohnungen bauen und die hierfür gewährten staatlichen Zuschüsse oder sonstige öffentliche Fördergelder in Anspruch nehmen.

Angesichts all dieser Vorteile wundert es nicht, dass der Genossenschaftsgedanke in den letzten 20 Jahren eine regelrechte Renaissance erlebte (allein zwischen 1995 und 1999 verzeichnete der „WohnBund“ 144 Neugründungen vor allem kleiner Genossenschaften) und auch von Sozialpolitikern jedweder Couleur immer wieder gepriesen wird – schließlich fördert er demokratische Mitbestimmung, eigenverantwortliches Handeln,

Gemeinschaftlichkeit und bürgerschaftliches Engagement. Außerdem stellen Genossenschaften auch für diejenigen Bevölkerungsgruppen maßgeschneiderten Wohnraum bereit, die auf dem Wohnungsmarkt ansonsten wenig Chancen haben, zum Beispiel Alleinerziehende, Behinderte oder alte Menschen.

Umso bedauerlicher, dass genossenschaftlich organisierte Wohnprojekte hierzulande im Vergleich zu anderen Eigentumsformen steuerrechtlich benachteiligt werden – viele EU-Staaten, allen voran Dänemark und die Niederlande, sind da deutlich fortschrittlicher. So sollte die staatliche Grundförderung von Genossenschaftsanteilen durch die geplanten Änderungen des Eigenheimzulagengesetzes zunächst sogar gestrichen oder erheblich gekürzt werden – was aus diesen Plänen wird, ist derzeit noch nicht abzusehen (Stand: Juli 2003). Bis spätestens 2005 sollen aber die Vorschläge einer im August 2002 von der Bundesregierung eingesetzten „Expertenkommission Wohnungsgenossenschaften" zur Reform der Genossenschaftsförderung vorliegen. Bleibt zu hoffen, dass sich die politischen und wirtschaftlichen Rahmenbedingungen für Wohnungsgenossenschaften dann verbessern.

Eine weitere Hürde für Projekte, die mit dem Genossenschaftsmodell liebäugeln, ist der hohe Gründungsaufwand. Ähnlich wie ein Verein wird eine Genossenschaft durch die Verabschiedung einer Satzung gegründet und muss anschließend in einem behördlichen Verfahren als „eingetragene Genossenschaft" anerkannt werden. Leider ist eine Genossenschaftssatzung wesentlich komplizierter als eine Vereinssatzung und daher kaum ohne einen mit dem Genossenschaftsrecht vertrauten Rechtsanwalt zu erarbeiten. Zudem ist für ihre Anerkennung eine meist kostspielige Wirtschaftlichkeitsberechnung erforderlich, und die in Gründung befindliche Genossenschaft muss einen Prüfungsverband finden, der bereit ist, die teure Erst- oder Gründungsprüfung durchzuführen. Das dann folgende Anerkennungsverfahren kann sich über viele Monate hinziehen, muss aber in jedem Fall vor dem Grundstückskauf abgeschlossen sein – ein nicht zu unterschätzender Nachteil bei der Grundstückssuche. Da die genossenschaftsrechtlichen Vorschriften, die unter anderem auch die Haftung der einzelnen Mitglieder begrenzen, erst mit der Anerkennung gelten, den zukünftigen Genossenschaftlern aber schon im Vorfeld erhebliche Kosten entstehen, empfiehlt sich auch für Genossenschaftsprojekte der Abschluss eines entsprechenden Planungsgesellschaftsvertrags.

Gruppen, die das Genossenschaftsmodell favorisieren, aber die mit der Gründung und Verwaltung einer eigenen Kleingenossenschaft verbundenen Kosten und Mühen scheuen, können sich einer in ihrer Region tätigen Dachgenossenschaft anschließen und von den Synergieeffekten profitieren, die ein solcher Zusammenschluss bietet: Know-how in Sachen Genossenschaftsrecht, Buchhaltung und Bilanzierung, eine professionelle Verwaltung und dementsprechend geringere laufende Kosten. Um dieser Vorteile willen ist so manche Gruppe gerne bereit, auf den überschaubaren Zusammenhang und die uneingeschränkte und direkte Selbstverwaltung einer eigenen Kleingenossenschaft zu verzichten – in eigentumsrechtlicher Hinsicht bleiben die Mitgliedsgenossenschaften eines Dachverbands trotzdem selbstständig.

Engagierte Dachgenossenschaften, die sich die Realisierung von Gemeinschaftswohnprojekten auf ihre Fahnen geschrieben haben, gibt es mittlerweile in vielen Bundesländern, von der inzwischen auf 15 Wohnprojekte angewachsenen Hamburger „Wohnungsbaugenossenschaft Schanze eG“, deren Ursprünge in die Hausbesetzerszene zurückreichen, bis zu der 1999 in Stuttgart gegründeten Genossenschaft „pro ... gemeinsam bauen und leben“, die zukünftig als Träger gemeinschaftlicher Wohnprojekte in ganz Baden-Württemberg tätig werden möchte. Die Rahmenbedingungen für Genossenschaftsprojekte sind allerdings von Bundesland zu Bundesland verschieden; ob ein Projekt ideell und materiell gefördert wird, hängt dabei ganz davon ab, bis zu welchem Grad demokratische, selbstverwaltete Lebens- und Wohnzusammenhänge politisch gewollt sind. Genossenschaftlich organisierte Projektgruppen, die alle Möglichkeiten ausschöpfen wollen, sollten daher unbedingt professionelle Beratung in Anspruch nehmen. Häufig sind auch bereits bestehende Klein- oder Dachgenossenschaften gerne bereit, beim Erstellen einer Satzung oder bei den Gründungsformalitäten Hilfestellung zu leisten.

Was die Grundstückssuche, die Bauplanung und den Bau selbst betrifft, steht ein genossenschaftlich organisiertes Projekt vor den gleichen Entscheidungen und Problemen wie eine Baugemeinschaft: Auch eine Genossenschaft, die gemeinsam ein oder mehrere Häuser bauen möchte, muss sich um ein geeignetes Grundstück kümmern und hat die Wahl, einen Architekten, einen Generalüber- oder -unternehmer oder einen Baubetreuer zu beauftragen. Entsprechende Tipps und Hinweise finden Sie im vorangegangenen Unterkapitel.

Kalte und warme Zeiten: Die Kunst des Zusammenlebens

Nichts ist beständiger als der Wechsel:
Die Menschen in einer Gemeinschaft entwickeln und verändern sich, einige sterben, andere werden geboren, einige ziehen aus, andere ein.
Die Gemeinschaft durchläuft als soziales Gebilde helle und dunkle, kalte und warme Zeiten.
Und nicht zuletzt geschieht dieses alles unter äußeren, gesellschaftlichen Einflüssen, die auf die Menschen und das Zusammenleben einwirken.

ULRIKE PETERSEN

Wie immer Sie Ihre Wohnwünsche in die Tat umsetzen: Eines schönen Tages werden Sie die Umzugskartons packen und sich vielleicht nicht ohne Wehmut von dem einen oder anderen Möbelstück, einem liebevoll gehegten Garten und vertrauten Räumen trennen, in denen jeder Winkel voller Geschichten und Erinnerungen steckt. Vor Ihnen liegt eine große Herausforderung, schließlich werden Sie nicht nur eine neue Wohnung beziehen, sondern auch Ihr Leben noch einmal neu einrichten. Das Ankommen und Sich-Zurechtfinden in einem Alltag, in dem so vieles erst erkundet und erprobt werden will, fällt nicht immer leicht – auch oder vielleicht sogar gerade dann, wenn Sie diesem Moment lange entgegengefiebert haben und glauben, Ihre Mitstreiter und Mitstreiterinnen inzwischen lange und gründlich zu kennen.

Insbesondere die gewohnte Rollen- und Aufgabenverteilung entpuppt sich nach dem Einzug häufig als erstes größeres Problem: Da macht dann zum Beispiel eine Frau der ersten Stunde, die das Projekt mitbegründet und mit Schwung und Tatkraft vorangebracht hat, auf einmal die

Erfahrung, dass ihre Meinung nicht mehr überall und jederzeit gefragt ist, während vielleicht ein „Mitläufer", der sich stets wenig zugetraut und gerne von den Kompetenzen und der Einsatzbereitschaft anderer Gruppenmitglieder profitiert hat, plötzlich Ansprüche und Forderungen stellt, die man kaum von ihm erwartet hätte – und die man ihm insgeheim vielleicht auch nicht zubilligt. Andere stellen überrascht fest, dass sie nach dem Einzug so mit sich und ihrer neuen Wohnung beschäftigt sind, dass ihr Rückzugsbedürfnis wesentlich stärker ist als der Wunsch, gleich mit beiden Beinen ins Gemeinschaftsleben zu springen, und kollidieren dann möglicherweise mit Mitbewohnern, die voller Euphorie das tägliche gemeinsame Abendessen einfordern, noch bevor die Lampen an der Decke hängen.

Dass zwischen Wunsch und Wirklichkeit, einem am grünen Tisch geplanten Zusammenleben und dem späteren Wohnalltag allzu oft ein Abgrund klafft, mag eine Binsenweisheit sein, dennoch trifft diese Erkenntnis manche Gruppe wie ein Schock. „Ich habe festgestellt, dass wir plötzlich andere Anforderungen an eine Lebensgemeinschaft beziehungsweise Wohngemeinschaft stellen als vorher angedacht", berichtet eine Nutzerin des Internetforums „www. seniorentreff.de", die mit zwei anderen Frauen ein Haus gemietet hatte, um schließlich enttäuscht festzustellen: „Im Endeffekt sind wir jede für sich einsamer als zuvor" (www. seniorentreff. de/diskussion/archiv8/a42.html, 3.12.2002).

Gleichgültig, wie gut Sie einander kennen und wie viele Pläne Sie vorher für Ihren neuen Wohnalltag geschmiedet haben – ein funktionierendes Gemeinschaftsleben kann weder geplant und verordnet werden, noch entsteht es von heute auf morgen. Wie ein zartes Pflänzchen braucht es Zeit, Pflege und günstige Bedingungen, damit es wachsen und Frucht tragen kann. Besonders in der sensiblen Anfangsphase des Zusammenwohnens ist es daher wichtig, ein wenig Geduld aufzubringen und das ein oder andere Ärgernis gelassen als eine Übung in Sachen Frustrationstoleranz zu betrachten. Legen Sie sich und Ihre Mitbewohner nicht unnötig fest. Stures Beharren auf Prinzipien und Vereinbarungen, die sich im Laufe der Zeit als nicht sinnvoll erweisen, kann den natürlichen Wachstums- und Veränderungsprozess des lebendigen „Organismus Gemeinschaft" stören oder gar im Keim ersticken.

Wollte man aus den durchaus sehr unterschiedlichen Erfahrungen gemeinschaftlicher Wohnprojekte eine Art „Naturgesetz des Scheiterns" herausfiltern, ließe sich dieses wohl wie folgt buchstabieren: Je hochgespannter die Erwartungen an das gemeinsame Leben und je starrer das Bild, das man sich während der anstrengenden Realisierungsphase von seinen zukünftigen Mitbewohnern gemacht hat, desto eher ist man bereit, die Flinte ins Korn zu werfen und das ganze Unternehmen für gescheitert zu erklären. Dazu braucht es dann oft nicht einmal lautstarke Streitereien und gegenseitige Verletzungen – mindestens ebenso schädlich für ein gedeihliches Zusammenleben sind die uneingelösten Hoffnungen und vielen kleinen Enttäuschungen, über die nie gesprochen, aber innerlich genauestens Buch geführt wird, bis sie langsam, aber sicher den gemeinsamen Alltag vergiften.

Obwohl natürlich jede Gruppe ihr eigenes, individuelles Konfliktprofil besitzt, sind wir bei der Auswertung unserer Fragebögen und Interviews wie auch in der einschlägigen soziologischen Fachliteratur immer wieder auf drei offenbar besonders frustrationsträchtige „Problemzonen" gestoßen, die im Folgenden eingehender betrachtet werden sollen: die Arbeits- und Aufgabenverteilung, der Umgang mit Konflikten und die heikle Balance zwischen dem Wunsch nach Nähe und dem Bedürfnis nach Distanz.

Pflicht oder Neigung? Zur leidigen Frage der Aufgabenverteilung

Bei den meisten Wohnprojekten ist die Arbeit mit dem Einzug nicht erledigt. Gemeinschaftsräume und gemeinschaftliche Flächen (dazu gehören auch Flure, Innenhöfe und Treppenhäuser) müssen regelmäßig gereinigt werden, Gärten und Außenanlagen wollen bepflanzt und gepflegt werden, Hausmeistertätigkeiten fallen an, Gästezimmer oder -apartments brauchen eine Verwaltung, Bewohnervereine einen Vorstand und Kleingenossenschaften engagierte Mitglieder für die vielfältigen Aufgaben der Selbstverwaltung.

Natürlich ruft jede dieser Arbeiten und Funktionen nach einer oder mehreren Personen, die sich zuverlässig und kompetent darum kümmern. Es ist jedoch wenig sinnvoll, gleich nach dem Einzug einen Berg von neuen Aufgaben vor sich und seinen Mitbewohnern aufzuhäufen. Setzen Sie Prioritäten. Ein Reinigungsplan für die Gemeinschaftsflächen wird schnell gebraucht und ist schnell aufgestellt. Andere Tätigkeiten wie Gartenpflege, Gästezimmerverwaltung etc. können vielleicht noch ein Weilchen warten – wenigstens bis jedes Gruppenmitglied seine oder ihre Wohnung eingerichtet und den letzten Karton ausgepackt hat. Manche Aufgaben stellen zudem besondere Anforderungen, etwa ein gewisses Maß an Körperkraft, bestimmte Kenntnisse oder eine größere Portion Selbstvertrauen. Druck wirkt da nicht unbedingt motivationssteigernd. Wer zum Beispiel erwägt, einen Vorstandsposten im Bewohnerverein zu übernehmen, sollte schon ein wenig Bedenkzeit eingeräumt bekommen und entsprechend ermutigt werden. Vielleicht bietet ja ein vereinserfahrener Mitbewohner eine kurze und unverbindliche Einarbeitung an? Je niedriger die Schwelle zu einer neuen Aufgabe erscheint, desto eher finden sich Freiwillige, die die Herausforderung annehmen. Auch Gartenbau-, Betriebswirtschafts- oder Computerkenntnisse kann man weitergeben und auf diese Weise nicht nur zur eigenen Entlastung, sondern auch zur persönlichen Weiterentwicklung und Zufriedenheit seiner Wohngenossen beitragen.

Etliche der von uns interviewten BewohnerInnen von Gemeinschaftswohnprojekten antworteten auf unsere Frage nach eventuell neu entstandenen Interessen und Aktivitäten, sie hätten durch die Mitarbeit im Projekt tatsächlich ungeahnte Fähigkeiten an sich entdeckt oder entwickelt. Die Bereitschaft, anderen Mitbewohnern eigene Kenntnisse und Kompetenzen zu vermitteln, beugt gleichzeitig der Entstehung von „Herrschaftswissen" und damit auch einer ungesunden Machtkonzentration vor. „Menschen, die viel Verantwortung übernehmen, arbeiten viel und haben viel Macht", schildert Inka Engler aus der genossenschaftlich organisierten „Lebens-t-raum-Gemeinschaft Jahnishausen" ihre Erfahrungen. Schon deshalb sei es ihrer Gemeinschaft sehr wichtig, anstehende Fragen „im Konsens zu entscheiden, damit alle die Entscheidung mittragen oder zumindest damit leben können".

Vor allem reine Seniorenprojekte und Mehrgenerationenprojekte mit einem hohen Anteil älterer Bewohner und Bewohnerinnen sollten sich bei der Verteilung der anfallenden Arbeiten aber vor Überforderung hüten: Nicht selten stellt sich nach einiger Zeit heraus, dass bestimmte Aufgaben für diejenigen, die sie übernommen haben, schlicht zu anstrengend werden. Um zu vermeiden, dass die jeweils jüngsten und gesündesten Mitbewohner im Laufe der Zeit mit immer mehr zusätzlichen Aufgaben belastet werden und die älteren und gebrechlicheren sich zunehmend als nutzlos erleben oder Schuldgefühle entwickeln, sollten Sie ruhig von Anfang an Personal zu Ihrer Entlastung einplanen. Die Göttinger Alten-WG „Am Goldgraben" beispielsweise will die Existenzberechtigung der einzelnen Mitbewohnerinnen in der Gruppe bewusst nicht von deren Leistungs- und Arbeitsfähigkeit abhängig machen und delegiert daher Tätigkeiten, die die Bewohnerinnen nicht oder nicht mehr selbst erledigen können oder wollen, einfach stundenweise an externe Arbeitskräfte. Gärtner und Putzfrau werden aus der Gemeinschaftskasse bezahlt.

Was die ebenso grundsätzliche wie heikle Frage anbelangt, wie gerecht die Aufgabenverteilung sein kann oder soll, plädieren die Göttinger Frauen ebenso wie viele professionelle Projektbegleiter dafür, lieber pragmatisch und flexibel vorzugehen und die Eignung und Neigungen der Bewohner zu berücksichtigen, statt sich von einem abstrakten Gerechtigkeitsprinzip leiten zu lassen. Die Aufgaben in ihrer Hausgemeinschaft, erklärt etwa Barbara Leuner, eine der Bewohnerinnen der WG „Am Goldgraben", seien keineswegs so vergeben worden, „dass wir gesagt haben: Das und das muss gemacht werden (...), sondern jede hat gemerkt: Das und das liegt mir, und das mache ich. Es war immer und ist bis heute freiwillig. Und jeder kann dann aufhören und sagen: Ich will nicht mehr, oder kann sagen: ist nicht gut so" (SWR 3.4.2001).

Leider haben nicht alle Wohnprojekte vergleichbar positive Erfahrungen mit dem schönen und ehrenwerten Prinzip der Freiwilligkeit gemacht. Sehr häufig stellt sich nämlich heraus, dass Bewohner, die „vorläufig" noch keine Aufgabe übernehmen wollen, auch zwei Jahre später nicht laut „Hier!" schreien, wenn es Arbeit zu verteilen gilt. Vor allem Gruppen, die schon in der Realisierungsphase ihres Projekts Schwierigkeiten hatten, unter ihren Mitgliedern einsatzwillige Kräfte für die anfallenden Aufgaben zu finden, sollten sich diesbezüglich keinen Illusionen hingeben: Mit hoher Wahrscheinlichkeit wird sich die allgemeine Motivationslage nach dem Einzug nicht wesentlich verbessern.

Wer eine vielleicht schon seit Jahren ungleichmäßige Lastenverteilung nicht auf unbestimmte Dauer zementiert sehen möchte, sollte versuchen, mit seinen „Pappenheimern" einen für alle verbindlichen Kompromiss zwischen Pflicht und Neigung auszuhandeln. Die Bewohnerinnen des Hamburger Frauenwohnprojekts „Zeisewiese e.V." zum Beispiel haben sich verpflichtet, jeweils zwei Jahre lang Verantwortung für einen Tätigkeitsbereich zu übernehmen; welche Aufgabe das ist, kann jede Frau entsprechend ihren Bedürfnissen und Fähigkeiten frei entscheiden. „Wir sehen die Übernahme und die Rotation von Aufgaben nicht nur als Lernprozess für jede einzelne Frau an", heißt es im Konzeptpapier des Projekts, „sondern möchten damit auch die demokratischen Strukturen in unserem Projekt fördern" – ein probates Mittel, dem Gesetz der Trägheit entgegenzuwirken, ohne sich den Vorwurf autoritären Gehabes einzuhandeln.

Tausche Samthandschuhe gegen harte Bandagen ... Wenn Konflikte zu eskalieren drohen

Überall dort, wo Menschen auf begrenztem Raum miteinander leben, prallen unterschiedliche Biografien, Meinungen, Werte, Erziehungsgrundsätze und Lebenspläne mitunter ziemlich unvermittelt aufeinander. „Es ist manchmal schon hart, wie es hier läuft“, findet Uta S. vom Kölner Wohnprojekt „Haus Mobile“ angesichts der Auseinandersetzungen auf den regelmäßig stattfindenden Hausversammlungen, „aber das ist normal. Wenn sich so viele Erwachsene aneinander tasten müssen, geht das nicht ohne Dellen ab“ (MFJFG NRW 2000, S. 20). Diese Unterschiede zu ertragen, auszugleichen und zu vermitteln gehört sicherlich zu den größten Herausforderungen gemeinschaftlicher Lebensformen. Denn auch ein Wohnprojekt ist keine weltentrückte Oase des Friedens, sondern Ausschnitt einer Gesellschaft, in der Ängste und Empfindlichkeiten, Egoismen, Vorurteile, Macht- und Richtungskämpfe, Geltungsdrang – kurz: alle möglichen Verhaltensweisen auftreten, die über kurz oder lang zu Reibereien führen.

Patentrezepte für den Umgang mit Konflikten gibt es nicht – wohl aber einige Spielregeln, die man, so Ulrich Schmidt, unbedingt kennen und beherzigen sollte, um zu verhindern, dass alltägliche Verstimmungen irgendwann in hässliche Kleinkriege ausarten: „Zum Beispiel: Offenheit! Freimütig sagen, was mich stört und wie ich mich fühle. Und ergänzend dazu: Zuhören! Damit das Gesagte auch ankommt und verarbeitet wird. Und wenn ein Streitpunkt nicht im Zweiergespräch zu klären ist, dann hören, was die andern dazu zu sagen haben“ (1990, S. 14). Das gute demokratische Prinzip, Konflikte zwischen Kontrahenten, die diese trotz aller Bemühungen nicht selbst lösen können oder wollen, an eine Art Vermittlungsausschuss zu überweisen, hat sich auch das generationenübergreifende Genossenschaftsprojekt „Blaue Häuser“ in Hamburg zu Eigen gemacht: „In den Arbeitsgruppen, in Zweiergruppen oder auch in der Großgruppe, je nach vorliegendem Konflikt, wird ein ‚Delegationsentsendungsbeschluss' gefasst, dessen Aufgabe es ist, zu vermitteln. Bislang konnte so noch jeder Konflikt behoben werden" (DomiZiel 3/1998, S. 26).

Was bei individuellen Zwistigkeiten hilfreich ist, kann sich bei Konfliktlagen, die die gesamte Gruppe betreffen, allerdings schnell als wirkungslos erweisen. Wenn mehr oder weniger alle Bewohner in eine strittige Angelegenheit verwickelt sind, wenn es zu größeren Machtkämpfen, Parteienbildung und allgemeinen „Schlammschlachten" kommt, gibt es sehr bald keine einzige auch nur halbwegs neutrale Person mehr, die als Schlichtungsinstanz akzeptiert würde. Um das Schlimmste zu verhindern, sollten Sie nicht zögern, Hilfe von außen zu fordern. Und je schneller Sie Ihre Mitbewohner vom Sinn dieser Maßnahme überzeugen, desto besser. Falscher Stolz oder gar Scham darüber, zugeben zu müssen, dass man seine Konflikte nicht mehr alleine bewältigt („Schließlich sind wir doch alle erwachsene Menschen!"), sind gänzlich unangebracht. Nahezu alle von uns befragten Projektgruppen haben mindestens einmal in ihrer gemeinsamen Wohngeschichte die Hilfe von SupervisorInnen oder ModeratorInnen (siehe Kasten auf S. 164 ff.) in Anspruch genommen – und die meisten würden dies jederzeit wieder tun.

Unter den Bewohnerinnen des Hamburger Frauenwohnprojekts „Zeisewiese e.V." beispielsweise brachen im Jahr nach dem Einzug größere Konflikte auf, „vor allem wohl deshalb, weil wir aufkommende Fremdheitsgefühle, Spannungen und die Wahrnehmung von Unterschieden zwischen uns nicht richtig verarbeitet haben", vermuten die Frauen rückblickend. Gemeinsam beschlossen sie zunächst, eine Supervisorin einzuschalten, und als diese Maßnahme nicht den gewünschten Erfolg brachte, befasste sich eine Moderatorin mit dem mittlerweile nicht mehr sehr konstruktiven Kommunikationsverhalten der Frauen. Ihr gelang es schließlich, auch die Stilleren in der Gruppe dazu zu bewegen, Probleme offen anzusprechen. Kleingruppen wurden gebildet, die sich jeweils mit bestimmten Aspekten des Zusammenlebens beschäftigten. Die Ergebnisse bildeten die Grundlage für ein für alle verbindliches Konzept, das die Frauen mit Hilfe der Moderatorin ausarbeiteten. Drei Jahre nach dem Einzug unternahm die Gruppe dann eine gemeinsame Urlaubsreise: „Wir waren alle ziemlich überrascht festzustellen, wie gut wir uns doch eigentlich verstanden."

Um Konflikten zukünftig schon sehr früh wirkungsvoll begegnen zu können, haben die „Zeisewiese"-Frauen „das Ansprechen von Reibungspunkten an den Anfang einer jeden Hausversammlung gesetzt" – und die Erfahrung gemacht, dass inhaltliche Fragen anschließend entspannter und effektiver abgehandelt werden können. Das christliche Wohnprojekt „Wege zu Gott" aus Freiburg möchte einen Kummerkasten aufhängen, in dem Frust und Ärger zunächst einmal „deponiert" werden können und sich so gar nicht erst anstauen. Diese und ähnliche Maßnahmen seien ausdrücklich zur Nachahmung empfohlen – lehrt die Erfahrung vieler Gruppenprojekte doch, dass nichts einen so fruchtbaren Nährboden für Verstimmungen, unterschwelligen Groll, bösen Klatsch und offene Zwistigkeiten bietet wie das Totschweigen, Verleugnen und Verdrängen von Konfliktpunkten. Wer immer wieder erlebt, dass auch vorsichtig formulierte Kritik, mutige Gefühlsäußerungen oder simple Änderungswünsche an einer Mauer des Schweigens abprallen oder unter einer Käseglocke verordneter Harmonie ersticken, tritt früher oder später den Rückzug an. Diese „innere Kündigung" von Mitgliedern ist für eine Wohnprojektgruppe immer ein sehr ernst zu nehmendes Alarmzeichen und nicht selten auch der Anfang vom Ende.

In der Jahnishausener Wohngenossenschaft „Lebenstraum" findet daher regelmäßig ein so genanntes Forum statt: Eine Person sitzt in der Mitte und teilt den anderen mit, wie es ihr geht, die anderen hören zu und spiegeln, was bei ihnen angekommen ist. Gegebenenfalls hilft ein Forumsleiter mit gezielten Fragen, das Problem genauer herauszuarbeiten. Ebenfalls hilfreich ist die unter Gruppenleitern sehr beliebte „Blitzlicht"-Runde, mit der auch Ulrich Schmidts Wahlfamilie ihre 14-täglich stattfindenden Gemeinschaftsabende zu eröffnen pflegte: „So nennt man in der Psychoszene eine Schnaufpause im gruppendynamischen Prozess, in der jeder Teilnehmer reihum mit wenigen Worten sagt, wie er sich gerade fühlt. Bei uns kann ein Blitzlicht mit Rück- und Ausblick eine halbe Stunde dauern. Diese Übung verhindert, dass jemand sich schweigend in sich zurückzieht" (1990, S. 52).

Natürlich kann es auch vorkommen, dass jemand es nicht beim schweigenden Rückzug belässt, sondern sich nach und nach zum Querulanten entwickelt, der sich keine Gelegenheit zur Konfrontation entgehen lässt, sich über Regeln und Beschlüsse nonchalant hinwegsetzt und, von seinen Mitbewohnern zur Rede gestellt, wenig Interesse an einer friedlichen Lösung zeigt. Was nun?

Auch in solchen Fällen lohnt sich der Versuch einer Konfliktmoderation. Außenstehenden „Konflikt-Profis" gelingt es leichter, hinter den verhärteten Fronten die Interessen und Grundbedürfnisse der Konfliktparteien aufzuspüren. Vielleicht wurde der Streithammel oder die Dauernörglerin häufiger übergangen und fühlt sich nun als Person nicht mehr anerkannt, worauf die Kontrahenten, die das Projekt in Frage gestellt sehen, verständlicherweise mit noch konsequenterer Nichtbeachtung oder anderen Strafmaßnahmen reagieren und so einen Teufelskreis in Gang setzen, aus dem die Parteien alleine nicht mehr herausfinden. Überraschend oft löst sich jedoch der Knoten, wenn die Beteiligten, statt sich weiter vergeblich an vermeintlich unvereinbaren Sachpositionen abzuarbeiten, die dem Konflikt zugrunde liegenden elementaren Bedürfnisse nach Anerkennung, Selbstbestimmung, Sicherheit und Zugehörigkeitsgefühl in den Mittelpunkt ihrer Lösungsbemühungen stellen und zu respektieren versuchen.

Sollten alle Bemühungen scheitern, bleibt immer noch der – nach Möglichkeit einvernehmliche – Entschluss, künftig getrennte Wege zu gehen. Ein Ausschluss des betreffenden Mitbewohners sollte auf jeden Fall das allerletzte Mittel bleiben, schon weil sich hier je nach Rechtsform des Projekts in der Praxis größere bis unüberwindliche Schwierigkeiten ergeben können. (Vereine mit Generalmietvertrag und entsprechenden Untermietverträgen haben es hier noch am leichtesten; in Eigentümergemeinschaften, für die besonders strenge Kriterien der Zumutbarkeit gelten, dürfte der „Rausschmiss" eines Miteigentümers kaum durchzusetzen sein.)

So tragisch der Auszug oder Ausschluss eines Mitbewohners für alle Betroffenen auch sein mag: Sein grundsätzliches Ja zum gemeinsamen Wohnen muss deshalb keiner der Beteiligten in Frage stellen. Das – freiwillige oder unfreiwillige – Ausscheiden eines Mitglieds, so Christel Schachtner, bedeutet nämlich „nicht ein Scheitern dieser Lebensform, sondern lediglich ein Scheitern einer ganz bestimmten Konstellation von Menschen" (1989, S. 118).

Schopenhauers Stachelschweine oder: Die schwierige Balance von Nähe und Distanz

Allein leben bedeutet Unabhängigkeit und Selbstbestimmung. Ich muss auf niemanden Rücksicht nehmen und bin nicht gezwungen, die lästigen Angewohnheiten und Schrullen irgendwelcher Mitbewohner zu ertragen. Ich habe aber auch niemanden, der meine alltäglichen Freuden und Kümmernisse mit mir teilt oder mal eben schnell für mich einkauft, wenn ich krank bin. Es gibt vielleicht nicht einmal eine Tür nebenan, an die ich einfach klopfen kann, wenn ich mich einsam fühle. Das Zusammenleben mit anderen hingegen verheißt Wärme und Sicherheit – aber auch jede Menge Zumutungen an meine Geduld und Toleranz. Die Menschen, in deren Gesellschaft ich mich heute aufgehoben und geborgen fühle, werden mir vielleicht schon morgen zu einer Last.

Wohl kaum jemand hat dieses Dilemma so treffend in Worte gefasst wie Arthur Schopenhauer mit seiner hübschen Fabel von den Stachelschweinen: „Eine Gesellschaft Stachelschweine“, beginnt der für seine Misanthropie berüchtigte Philosoph, „drängte sich an einem kalten Wintertage recht nahe zusammen, um durch die gegenseitige Wärme sich vor dem Erfrieren zu schützen. Jedoch bald empfanden sie die gegenseitigen Stacheln; welches sie dann wieder voneinander entfernte. Wenn nun das Bedürfnis der Erwärmung sie wieder näher zusammenbrachte, wiederholte sich jenes zweite Übel; sodass sie zwischen beiden Leiden hin- und hergeworfen wurden, bis sie eine mäßige Entfernung voneinander herausgefunden hatten, in der sie es am besten aushalten konnten“ (Parerga und Paralipomena II, Kapitel XV, § 396).

Diese Kunst der „mäßigen Entfernung“, das Ausbalancieren der eigenen, oft ambivalenten Bedürfnisse nach Nähe, Gemeinschaft, Geborgenheit auf der einen und Freiraum, Privatsphäre und Distanz auf der anderen Seite, erlernt man nicht über Nacht. Wer bisher stets allein gelebt hat oder sich bestenfalls mit einem (Ehe-)Partner arrangieren musste, wird dazu vermutlich länger brauchen als WG-erfahrene MitbewohnerInnen. Erschwerend kommt hinzu, dass die Bedürfnisse nach Nähe beziehungsweise Distanz in einer Gruppe von Menschen meist auch noch ungleichzeitig auftreten: Da möchten die anderen am liebsten jede Mahlzeit gemeinsam einnehmen und jedes Wochenende zu einem vergnügten Ausflug aufbrechen, während ich mir vielleicht gerade gern die Decke über den Kopf ziehen, niemanden sehen und in Ruhe einen dicken Schmöker lesen würde. Wie gut, wenn ich dann, ohne meine Mitbewohner vor den Kopf zu stoßen, ganz egoistisch meinem Bedürfnis nach Alleinsein frönen kann, statt aus der Angst heraus, das nächste Mal vielleicht gar nicht mehr gefragt zu werden, eine fröhliche Miene aufzusetzen und mich dem Gruppendruck zu beugen ...

Die Einsicht, dass Gemeinschaft manchmal mehr Zeit und Kraft kostet, als man aufzubringen bereit ist, löst bei manchen Menschen unnötigerweise Schuldgefühle aus. Trauen Sie sich, Ihr Bedürfnis nach Rückzug offensiv zu vertreten – wenn nötig, so energisch wie die WG-erfahrene Rundfunkjournalistin Ursula Voß in ihrer Vision vom gemeinsamen Altwerden: „Was ich (...) vor allem brauche in meinen späten Jahren, ist eine Tür, die ich zwei- und wenn es sein muss auch dreimal hinter mir abschließen kann. Ich brauche eine Zelle, in der ich mit mir, meinen Erinnerungen und Stimmungen alleine sein kann, rücksichtslos sein darf und Kraft schöpfen kann für das Zusammensein mit den anderen" (1990, S. 57 f.).

Auch Menschen, die sich für besonders gesellig halten, sollten ihr Bedürfnis nach Privatsphäre nicht unterschätzen – und für entsprechende Signale ihrer Mitbewohner empfänglich sein. In kleineren Projekten fällt dies sicherlich schwerer als in größeren Gemeinschaften, wo man in der Regel immer schnell jemanden findet, der zu gemeinschaftlichen Unternehmungen aufgelegt ist, beziehungsweise sicher sein kann, dass man nicht die einzige „Spielverderberin" ist, die sich gerade nach dem stillen Kämmerlein sehnt. Eine gute Möglichkeit, individuellen Rückzugswünschen ebenso gerecht zu werden wie Kontaktbedürfnissen, ist die Einrichtung von privaten, halb privaten und öffentlichen „Zonen" wie in der Göttinger Frauen-WG „Am Goldgraben". Die allen zugänglichen Bereiche wie Diele, Terrasse oder Garten nennen die Frauen scherzhaft ihre „Fußgängerzone", in der sie unkompliziert und spontan miteinander in Kontakt treten können (Osterland 2000, S. 60). Wer sich dort aufhält, signalisiert Ansprechbarkeit, wer hingegen seine Zimmertür hinter sich schließt, wird in Ruhe gelassen.

Respektiert werden sollte auch das Bedürfnis nach Außenkontakten. Eine Wohngemeinschaft ist keine Insel, auf der ein paar Schiffbrüchige sich ständig mit sich selbst und miteinander beschäftigen müssten. Erliegen Sie also nicht der Versuchung, Ihre alten Kontakte schleifen zu lassen, weil Sie doch jetzt in einer so wundervollen und aufregenden neuen Hausgemeinschaft wohnen. Auch Eifersucht, etwa auf eine besonders geschätzte Mitbewohnerin, die eine Kneipentour mit der besten Freundin dem spannenden Debattierabend an Ihrem Kamin vorzieht, ist nicht nur unangebracht, sondern langfristig Gift für ein gedeihliches Zusammenleben. Ohne Anregungen und frischen Wind von außen, ohne Freunde, Verwandte und Bekannte mutiert jede Gemeinschaft nämlich sehr bald zu einem erstickenden Treibhaus, in dem übergroße und damit unerfüllbare Erwartungen an die anderen und an den gemeinsamen Alltag wild zu wuchern beginnen.

Natürlich kann das prekäre Gleichgewicht zwischen Nähe und Distanz auch zur anderen Seite hin kippen. Vor allem in größeren Wohnprojekten kommt es vor, dass die Bewohner sich vor lauter Vorsicht und Rücksicht auseinander leben oder angesichts des hohen Organisations- und Planungsaufwandes, der erforderlich ist, um die ganze Truppe zu einer gemeinschaftlichen Unternehmung zusammenzutrommeln, nach kurzer Zeit entnervt aufgeben. „Vieles bleibt im Stadium des Wünschens stecken", musste auch Ulrich Schmidt in seiner Wahlfamilie feststellen. „Für das Kino oder für ein Konzert verabreden wir uns meist nur zu zweit oder zu dritt.

Auch das ist freilich wichtig für den Zusammenhalt der Gruppe. Man erfährt allerlei voneinander, was im großen Kreis nicht zur Sprache kommt" (1990, S. 52). Die gemeinsame Pflege von Hobbys ist eine weitere Möglichkeit, das Gemeinschaftsleben paarweise oder in Kleingruppen auf vergnügliche Weise zu festigen: Gartenfans, Sänger und Musiker, Hobbyschneiderinnen, Skatfreunde oder passionierte Jogger finden sich meist ohne viel Zutun von selbst zusammen. Obwohl diese schnell realisierbare „kleine Lösung" sicher ihren Charme und ihre Berechtigung hat, sind für den dauerhaften Zusammenhalt der Gruppe und die Zufriedenheit aller ihrer Mitglieder auch Unternehmungen notwendig, die alle Bewohner einschließen: Neben den obligatorischen, regelmäßig stattfindenden Hausversammlungen, in denen alle die Gemeinschaft betreffenden Fragen geregelt werden, bieten sich gemeinsame, möglichst lange im Voraus angekündigte Wochenenden an, Ausflüge mit Picknick oder ein Spieleabend im Gemeinschaftsraum – wichtig ist nur, dass wirklich alle daran teilnehmen können. Das bedeutet beispielsweise, das Ziel für eine gemeinsame Wanderung so auszuwählen, dass Mitbewohner, die schlecht zu Fuß sind, problemlos mit öffentlichen Verkehrsmitteln oder Autos dorthin gelangen können. Wenn Sie eine solche Wanderung dann noch alljährlich zu Pfingsten organisieren, den Spieleabend jeden ersten Freitag im Monat veranstalten oder Ihre Mitbewohner wissen lassen, dass Sie samstags gerne bei Bier und Schmalzstullen vor der „Sportschau" sitzen und interessierte „Mitgucker" jederzeit willkommen sind, dann haben Sie bereits ein Ritual begründet und damit etwas geschaffen, das für das Wir-Gefühl einer Gemeinschaft von nicht zu unterschätzender Bedeutung ist.

Übertriebener Eifer allerdings ist auch hier eher schädlich. Rituale sollten ganz allmählich von selbst entstehen oder behutsam eingeführt werden und niemals ein Zwang, sondern immer ein Angebot sein. Wer seine Mitbewohner gleich nach dem Einzug mit einer ganzen Latte noch so spannender Gemeinschaftsveranstaltungen für das kommende Jahr erschlägt oder seiner Enttäuschung allzu freien Lauf lässt, wenn die Sportsfreunde ein paar Wochen auf sich warten lassen, hat des Guten zu viel getan.

Gemeinschaft – das kann nicht oft genug betont werden – braucht eben vor allem eines: Zeit zu wachsen. In manchen Wohnprojekten gelingt der Übergang von der Realisierungs- zur Wohnphase fast bruchlos, und das erhoffte Wir-Gefühl wächst vergleichsweise schnell und stetig, andere haben auch nach viel versprechenden Anfängen immer wieder mit herben Rückschlägen zu kämpfen. Manchmal hilft es schon, die eigenen Erwartungen einer kritischen Prüfung zu unterziehen und sich auf das zu konzentrieren, was man erreicht und gewonnen hat. Oft sind es nämlich vor allem die kleinen, unspektakulären Erlebnisse und Begegnungen, die das Leben in einer Gemeinschaft so reizvoll machen.

Auf unsere Frage, in welchen Punkten sich ihr neuer Wohnalltag positiv von früheren Wohnerfahrungen unterscheide, antwortete die 39-jährige Sozialpädagogin Ursula K. vom Aachener Projekt „Stadthaus statt Haus“: „eine Fülle von offenen Türen und offenen Ohren und Lächeln am frühen Morgen“. Dass die anderen ihr ganz selbstverständlich geholfen hätten, als sie nach einem Sturz nicht mehr gehen konnte, fällt einer 79-jährigen Genossenschaftlerin der „Blauen Häuser“ in Hamburg ein: „Sie haben für mich eingeholt, mein Geschirr gespült – ich war in einen warmen Mantel eingehüllt!“ (Domi-Ziel 3/1998, S. 25). Auch die Göttinger Frauen freuen sich vor allem an den scheinbar banalen und zwanglosen Alltagsbegegnungen: „Also wir halten nicht große Reden miteinander“, sagt Barbara Leuner, „und das meiste geschieht auch zwischen Tür und Angel, über das, was einen freut oder nicht freut oder wie auch immer – oder über den Alltag, das ist neu für uns, und das tut uns auch allen gut“ (SWR 3.4.2001). Auch wenn dies für Außenstehende nicht leicht zu erkennen sei, erklärte eine andere Bewohnerin des Göttinger Projekts der Soziologin Astrid Osterland, sei in der altehrwürdigen Göttinger Villa doch mit der Zeit ein dichtes „Netz von Kontakten“ entstanden. „Wenn ich will, kann ich meinen Salto machen, und falls ich herunterfalle, werde ich aufgefangen. Dadurch, dass ich dieses Netz habe, kann ich Sprünge machen, die ich nie machen würde, wenn ich allein leben würde“ (Osterland 2000, S. 61).

Ein sicheres Netz, ein warmer Mantel, jemand, der zuhört, ein Lächeln am Morgen zwischen Tür und Angel ... Was braucht man mehr?

Ein Haus am Meer:
Tipps für Auswanderer

Casita In Isolde Fiedlers Paradiesgarten auf Mallorca

Wenn der Süden Sie unwiderstehlich in seinen Bann gezogen hat, wenn Sie allen Unkenrufen zum Trotz beschlossen haben, Ihren Platz an der Sonne zu suchen und zu finden, dann warten nun einige Aufgaben auf Sie, deren Bewältigung Sie Zeit und wahrscheinlich auch Nerven kosten wird. Die praktische Frage, wie sich ein Umzug ins Ausland organisieren lässt, ist dabei noch das geringste Problem. Zunächst müssen Sie sich mit bürokratischen Regelungen und je nach Zielland auch mit Einreise- und Aufenthaltsbestimmungen auseinander setzen, mit Ihrer Krankenkasse und der zuständigen Stelle des Rentenversicherungsträgers sprechen, möglicherweise die Ummeldung Ihres Autos in die Wege leiten und sich zu allem Überfluss auch noch um eine Unterkunft bemühen. Vielleicht wissen Sie noch gar nicht so recht, ob Sie aufs Land, in die Stadt oder in die Berge ziehen wollen. Oder brüten Sie schon über Immobilienangeboten und fragen sich, wie Sie den Erwerb Ihres Traumhauses über die Bühne bringen sollen? Machen sich Gedanken über Ihr zukünftiges Alltagsleben und die Integration in der fremden Gesellschaft?

Die wichtigsten Punkte, die vor und nach einem Umzug ins Ausland zu klären sind, sollen im Folgenden erläutert werden und Ihnen den Weg durch den Behördendschungel ein wenig erleichtern. Um die Nachfrage bei Fachleuten werden Sie dennoch nicht herumkommen – sobald sich Ihr Vorhaben konkretisiert, werden Sie Auskünfte benötigen, die den Rahmen dieses Buches sprengen würden. Auch für Auswanderer gibt es Beratungsstellen, die unter anderem über steuer- und sozialversicherungsrechtliche Vorschriften zahlreicher Länder informieren (Adressen siehe Anhang). Doch zunächst gilt es, das heitere, sonnige Fleckchen Erde überhaupt zu finden, auf dem Sie Ihren Lebensabend verbringen möchten.

Zeig mir den Platz an der Sonne

Die meisten Auswanderer haben nach früheren Urlaubsaufenthalten eine recht genaue Vorstellung davon, wo in ihrem Wunschland sie leben möchten. Viele zieht es an die Küste, andere ins Hinterland, manche in einsame Bergdörfer oder gar in weltabgeschiedene Bauernhäuser inmitten weitläufiger Olivenhaine. Nur wenige kommen hingegen auf den Gedanken, sich in einer der oft lauten, verkehrsumtosten Städte niederzulassen. Doch oft ist das Leben an der Küste, zumal im Sommer, nicht weniger laut und umtriebig als in der Stadt – es sei denn, man kann sich ein Haus oder eine Wohnung in exklusiver Lage leisten. Wenn nicht, bleiben nur die erschwinglicheren Behausungen in einer Urbanisation oder einer für den Massentourismus erschlossenen Ortschaft. Um dann ein ruhiges Plätzchen am Strand zu finden, muss man sich gut auskennen und oft kilometerweit fahren. Wem Rummel nichts ausmacht, wer ihn vielleicht sogar genießt, kann sich in einer solchen Umgebung sehr wohl fühlen. Der Nachteil von Feriensiedlungen ist allerdings, dass sie außerhalb der Saison in manchen Regionen quasi ausgestorben sind. An der spanischen oder italienischen Mittelmeerküste reihen sich im Winter unzählige menschenleere Ortschaften wie Geisterstädte aneinander. Auf Mallorca ist das anders. Da so viele Rentner auf der Insel überwintern, die Saison mithin niemals endet, wird auch ein entsprechendes Versorgungsangebot aufrechterhalten. Aus diesem Grund, so der ehemalige Inselpfarrer Heinrich Süselbeck, bevorzugten Menschen, die vor allem aus gesundheitlichen Gründen in den Süden auswandern, von vornherein Orte oder Urbanisationen, in denen eine entsprechende Infrastruktur vorhanden ist, weil bereits viele andere Betroffene dort leben. So erklärt sich auch die hohe Konzentration deutscher Ärzte und Therapeuten in den bekannten Seniorenhochburgen Mallorcas (zum Beispiel Santa Ponca und Peguera).

Was dem einen gefällt, ist dem anderen ein Graus, und IndividualistInnen wie Isolde Fiedler oder Dieter Rahmel, von denen schon berichtet wurde, wären in einer Ferienhauskulisse undenkbar. Doch der Rückzug in ein Bergdorf oder eine Finca auf dem Land hat seinen Preis. Isolde Fiedler kann von ihrem Grundstück aus die Ortschaft Port de Sollér zwar über einen schmalen Pfad innerhalb einer Viertelstunde zu Fuß erreichen – für größere Einkäufe und Transporte jedoch benötigt sie einen Jeep, mit dem sie über eine unbefestigte Straße genauso lange unterwegs ist. Alles, was sie zum Leben benötigt, von der Wurst bis zum Putzmittel, muss sie per pedes oder mit dem Auto mehrere Kilometer weit den Berg hinaufschaffen, und wenn sie einmal krank wird, ist sie auf die Unterstützung und Chauffeursdienste ihrer Mitarbeiterinnen angewiesen.

Menschen, die erst im fortgeschrittenen Alter ins Ausland ziehen, können meist nur auf sich selbst und auf ihren Partner bauen – der Rest der Familie bleibt in der Regel zu Hause. Daher sollten Sie, bevor Sie tatsächlich eine Entscheidung für die abgelegene Finca oder das Häuschen im Bergdorf treffen, unbedingt die Frage klären, wie Sie Ihren Alltag dort bei nachlassender körperlicher Fitness bewältigen können und ob Sie unter Umständen bereit sind, noch einmal umzuziehen. Den meisten SeniorInnen, so Pfarrer Süselbeck, bleibe nämlich gar nichts anderes übrig, als nach Jahren oder

Jahrzehnten des Residierens in der Abgeschiedenheit das mit Mühe und Liebe ausgebaute Landhaus wieder aufzugeben und dorthin zu ziehen, wo ein Minimum an medizinischer Betreuung und eine altersgerechte Infrastruktur vorhanden sind.

Außerdem empfiehlt es sich, vor dem Abschluss eines Mietvertrages oder dem Erwerb einer Immobilie zu testen, ob Sie die meist steilen, schmalen Straßen auch bei Nacht und Nebel problemlos mit Ihrem Wagen bewältigen können und sich dies auch auf längere Sicht zutrauen. Noch immer gibt es Wege mit dem „folgenschweren Nachteil, dass sie zwischen zwei Mauern oder zwei Gräben eingezwängt sind, die es nicht zulassen, dass zwei Wagen sich begegnen" (Sand 2001, S. 131). Vielen Touristen wird in den Bergen von Mallorca schon beim Anblick mancher Schotterpisten mulmig, und sie sind froh, wenn sie der Verleihfirma nach drei Wochen Urlaub ein unzerkratztes Auto inklusive beider Seitenspiegel zurückgeben können.

Zweifellos gehört die Serra de Tramuntana mit ihrem zerklüfteten Bergmassiv zu den schönsten Landschaften Mallorcas. Doch ob Bergdorf oder Bauernhaus: In einer ländlichen Gegend ist alles, was die Alltagsversorgung betrifft, mit Umständen verbunden. Selbst die Müllabfuhr kann zum Problem werden – wenn man seinen Abfall nicht wie gewohnt in eine Tonne werfen kann, die regelmäßig geleert wird, sondern in kilometerweit entfernten Containern entsorgen muss.

Die dritte Alternative, das Wohnen in der Stadt, bietet unzweifelhaft die besten infrastrukturellen Voraussetzungen, erfreut sich aber der geringsten Beliebtheit. Wer sich in Palma niederlässt, hat auf der Insel die kürzesten Wege: Flughafen, Ärzte, eine Klinik für den Notfall und, nicht zu vergessen, ein reichhaltiges kulturelles und kommerzielles Angebot quasi direkt vor der Haustür. In Deutschland ist man aus psychologischen und praktischen Erwägungen längst dazu übergegangen, Seniorenwohnungen nicht mehr auf der „grünen Wiese“, sondern innerhalb der Stadtzentren zu bauen. Im Ausland suchen Auswanderer aus zwar verständlichen, aber nicht immer vernünftigen Gründen oft genau die Einsamkeit, der sie in der Heimat vielleicht entflohen sind – und meiden die Ballungszentren wie der Teufel das Weihwasser. Mögen südliche Städte auch lauter, hektischer und übervölkerter sein als deutsche, ihr „sekundärer Komfort“ ist nicht zu unterschätzen. Was spricht gegen ein vielleicht sogar barrierefreies Domizil in einem zentrumsnahen Stadtviertel mit Straßenbahn- oder Busanschluss, von wo aus sich Behörden, Museen, Ärzte und Cafés problemlos erreichen lassen? In der Stadt sind Sie mitten im Leben – und dieses Leben bietet eine Fülle von Anregungen und praktischen Vorteilen.

Für welchen Standort Sie sich letztlich auch entscheiden: Überlegen Sie sich vorher genau, welche Vorteile und welche Nachteile mit dem Ort Ihrer Wahl verbunden sind und wie Sie diese gewichten. Wenn Sie gerne wandern, ein paar Schafe halten, Ihre eigenen Orangen ernten möchten und ansonsten nicht viel Abwechslung brauchen, ist eine Finca sicher das Richtige – haben Sie gerne Menschen um sich herum und wissen Zerstreuungsangebote zu schätzen, sind Sie in der Stadt bestimmt besser aufgehoben.

Probewohnen

Theorie und Praxis sind „zwei Paar Stiefel“, wie es im Volksmund heißt, und nicht alle Fragen lassen sich vor dem Aufbruch in unbekannte Gefilde abschließend beantworten. Das beruhigende Gefühl, die richtigen Entscheidungen getroffen zu haben, möchte man aber trotzdem gerne haben, zumal dann, wenn eine Menge Geld im Spiel ist.

Theoretisch spielt sich der Lebensabend unter Palmen meist im eigenen Häuschen oder der eigenen Wohnung ab. Doch um eine Immobilie auf Mallorca oder in einer vergleichbaren Region überhaupt finanzieren zu können, sind viele Menschen gezwungen, ihr in Deutschland erworbenes Eigenheim zu verkaufen und/oder einen Kredit aufzunehmen. Ein solcher Schritt will wohl überlegt sein. Herbert Heinrich rät in seinem bereits erwähnten Buch *Unruhestand unter Palmen* dazu, möglichst mindestens fünf Jahre vor Beginn des Rentenalters klare Vorstellungen darüber zu entwickeln, wo und wie man alt werden möchte. Dann bleibe genügend Zeit, um in der neuen Wahlheimat Wurzeln zu schlagen. Wer dabei nicht alles auf eine Karte setzen möchte, kann sich zunächst einmal am Ort seiner Wahl eine Mietwohnung suchen und dort ein Jahr oder einen Teil des Jahres – möglichst auch außerhalb der Urlaubszeit – verbringen. Gerade Menschen, die ohne genaue Landeskenntnisse in den Süden oder anderswohin aufbrechen, kann eine solche Testphase entscheidende Impulse vermitteln. Vertragen Sie das Klima an Ihrem neuen Wohnort auf Dauer? Fällt es Ihnen leicht, Gesprächspartner zu finden, wenn Ihnen nach Gedankenaustausch zumute ist? Sagen Ihnen die kulturellen Angebote zu?

Diese und andere Fragen lassen sich nicht theoretisch lösen; Antworten finden Sie nur in der Praxis. Vielleicht werden Sie feststellen, dass Ihnen der Ort, in dem Sie sich während des Urlaubs so wohl gefühlt haben, auf Dauer doch zu langweilig ist – dann mieten Sie sich im Jahr darauf einfach woanders ein. Das Wohnen auf Probe ist eine ausgezeichnete Möglichkeit festzustellen, ob die Realität Ihren Erwartungen entspricht, und es bietet die Chance, etwas über das eigene Verhalten in der Fremde zu erfahren. Nach einer Weile werden Sie wissen, ob Sie Zugang zu den Einheimischen und ihrer Sprache finden, ob Ihnen die Heimat fehlt, wie viel davon Sie brauchen und – wenn Sie in einer Touristengegend leben – wie viel davon Sie vertragen. Nutzen Sie die Zeit, um Land und Leute kennen zu lernen, sich gegebenenfalls auf dem Immobilienmarkt umzusehen und Kontakt zu Landsleuten zu knüpfen, die bereits längere Zeit in der Gegend leben und bereit sind, über ihre Erfahrungen zu berichten.

Probewohnen dient einer positiv verstandenen Desillusionierung. Es sollte darüber Aufschluss geben, ob und wie sich Wunschträume leben lassen und welcher Preis dafür zu zahlen ist. Es sollte Ihnen ermöglichen, realistisch einzuschätzen, ob Ihnen das Leben im Ausland nicht nur theoretisch, sondern auch praktisch zusagt. Und es sollte Sie in die Lage versetzen, Vor- und Nachteile so gegeneinander abzuwägen, dass Sie eine Entscheidung treffen können, die Sie später nicht bereuen, auch wenn sie vielleicht gegen den endgültigen Umzug ausfällt. Sich einzugestehen, dass der „Platz an der Sonne“ vielleicht doch nicht zur zweiten Heimat werden kann, fällt vielen Menschen schwer. Doch die Rückkehr nach Deutschland ist nach einer Testphase praktisch wie emotional wesentlich leichter zu bewältigen als nach jahre-oder jahrzehntelangem Aufenthalt im Ausland. Wer alle Brücken hinter sich abgebrochen und seinem Lebenstraum womöglich sämtliche Ersparnisse geopfert hat, steht unter einem wesentlich höheren Erfolgsdruck.

Vielleicht macht einen die „Bewährungsfrist“ in der Fremde auch zu jenem sprichwörtlichen Wanderer zwischen zwei Welten, der den Winter im Süden und den Sommer in der Heimat verbringt. Es gibt zahlreiche Rentner, die seit Jahren nach diesem Modell leben und sich in beiden Welten zu Hause fühlen.

Der steinige Weg zur eigenen Finca

Wer sich heutzutage eine Finca oder ein Apartment auf Mallorca oder in einem anderen südlichen Urlaubsgebiet anschaffen möchte, muss tief in die Tasche greifen: In den so genannten Exklusivlagen Mallorcas etwa sind Angebote ab einer Million Euro für eine Villa keine Seltenheit. Das Gleiche gilt für die Côte d'Azur und die französische Riviera.

Die Lieblingsregionen der Deutschen sind ein Dorado für Immobilienmakler. Mit Hochglanzprospekten wird für den Kauf von „Traumhäusern“ geworben, die sich häufig als Albtraum entpuppen – zum Beispiel, weil keine Baugenehmigung für Erweiterungsbauten vorliegt oder verdeckte Baumängel sich erst lange nach dem Einzug bemerkbar machen. „Manchen Leuten fällt erst im Nachhinein auf, dass ihr Grundstück weder Wasser- noch Stromanschluss hat“, erzählten uns Dieter Rahmel und Thomas vom Hofe, die eine große Villa in der Nähe von Deja gekauft, restauriert und zum Hotel umgebaut haben. „Bis eine Stromleitung verlegt ist, gehen oft Jahre ins Land, außerdem ist es sündhaft teuer.“

Grundsätzlich unterliegt der Grundstücks- und Immobilienerwerb im Ausland den landeseigenen Rechts- und Steuervorschriften. Deutsche Verfahrensweisen lassen sich also nicht eins zu eins übertragen. In Spanien zum

Beispiel fallen wesentlich höhere Grunderwerbsteuern an als in Deutschland (auf Mallorca 7 Prozent statt wie bei uns 3,5 Prozent des notariell beurkundeten Kaufpreises), und bereits eine mündliche Kaufzusage gilt als rechtsgültiger Vertrag, der vor Gericht eingeklagt werden kann. Normalerweise wird in Spanien vor dem notariellen Kaufvertrag ein privatschriftlicher Kaufvertrag abgeschlossen, in dem alle relevanten Daten des Verkaufsgegenstandes (zum Beispiel die Höhe des Kaufpreises) sowie Rechte und Pflichten der Vertragsparteien festgelegt sind (zum Beispiel, wer die Notarkosten bezahlt). Danach erfolgt die Beurkundung des Vertrags durch einen Notar und eine entsprechende Meldung an die Steuerbehörde und das Eigentumsregister. Für den Eintrag des Eigentums ins Eigentumsregister hat der Käufer selbst zu sorgen; dabei muss er den Nachweis vorlegen, dass er die Grunderwerbsteuer bezahlt hat. Um Steuern zu sparen, lassen sich manche Grundstücks- und Gebäudeeigner jedoch nicht ins Eigentumsregister eintragen. Das Gleiche gilt für – scheinbar – findige Käufer. „Doch", so der Vorsitzende der „Deutschen Schutzvereinigung Auslandsimmobilien e.V.", Peter Schöllhorn, „solange der neue Eigentümer nicht im spanischen Eigentumsregister eingetragen ist, kann der Verkäufer noch ein weiteres Mal verkaufen. Wird dann der zweite Käufer im Grundbuch eingetragen, ist das Grundstück für den ersten Käufer verloren" (2002, S. 79 f.). Unter anderem deshalb warnen Experten wie Peter Schöllhorn zu Recht immer wieder davor, sich in das Abenteuer Hauskauf zu stürzen, ohne sich zuvor gründlich über den landeseigenen Immobilienmarkt zu informieren und sich rechtlichen oder gutachterlichen Beistand zu sichern. Deutsche Mallorca-Residenten mit einschlägigen Erfahrungen raten ebenfalls dazu, einen Rechtsanwalt mit der Abwicklung zu beauftragen.

Die Suche nach dem richtigen Objekt oder Grundstück erweist sich oft als ausgesprochen langwierig. Kann oder möchte man diese Zeit nicht aufbringen, besteht die Möglichkeit, den Erwerb einer Auslandsimmobilie nahezu komplett über den „Casa-Europa"-Service der Landesbausparkassen abzuwickeln. Interessenten können sich bereits in Deutschland über das Immobilienangebot ihrer Wunschregion informieren und werden dann an das zuständige Büro vor Ort – auf Mallorca nach Palma oder Deja – weiterverwiesen, das die Baumaßnahme koordiniert und die Käufer bei Vertrags- und Behördenangelegenheiten unterstützt. Die LBS arbeitet laut eigener Aussage nur mit Bauträgern zusammen, die einen bestimmten Qualitätsstandard nachweisen können, und übergibt dem Kunden die erworbene Immobilie schlüsselfertig. Für ihre Leistungen berechnet sie eine Vertriebsprovision, die bei Neubauten vom Käufer, bei Gebrauchtimmobilien hingegen vom Verkäufer zu tragen ist.

Bei Häusern oder Wohnungen, die nicht schlüsselfertig übergeben werden, ist es mit Kaufen allein oft nicht getan. Frisch gebackene Fincabesitzer stürzen sich meist sogleich in Umbaumaßnahmen, voller Zuversicht, ihr sanierungsbedürftiges Domizil schon bald in ein stilecht renoviertes Anwesen verwandelt zu haben. Doch wer im Ausland baut oder umbaut, besitzt in der Regel nicht das nötige Insiderwissen, das vor unliebsamen Überraschungen schützt. Er benötigt daher Zeit- und Geldreserven, um Fehler ausbügeln zu können. Dieter Rahmel und Thomas vom Hofe beispielsweise hatten sich vorgenommen, Umbau und Renovierung ihres Hotels innerhalb von ein, zwei Jahren über die Bühne zu bringen. Spätestens dann sollte eröffnet werden. Doch auf Mallorca ticken die Uhren anders. Die Renovierung dauerte insgesamt sieben Jahre. „Währenddessen ist allein die Bauakte dreimal verloren gegangen. Wir haben die Verzögerungen nur überstanden, weil wir Geld hatten."

Immerhin konnten sie den Baufortschritt vor Ort verfolgen, weil sie sich rund ums Jahr auf Mallorca aufhielten. BauherrInnen, die dieses Privileg nicht haben, sind auf das Entgegenkommen von Architekten, Bauleitern, Handwerkern oder Bauunternehmern angewiesen und müssen sich mit dem abgelieferten Ergebnis zufrieden geben. Nichtsdestotrotz sollte man während der Baumaßnahmen so oft wie möglich auf der Baustelle erscheinen, um zu kontrollieren, ob alles läuft wie gewünscht. „Hier muss man den Handwerkern ständig in den Hacken stehen. Manche machen den Fehler und fahren nach Deutschland zurück und lassen die hier arbeiten. Dann kann man 100 Jahre warten, bis es weitergeht", berichtete uns Isolde Fiedler. Auch Hans-R. Grundmann, Hartmut Ihnenfeldt und Peter Maniott warnen in ihrem empfehlenswerten Buch *Reif für Mallorca* vor allzu viel Vertrauensseligkeit und plädieren für eine möglichst intensive Präsenz auf der Baustelle: „Pläne haben nämlich in Spanien bisweilen nicht die gleiche Bedeutung wie bei uns. Es gibt manchen Neubau, in dem Fenster und Türen an anderer Stelle angebracht wurden, als im Plan vorgesehen war, einfach, weil die Bauarbeiter das angebrachter fanden" (2000, S. 128).

Auch wenn es angesichts dieser Gepflogenheiten paradox anmuten mag: Es ist dringend davor zu warnen, aus Nachlässigkeit oder Leichtsinn die vorgeschriebenen Genehmigungsverfahren – das heißt die Einholung einer Baugenehmigung für Neu-, Um- oder Ausbau – zu umgehen. Soll ein baufälliges Haus instand gesetzt oder umgebaut werden, empfiehlt sich zudem die Überprüfung der Bausubstanz durch einen unabhängigen Gutachter oder Architekten.

Gleichgültig, ob Sie von einem Bauträger oder Makler kaufen, sich einen Neubau oder einen Umbau vornehmen: Gute Kenntnisse der jeweiligen Landessprache werden Ihnen die Kommunikation mit allen Beteiligten enorm erleichtern und die Abhängigkeit, in die Sie sich begeben, auf ein zumindest kalkulierbares Maß zurückschrauben. Verträge, Genehmigungen und Urkunden allerdings lassen sich auch mit guten Sprachkenntnissen meist nur teilweise verstehen – vom juristischen Bedeutungsgehalt einmal ganz abgesehen. Lassen Sie entsprechende Dokumente daher lieber von Profis übersetzen und prüfen.

Unterstützung und Beratung beim Immobilienerwerb im Ausland bieten zum Beispiel die bereits oben erwähnte „Deutsche Schutzgemeinschaft Auslandsimmobilien e.V." sowie die „Deutsche und Schweizerische Schutzgemeinschaft für Auslandsgrundbesitz e.V." (Adressen siehe Anhang). Diese übernehmen für ihre Mitglieder die anwaltliche Prüfung von Vertragsunterlagen, sind bei der Übersetzung von Dokumenten behilflich und beantworten rechtliche und steuerrechtliche Fragen. Zudem beraten sie in Erbschaftsfragen.

Was ist vor einem Umzug ins Ausland zu klären?

- Sind Sie ausreichend über die klimatischen Verhältnisse im Land Ihrer Wahl informiert? Vertragen Sie dieses Klima langfristig, auch während Schlechtwetterperioden und der kalten Jahreszeit?
- Kennen Sie Landsleute, die sich in Ihrer Wunschregion niedergelassen haben? Lassen Sie sich von ihren Erfahrungen berichten!
- Ist die Infrastruktur des Ortes Ihrer Wahl für Ihre Bedürfnisse ausreichend? Gibt es genügend Einkaufsmöglichkeiten, eine Bank und einen Arzt in der Nähe? Wie steht es mit dem öffentlichen Personennahverkehr?
- Sind Sie bereit, die Landessprache zu erlernen?
- Wissen Sie, welchen Versicherungs- und Steuervorschriften Sie in Ihrem Gastland unterworfen sind?
- Sind Sie in der Lage, Ihren Auslandsaufenthalt auch bei steigenden Lebenshaltungskosten auf Dauer zu finanzieren?
- Wie wollen Sie Ihren Alltag und Ihre freie Zeit gestalten?
- Können Sie damit leben, längere Zeit von Ihren Verwandten und Freunden in Deutschland getrennt zu sein? Sind Sie bereit, neue Freundschaften zu schließen?
- Haben Sie vorgesorgt für den Fall, dass Sie krank oder pflegebedürftig werden?

Ämter, Regeln, Paragrafen: Wege durch den Behördendschungel

Aufenthaltsgenehmigung

Rentnerinnen und Rentner aus einem der Mitgliedstaaten des Europäischen Wirtschaftsraums (EWR) können sich seit 1990 nahezu einschränkungslos in einem anderen Mitgliedstaat niederlassen. Viele wissen jedoch nicht, dass sie für den dauerhaften Aufenthalt im jeweiligen Gastland eine Aufenthaltsgenehmigung benötigen. Diese wird erteilt, wenn der Antragsteller nachweisen kann, dass er für sich und eventuell mit einreisende Familienangehörige über eine Krankenversicherung und über Existenzmittel verfügt, die über dem Sozialhilfesatz des Gastlandes liegen. Hierfür genügt in der Regel die Vorlage des Rentenbescheids. In der entsprechenden EU-Richtlinie ist festgelegt, dass der Mitgliedstaat vom Antragsteller keine weitergehenden Einkommensnachweise verlangen kann. In einer Bewertung der Umsetzung dieser Richtlinie stellt die Europäische Kommission jedoch fest, „dass die Behörden sehr häufig Nachweise über die Existenzmittel verlangen (Bankauszüge der letzten Monate, Bescheinigungen über den Kontenstand, Steuerbescheinigungen usw.), die im Sinne der Richtlinie als überzogen einzustufen sind“ (o.J., S. 16). Auch das Antragsverfahren erweist sich manchmal als langwierig und problematisch. Auf Mallorca zum Beispiel sind bis zur Ausstellung der „Tarjeta de Residencia“ aufgrund der unterbesetzten und oft auch noch mangelhaft ausgestatteten zuständigen Behörde häufig monatelange Wartezeiten in Kauf zu nehmen. „Wer hierher kommt und bleiben will, muss sich umstellen. Es dauert ein halbes Jahr, bis man den Ausweis hat“, berichtete uns Isolde

Fiedler. Ist die Aufenthaltserlaubnis erst einmal erteilt, gilt sie innerhalb des EWR in der Regel zunächst für fünf Jahre und wird dann verlängert.

Sollten sich Ihre finanziellen Verhältnisse während Ihres Aufenthaltes so dramatisch verschlechtern, dass Ihre Einkünfte unter den Sozialhilfesatz des Gastlandes sinken, liegt es im Ermessen der Behörden, ob Ihnen Sozialhilfe gewährt wird oder nicht. Eine Verpflichtung dazu gibt es nicht, und so bleibt vielen, denen im Alter das Geld ausgeht, nur die Rückkehr in die Heimat.

Wer sich außerhalb des Europäischen Wirtschaftsraums niederlassen möchte, sollte sich zunächst gründlich über die Aufenthaltsbestimmungen seines Wunschlandes informieren – und wird vielleicht manche Enttäuschung hinnehmen müssen. Rentnerinnen und Rentner mit dem Fernziel Amerika zum Beispiel müssen sich darauf gefasst machen, dass ihr Traum von Sun City oder einer anderen Rentnerkommune wie eine Seifenblase zerplatzt, wenn sie nicht ganz bestimmte Voraussetzungen erfüllen. Da in den USA – anders als etwa in Australien – kein spezielles Einwanderungsprogramm für RentnerInnen existiert, unterliegen diese „genauso wie jeder andere Einwanderungswillige den geltenden Einwanderungsbestimmungen“, stellt das Bundesverwaltungsamt fest. „In der Regel kommt für die Gruppe der RentnerInnen nur eine Kategorie in Betracht, unter der sie in die USA einreisen und ständiges Aufenthaltsrecht erhalten können: Einwanderung auf Grund von Familienangehörigkeit. (...) Allerdings müssen hier – abhängig vom Grad der Verwandtschaft – unter Umständen langjährige Wartezeiten in Kauf genommen werden“ (Schreiben des Bundesverwaltungsamtes vom 17.5.2002).

Renten- und Krankenversicherung

Deutsche Rentner mit Dauerwohnsitz im Ausland erhalten innerhalb des EWR und in den meisten anderen Ländern ihre Rente in voller Höhe ausbezahlt. Dies gilt allerdings nicht – zumindest bisher nicht – für die Riester-Rente: Wer in Deutschland nicht mehr steuerpflichtig ist, muss die erhaltenen Zuschüsse zurückzahlen. Dafür wird die monatliche Auszahlungssumme um 15 Prozent gekürzt.

Mitglieder der gesetzlichen Krankenversicherung für Rentner genießen im Gastland Krankenversicherungsschutz und haben – da sie zugleich bei der sozialen Pflegeversicherung pflichtversichert sind – im Pflegefall Anspruch auf Pflegegeld. Vor dem Umzug melden Sie sich bei der Heimatkrankenkasse ab (ohne die Mitgliedschaft zu kündigen!) und lassen sich das Formular E 121 ausstellen, mit dem Sie sich dann bei der gesetzlichen Krankenversicherung am neuen Wohnsitz einschreiben. Die Beiträge richten sich nach den rechtlichen Bestimmungen des Heimatlandes.

Mitglieder der gesetzlichen Krankenkasse haben im Ausland allerdings lediglich Anspruch auf Sachleistungen „nach Maßgabe des Rechts ihres Wohnstaates" (BfA-Info Nr. 32/ 2002, S. 68). Umfang und Inhalt dieser Sachleistungen – also medizinische und ärztliche Behandlung, Arzneimittel und Krankenhausbehandlung – sind aufgrund der unterschiedlichen Krankenversicherungssysteme innerhalb Europas von Land zu Land verschieden. Wer zum Beispiel nach Spanien auswandert und über die staatliche Krankenkasse „Insalud" (Institut Nacional de la Salud) abgesichert ist, muss sich zur Behandlung in eines der staatlichen Gesundheitszentren (Centro de Salud) begeben und wird dann bei Bedarf an einen Facharzt oder in eines der Vertragskrankenhäuser überwiesen. Anders als in Deutschland hat man in Spanien keine freie Arztwahl. Damit kommen nicht alle Eingewanderten zurecht. „Man muss dann beispielsweise nach Son Dureta in Palma, das ist ein Riesenkasten, und es gibt stundenlange Wartezeiten. Nicht, dass die Ärzte nicht gut wären, aber es ist eben eine Massenabfertigung", begründet Isolde Fiedler ihre Entscheidung für den Abschluss einer privaten Zusatzversicherung. Auch viele Spanier wählen diese Variante. Deutsche Residenten, die Wert darauf legen, einen deutschen Arzt konsultieren zu können oder in einer gut ausgestatteten Privatklinik untergebracht zu werden, sollten sich ebenfalls den Abschluss einer Privatversicherung überlegen. Wer ohne diese Absicherung einen privat praktizierenden Arzt aufsucht oder sich in eine Privatklinik einweisen lässt, muss die Behandlungskosten selbst tragen.

Über die Qualität und den Leistungskatalog des staatlichen spanischen Gesundheitssystems hört man sehr Unterschiedliches. Vor allem RentnerInnen klagen darüber, dass physiotherapeutische Maßnahmen, also zum Beispiel Krankengymnastik, nicht über die „Insalud" abgerechnet werden können. Auch Medikamente müssen häufig aus eigener Tasche bezahlt werden, desgleichen Brillen, Prothesen, Rollstühle und andere Hilfsmittel. Zahnbehandlungen einschließlich Zahnersatz sind ebenfalls grundsätzlich Privatsache. Tritt Pflegebedürftigkeit ein, erhalten Pflichtversicherte zwar Pflegegeld – um die Pflegeleistung müssen sie sich jedoch selbst kümmern. Da es in Spanien keinen entsprechenden Dienstleistungsmarkt gibt, ist es häufig schwierig, eine professionelle ambulante Pflege zu organisieren. Zwar haben sich auf Mallorca in den letzten Jahren mehrere deutsche ambulante Pflegedienste niedergelassen, doch einige von ihnen existieren bereits nicht mehr, und andere, die in den deutschsprachigen Zeitungen Mallorcas inserieren, sind oft tagelang nicht zu erreichen. Eine von uns befragte Rentnerin riet deshalb dazu, sich von vornherein eine Wohnung mit zwei Bädern und zwei Schlafzimmern zu nehmen, damit bei Bedarf eine pflegende Person mit einziehen kann.

Wer nicht Mitglied der Pflicht-KVdR, sondern freiwillig versichert ist, kann unter bestimmten Voraussetzungen einen Zuschuss zur Kranken- und Pflegeversicherung beantragen. Privatversicherte erhalten nur einen Zuschuss zur Kranken-, nicht aber zur Pflegeversicherung, und zwar dann, wenn sie „bei einem privaten Krankenversicherungsunternehmen versichert (sind), das der deutschen oder der Aufsicht eines anderen Mitgliedstaates unterliegt“ (BfA-Info Nr. 32/2002, S. 68). Was den Versicherungsschutz angeht, so sind freiwillig Versicherte nach Auskunft der „Deutschen Verbindungsstelle Krankenversicherung Ausland“ (DVKA) Pflichtversicherten gleichgestellt.

Für privat Versicherte stellt sich bei einem Umzug ins Ausland die Frage, ob sie ihre deutsche Versicherung – sofern diese einen dauerhaften Aufenthalt im Ausland überhaupt absichert – kündigen sollen, um in der neuen Heimat eine neue abzuschließen, oder nicht. Private spanische Vollversicherungen sind meist günstiger als deutsche, unterliegen jedoch anderen Bedingungen. Versicherte haben grundsätzlich die Möglichkeit, unter verschiedenen Vertragsärzten und Kliniken zu wählen. Bei der Entscheidung für oder gegen eine bestimmte Privatversicherung sollten Sie daher darauf achten, dass Sie sich im Fall des Falles in eine möglichst nahe gelegene Klinik begeben können.

Die Angebote der Privatversicherungen sind sehr unterschiedlich. Generell tragen auch sie weder Kosten für Medikamente (es sei denn, sie werden im Krankenhaus oder beim Arzt verabreicht) noch für Brillen, Prothesen oder Zahnersatz. Darüber hinaus begrenzen viele Gesellschaften die Höhe ihrer Leistung auf eine bestimmte Summe pro Jahr und/oder beschränken die Leistungsdauer im Krankenhaus oder auf der Intensivstation.

Vor dem Abschluss einer Police sollten Sie daher die Versicherungsbedingungen der zur Auswahl stehenden Gesellschaften nach folgenden Kriterien prüfen:

- Wie viele beziehungsweise welche Vertragsärzte stehen zur Auswahl?
- Wie hoch ist die Selbstbeteiligung bei Arztbesuchen und Krankenhausaufenthalten?
- Sind bestimmte Behandlungen ausgeschlossen (vor allem Dialyse, Transplantationen, Aids-Behandlung)?
- Gibt es Wartezeiten, zum Beispiel bei erforderlichen Klinikaufenthalten?
- Sind Vorsorgeuntersuchungen mitversichert?
- Gibt es eine Höchstentschädigung pro Jahr?
- Ist die Leistungsdauer im Krankenhaus oder auf der Intensivstation begrenzt?
- Sind Kfz-Unfälle mitversichert?
- Sind Auslandsreisen mitversichert?
- Wie hoch ist die Jahresprämie?
- Hat die Gesellschaft ein Kündigungsrecht? (Wenn ja, stehen Sie unter Umständen irgendwann ohne Versicherungsschutz da!)

Versicherungsexperten warnen davor, eine bestehende deutsche Privatversicherung vorschnell und ohne fachliche Beratung zu kündigen, nur um Geld zu sparen. Zum einen versichern spanische private Versicherungsgesellschaften nur Personen, deren Gesundheitszustand den geltenden Aufnahmerichtlinien entspricht. Bei Vorerkrankungen führt dies oft zur Ablehnung eines Aufnahmeantrags. Auch bei Überschreiten einer festgelegten Altersgrenze werden Antragsteller nicht mehr aufgenommen. Zum anderen verliert man bei einer eventuellen Rückkehr nach Deutschland unter Umständen seinen Versicherungsschutz komplett, da die frühere deutsche Privatversicherung einen nicht mehr aufnimmt. Wer sich für diesen Fall absichern möchte, sollte eine Anwartschaftsversicherung abschließen, um wieder zu den ursprünglichen Bedingungen in den alten Vertrag einsteigen zu können.

„Die Tür zur Vergangenheit ist zu" – In der Wahlheimat Wurzeln schlagen

Sie haben ein Haus gefunden, das Ihnen gefällt, vielleicht schon alle Behördengänge hinter sich gebracht, Ihr Auto umgemeldet, die Umzugskisten ausgepackt und es sich in Ihrem neuen Domizil so richtig gemütlich gemacht. Und jetzt? Jetzt ist es Zeit, die neue Heimat wirklich zu entdecken. Die Möglichkeiten hierzu sind so verschieden wie zahlreich.

Wenn Sie die Landessprache nicht oder nur unzureichend beherrschen, empfiehlt sich zum Beispiel ein Sprachkurs, in dem Sie ganz nebenbei auch erste Kontakte zu Landsleuten knüpfen können. Auf Mallorca werden sowohl Spanisch- als auch Catalán-Kurse für Anfänger und Fortgeschrittene angeboten. Wer seine Ziele nicht zu hoch schraubt, kann es mit Geduld und Fleiß auch im fortgeschrittenen Alter noch zu akzeptablen Spanischkenntnissen bringen; das Catalán allerdings gilt bei vielen als nicht erlernbar, und sogar Herbert Heinrich, der deutsche Inselveteran, kommt in seinem Buch *Unruhestand unter Palmen* zu dem Schluss: „In der Praxis gelingt es fast nur Menschen, die in jungen Jahren auf die Insel kommen, die Lokalsprache Catalán/Mallorqui zu erlernen, wenn sie in einem Dorf unter Mallorquinern leben und ihre Kinder in eine mallorquinische Schule gehen" (2000, S. 103 f.). Spanisch hingegen kann man sich nicht nur leichter aneignen; man kann auch mehr damit anfangen – und es hilft dabei, den eigenen Lebensradius kontinuierlich zu erweitern.

Um mit deutschen Residenten ins Gespräch zu kommen, genügt in der Regel der Besuch eines der Gottesdienste, die von der deutschsprachigen evangelischen und katholischen Gemeinde regelmäßig an verschiedenen Orten Mallorcas abgehalten werden. Wer möchte, kann dort auch Kontakt zum ökumenischen Chor knüpfen, der zurzeit aus etwa 50 Mitgliedern besteht und für Verstärkung dankbar ist. Im Winterhalbjahr organisiert die deutschsprachige evangelische Gemeinde außerdem jeden Monat Residententreffen. Im Winter 2002/2003 standen zum Beispiel Tagesausflüge zum botanischen Garten in Sollér oder nach Muro auf dem Programm. Näheres dazu und weitere kirchliche Angebote finden Sie im Gemeindebrief *Das Beiboot*.

Deutsche Gemeinden der evangelischen und katholischen Kirche gibt es weltweit von Schweden bis Südafrika; ihre Vertretungen befinden sich meist in größeren Städten oder beliebten Urlaubsorten. Sei es Rom, Neapel oder Florenz, Marseille, Athen, Lissabon oder Barcelona, Marbella, Gran Canaria oder Johannesburg – Interessierte werden fast überall fündig. Genauere Informationen erhält man über das Internet unter

„www.ekd.de/ausland" für die evangelische und unter „www.kath.org/kasdbk" für die katholische Kirche.

Praktische Hinweise, Kontaktmöglichkeiten und Veranstaltungstipps bieten auch die weit verbreiteten deutschsprachigen Radiosender und Zeitungen, etwa das „Radio onda aleman" auf Gran Canaria oder die Costa Blanca Nachrichten. (Einen Index deutschsprachiger Zeitungen im Ausland finden Sie unter „www.press-guide.coni/zeitung.htm".) Wer sich übers Internet mit Gleichgesinnten austauschen oder Kontakt zu Landsleuten im Ausland aufnehmen möchte, kann sich außerdem an die Interessengemeinschaft Deutschsprachiger im Ausland („www.web-wren.com/IDA/ ImAusland") wenden.

Dies sind nur einige von vielen Möglichkeiten, Kontakte zu Landsleuten wie Einheimischen zu knüpfen und sich mit den Gepflogenheiten der neuen Heimat vertraut zu machen. Wie auch immer Sie es anstellen: Versuchen Sie sich im Laufe der Zeit ein stabiles soziales Netz aufzubauen, das auch in Krisenzeiten trägt. „Der Mensch ist nicht dazu geschaffen, allein zwischen Bäumen und Steinen, dem klaren Himmel und dem azurblauen Meer, zwischen Blumen und Bergen zu leben; er ist vielmehr dazu bestimmt, mit anderen Menschen, mit seinesgleichen zu leben" (Sand 2001, S. 221). Um in der neuen Heimat Wurzeln zu schlagen, brauchen Sie Freunde; auf Bekannte und Verwandte aus Deutschland können Sie im Notfall nicht bauen. Gestalten Sie Ihren Alltag so, dass Ihnen nicht nach sechs Monaten vor Langeweile die Decke auf den Kopf fällt. Nehmen Sie sich den Rat einer Rentnerin zu Herzen, die nach 22 Jahren Mallorca noch längst nicht ans Heimkehren denkt: „Du musst dich irgendwo anschließen, dich für vieles interessieren, dann bist du nicht allein. Das ist das Wichtigste. Die Tür zur Vergangenheit ist zu."

Nachwort

Die Stimmen, die Alternativen zu den herkömmlichen Modellen des Altwerdens und Unterstützung für neue Wohnformen fordern, sind in den letzten Jahren lauter und zahlreicher geworden, doch geändert hat sich wenig. Wer auf die viel beschworene Freizügigkeit im vereinten Europa baut und seine Zelte in einem Nachbarland aufschlagen möchte, braucht noch immer viel Glück und einen guten Rechtsanwalt. Noch immer ist der Weg für selbst organisierte Wohnprojekte lang und steinig und mit bürokratischen Hürden aller Art gespickt, und noch immer wirken die Vorstöße von Sozialpolitikern, etwas an dieser misslichen Situation zu ändern, allzu zaghaft und halbherzig, obwohl Demografen, Sozialwissenschaftler und Altersforscher seit Jahren die offenkundige „Diskrepanz zwischen der Bedarfssituation und den konventionellen Angeboten" und das Fehlen von „Perspektiven" beklagen (Blonski 1997, S. 7). Mangel herrscht allenthalben: Es fehlt an Ideen und an Fantasie, an geeigneten Förderinstrumenten, an günstigen Grundstücken, an Engagement und Kooperationsbereitschaft bei Politikern, Kommunen und Wohnungsbauunternehmen. Unbeirrt investieren einige Bundesländer Jahr für Jahr horrende Summen in immer neue Einrichtungen des Betreuten Wohnens, während so manche von ehrenamtlichen Kräften getragene Beratungsstelle für alternative Wohnformen um ihre Existenz bangen muss.

Eine unverständliche, ja gefährliche Ignoranz: Eine Gesellschaft, die wie die unsere rapide und unaufhaltsam altert, ist auf nichts so dringend angewiesen wie auf den

Mut und die Erfahrungen von Menschen, die nach neuen Antworten auf die Fragen der Zukunft suchen. „Es ist, als würden wir in unserer dritten Lebensphase neue Möglichkeiten für die Gesellschaft als Ganze erproben", schreibt Betty Friedan über die Abenteuer und Freiheiten des Alterns (1995, S. 804). Das Bild von der Zukunft, die uns erwartet, verlangt nach Farben und nach Tiefenschärfe. Es ist Zeit, unsere Haltung zum Alter einer kritischen Revision zu unterziehen. Es ist Zeit, die ausgetretenen Pfade zu verlassen. Die Menschen, die in diesem Buch zu Wort gekommen sind, gehen uns dabei voran.

Die Zukunft hat schon begonnen.

Anhang

Beratungsstellen

Die im Folgenden aufgeführten Beratungsstellen erteilen Auskunft über Möglichkeiten und Konzepte des gemeinschaftlichen Wohnens. Manche von ihnen bieten über die allgemeine Unterstützung bei der Projektentwicklung hinaus auch Rechtsberatung an; andere wenden sich an spezielle Zielgruppen (zum Beispiel Frauen oder Mehrgenerationengemeinschaften). Die meisten verstehen sich außerdem als „Promoter" einer neuen Lebensform und versuchen InteressentInnen über Projektbörsen zusammenzuführen und Einzelinitiativen zu koordinieren. Leider haben die bereits seit Jahren sehr unterschiedlichen wohn- und altenpolitischen Konzepte der Bundesländer zu einem deutlichen Nord-Süd-Gefälle geführt: Projekte und Beratungsangebote konzentrieren sich auf den nordwestdeutschen Raum. So verfügt beispielsweise Nordrhein-Westfalen über zwei eigenständige Beratungsstellen, während es in Baden-Württemberg und Bayern lediglich Vertretungen des bundesweit tätigen „Forums für gemeinschaftliches Wohnen im Alter" gibt. Ähnliches gilt für Ostdeutschland.

Viele Beratungsstellen sind nicht nur auf die finanzielle Förderung durch das jeweilige Bundesland oder andere Zuschüsse angewiesen, sondern auch auf die Unterstützung durch ehrenamtlich tätige MitarbeiterInnen und müssen ihr Angebot immer wieder auf neue, meist schrumpfende Fördersummen abstimmen. Auch die lang erwartete und vom „Kuratorium Deutsche Altershilfe" immer wieder angekündigte Datenbank rund um das Wohnen im Alter, die im Rahmen des Modellprogramms „Selbstbestimmt wohnen im Alter“ (1998–2001) eingerichtet werden sollte, fiel dem Rotstift zum Opfer. Daher sind oft längere Wartezeiten und/oder Wege in Kauf zu nehmen, um in den Genuss einer Beratung zu kommen, in vielen Fällen hilft bereits ein Telefonat oder ein Blick ins Internet weiter. Erwägt eine Gruppe, an einem Seminar oder Workshop teilzunehmen, kann es sich lohnen, die ReferentInnen anreisen zu lassen, anstatt sich zu siebt oder acht in den Zug zu setzen. Bei der Konzeption solcher Veranstaltungen helfen die kommunalen Seniorenbüros sicherlich gerne weiter.

Die folgende Zusammenstellung von Beratungsstellen erhebt keinen Anspruch auf Vollständigkeit. Wir haben bei der Auswahl jedoch darauf geachtet, thematisch wie geografisch ein möglichst breites Spektrum abzudecken. In welchem Umfang Beratungstätigkeiten angeboten werden, hängt unter anderem von den personellen Kapazitäten der Organisationen ab. Nicht alle definieren sich selbst als „Beratungsstellen“, stehen Rat Suchenden aber gerne Rede und Antwort und sind uns durch ihr besonderes Engagement aufgefallen.

Eine Bemerkung zu Österreich und der Schweiz:

Aufgrund des anderen Rentensystems in der Schweiz bestehen dort bislang kaum Angebote für Wohnalternativen im Alter, die durch regionale und/oder überregionale Beratungsstellen gefördert werden. Die meisten älteren Menschen bevorzugen noch immer einen Platz im Altenheim. Wenn Sie sich dennoch bei der Planung und Durchführung eines Gemeinschaftswohnprojekts beraten lassen wollen, wenden Sie sich bitte an die zuständigen Gemeindeverwaltungen.

Leserinnen aus Österreich können sich an folgende Adresse wenden, die Gruppenmoderation anbietet und zwischen selbst organisierten Gruppen und Wohnungsbauunternehmen vermittelt. Auf Wunsch begleitet diese Beratungsstelle Gruppen auch während des Umsetzungsprozesses:

wohnbund:consult
Hellbrunner Str. 3/8
A-5020 Salzburg
Tel/Fax: +43/(0)662/87 21 77
www.wohnbund.at/consult.htm
wohnbund.sbg@aon.at

Überregionale Beratungsstellen

Forum für gemeinschaftliches Wohnen im Alter e.V. (FGWA)

Rechtsform: gemeinnütziger Verein, gegründet 1992.

Organisation: Das FGWA ist ein Zusammenschluss aus Vereinen und Einzelpersonen. Es unterhält neben einer Geschäftsstelle in Hannover ein Netz von regionalen Kontaktstellen in Sachsen, Sachsen-Anhalt, Berlin, Hamburg/Schleswig-Holstein, Bremen, Niedersachsen, Hessen, Nordrhein-Westfalen, Baden-Württemberg und Bayern (die Adressen erhalten Sie bei der Bundesgeschäftsstelle in Hannover). Das FGWA ist mitwirkende Organisation der „Bundesarbeitsgemeinschaft der Senioren-Organisationen e.V." (BAGSO) und Mitglied beim „wohnbund e.V. Verband zur Förderung wohnpolitischer Initiativen".

Ziele: Ziel des Vereins ist es, das gemeinschaftliche Wohnen als Alternative zu Alten- und Pflegeheimen bundesweit bekannt zu machen und zu fördern. Das Forum möchte „Menschen anregen, für sich neue Wohn- und Lebensformen zu finden und in der sich verändernden Gesellschaft neue tragfähige soziale Strukturen zu schaffen".

Angebote: Schwerpunkt ist die Initiierung, Beratung und Vernetzung von Wohnprojekten älterer und jüngerer Menschen. Die „Beratungsstelle für ‚Gemeinschaftliches Wohnen'", die das Forum im Anschluss an das vom Bundesministerium für Familien, Senioren, Frauen und Jugend initiierte Modellprogramm „Selbstbestimmt Wohnen im Alter" (1998–2001) einrichtete, erteilt nicht nur Auskunft über lokale, regionale und bundesweite Initiativen, denen InteressentInnen sich anschließen können, sondern unterstützt sie auch bei der Entwicklung eigener Projekte von der Planung bis zur Realisierung, zum Beispiel durch die Moderation von Gruppenprozessen. Bei Bedarf vermittelt das Forum den Kontakt zu professionellen Finanz- und Rechtsberatern. Es organisiert Seminare und Tagungen rund um das gemeinschaftliche Wohnen, zum Teil mit Kooperationspartnern wie den „Grauen Panthern" oder dem „AWiG"-Verein (der zugleich als sächsische Regionalstelle fungiert). Es unterhält im Internet und in seiner Mitgliederzeitschrift *Forum* aktuell eine Projektbörse, über die Sie Kontakt zu bereits bestehenden Initiativgruppen knüpfen oder eine eigene Projektidee vorstellen können.

Kosten: Die Erstberatung ist kostenlos; weitere Beratungen werden nach Aufwand abgerechnet. Die Teilnahme an der Projektbörse ist für Vereinsmitglieder kostenlos, Nichtmitglieder zahlen 43 Euro; dies entspricht dem jährlichen Mitgliedsbeitrag.

Kontakt:

Forum für gemeinschaftliches Wohnen im Alter e.V.
Geschäftsstelle Hannover
Gerda Helbig
Hohe Str. 9
30449 Hannover
Tel.: 0511/92 40 01-8 27
Fax: 0511/92 40 01-8 99
www.fgwa.de
fgwa@real-net.de

Kuratorium Deutsche Altershilfe (KDA)

Rechtsform: gemeinnütziger Verein, gegründet 1962.

Ziele: Erforschung der Lebenssituation betagter und alternder Menschen und Entwicklung von Konzepten und Modellen für die Altenhilfe. Arbeitsschwerpunkte: Verbesserung der häuslichen Wohnsituation, mehr Wohn- und Lebensqualität im Heim, Qualifikation von Altenhilfe-Mitarbeiterinnen.

Angebote: Das KDA beteiligte sich an dem zwischen 1998 und 2001 laufenden Bundesmodellprogramm „Selbstbestimmt wohnen im Alter" vor allem durch den Aufbau einer Datenbank mit aktuellen Fachinformationen rund um das Thema „Wohnen im Alter". Diese Datenbank ist zum einen regional nach Bundesländern und Kommunen und zum anderen thematisch nach Sachgebieten gegliedert. Als Stichpunkte seien die Themen „Altersgerechtes Wohnen", „Neue Wohnformen", „Wohnen in spezifischen Bedarfslagen" genannt. Aufgrund finanzieller Engpässe konnten die Inhalte der Datenbank nicht, wie beabsichtigt, im Internet zugänglich gemacht werden. Interessierte können sich jedoch schriftlich oder telefonisch an das KDA wenden und gegen ein geringes Entgelt Informationsmaterial unter anderem zu folgenden Themen anfordern: „Rechtliche Rahmenbedingungen für das gemeinschaftliche Wohnen“ (Rechtsvorschriften, Musterverträge), „Beratung“ (Adressen von Initiativgruppen, Fortbildungsmöglichkeiten), „Projektbeschreibungen“ und „Literatur“ (unter anderem Erfahrungsberichte).

Kosten: Der Tagessatz für Projektberatungen liegt bei 650 Euro.

Kontakt:

Kuratorium Deutsche Altershilfe
An der Pauluskirche 3
50677 Köln
Tel.: 0221/93 18 47-0
Fax: 0221/93 18 47-6
www.kda.de/wohnen

Regionale Beratungsstellen

Alt-Werden in Gemeinschaft e.V. (AWiG)

Rechtsform: gemeinnütziger Verein, gegründet 1996.

Organisation: sächsische Kontaktstelle des FGWA. Der Verein wirbt in der Öffentlichkeit – zum Beispiel mit einem Info-Stand auf dem Dresdner Wochenmarkt – gezielt für sein Konzept.

Ziele: Der Verein setzt sich – bisher nur in Dresden – für die Bildung von Wohngemeinschaften ein und wendet sich dabei insbesondere an Menschen mit geringem Einkommen. Langfristiges Ziel ist die Ansiedlung gemeinschaftlicher Wohnprojekte in allen Stadtteilen Dresdens und zukünftig auch in anderen Städten.

Angebote: Der Verein führt Interessierte zusammen, stellt Kontakt zu Bauträgern her, ermittelt geeignete Objekte und sorgt dafür, dass der Aus- beziehungsweise Umbau der gewählten Wohnungen nach den Kriterien des Vereins erfolgt. So muss eine „AWiG-Wohnung" altersgerecht ausgebaut sein, allen Mitgliedem eine komplette Ein- oder Zweizimmerwohnung bieten und darüber hinaus einen Gemeinschaftsraum, eine Gemeinschaftsküche und ein behindertengerecht ausgestattetes Bad enthalten. Außerdem muss sie verkehrsgünstig liegen. Zur Vorbereitung auf das gemeinsame Wohnen organisiert der Verein für die Interessierten regelmäßige Treffen und Ausflugsfahrten. Hat sich eine feste Gruppe zusammengefunden, wird sie in einem Seminar auf das gemeinsame Wohnen vorbereitet.

Kosten: Die Beratung ist kostenlos.

Kontakt:

Alt-Werden in Gemeinschaft e.V. – AWiG
Erhard Becke (Vorsitzender)
Sieglinde Wartenberg (stellvertretende Vorsitzende)
Hohe Str. 102
01187 Dresden
Tel/Fax: 0351/4 03 05 77
awigverein@web.de

Graue Panther Hamburg e.V.

Rechtsform: gemeinnütziger Verein, gegründet 1980.

Organisation: Hamburger Kontaktstelle des FGWA.

Ziele: Engagement für die Belange älterer Menschen auf allen gesellschaftspolitischen Gebieten; unter anderem Unterstützung und Umsetzung gemeinschaftlicher

Wohnprojekte, Beseitigung des Pflegenotstandes, Verbesserung des Gesetzes zur Pflegeversicherung.

Angebote: Die „Grauen Panther Hamburg" beraten Einzelpersonen und Initiativgruppen bei der Konzeption von Gruppenbauprojekten. Auf Wunsch moderieren sie Gruppensitzungen und leisten Unterstützung bei der öffentlichen Präsentation von Projekten. Darüber hinaus bieten sie Vorträge, Seminare und Tagungen zum Thema „Wohnen im Alter" an.

Kosten: Kurze Erstberatungen im Rahmen der Geschäftszeiten sind kostenlos. Für ausführliche Beratungsgespräche und projektbegleitende Maßnahmen wird ein dem Leistungsumfang entsprechendes Honorar vereinbart.

Kontakt:

Graue Panther Hamburg e.V. Treffpunkt St. Georg
Zimmerpforte 8
20099 Hamburg
Tel/Fax: 040/24 80 96
www.graue-panther-hamburg-ev. de
graue-panther-hh@t-online.de

Arche Nora eV.

Rechtsform: eingetragener Verein, gegründet 1992.

Organisation: Wie viele auf kommunaler oder regionaler Ebene arbeitende Vereine, die sich für das gemeinsame Wohnen im Alter einsetzen, entstand auch die „Arche Nora e.V." im Rahmen eines konkreten Bauvorhabens: Als 1991 drei Frauen nach Mitstreiterinnen für die Realisierung eines gemeinschaftlichen Wohnprojektes suchten, sahen sie sich schnell gezwungen, sich zur Beantragung von Fördergeldern einen „offiziellen" Rahmen zu geben. Schon während der Planungs- und Bauphase des im Sommer 1999 bezogenen Hauses in Hamburg-Ottensen (Frauenwohnprojekt „Zeisewiese e.V. – ‚Anders leben im Alter'") begannen die Initiatorinnen, ihre im Laufe der Jahre erarbeiteten Kenntnisse und Erfahrungen zum Beispiel im Rahmen von Volkshochschulveranstaltungen zum Thema „Neue Lebens- und Wohnformen für Frauen" weiterzugeben. Bei „Arche Nora" engagieren sich ausschließlich ehrenamtlich tätige Frauen.

Ziele: Gründung von selbstverwalteten Hausgemeinschaften älterer und jüngerer Frauen. Der Verein steht mit KommunalpolitikerInnen und städtischen Institutionen in Kontakt, um auf die Chancen, die gemeinschaftliche Wohnformen für das soziale Leben eines Stadtteils bieten, aufmerksam zu machen und um Unterstützung für weitere Wohnprojekte zu werben. Darüber hinaus sucht er nach Möglichkeiten, gemeinsam mit Genossenschaften oder Wohnungsbaugesellschaften das gemeinschaftliche Wohnen in Altbauten umzusetzen. Langfristiges Ziel ist die Vernetzung mit anderen Interessengemeinschaften in Form eines Internetforums, um die Idee des gemeinschaftlichen Wohnens über die Stadtgrenzen von Hamburg hinaus bekannt zu machen und den direkten Gedanken- und Erfahrungsaustausch zu ermöglichen.

Angebote: Die „Arche Nora" antwortet gerne auf Fragen zum gemeinschaftlichen Wohnen, kann aber aufgrund von Personalmangel weder Projektbegleitungen noch Seminare anbieten.

Kosten: Die Erteilung von Auskünften ist kostenfrei.

Kontakt:

Arche Nora e.V.
Gerda Hallberg
Heinrich-Hertz-Str. 37
22085 Hamburg
Tel.: 040/2 99 14 00 oder220 26 45
Fax: 040/2 99 14 00
www@archenora. de
info@archenora. de

Johann-Daniel-Lawaetz-Stiftung

Rechtsform: gemeinnützige Stiftung bürgerlichen Rechts, gegründet 1986.

Organisation: intermediäre Organisation, die zwischen ihren Kunden – unter anderem Wohnprojektgruppen aller Altersstufen – sowie Politik und Verwaltung vermittelt.

Ziele: Förderung gemeinschaftlicher Wohnprojekte junger und alter Menschen nach dem Prinzip „Hilfe zur Selbsthilfe".

Angebote: Die Stiftung arbeitet projektorientiert und bietet in ihrer Abteilung „Stadtentwicklung und Baumanagement" Initiativgruppen auf Wunsch Rundum-Betreuung, das heißt Unterstützung von der Gruppenfindungs- bis zur Bauphase. Sie berät beim Aufbau gemeinschaftlicher Wohnprojekte, erstellt Nutzungskonzepte, ermittelt Finanzierungs- und Fördermöglichkeiten, stellt den Kontakt zu Fachbehörden her und hilft beim Abschluss von Verträgen. In der Bauphase übernimmt sie sowohl beim Umbau von Altbauten als auch beim Neubau die finanzielle und technische Baubetreuung. Nach der Fertigstellung der Gebäude leistet sie „Nachbetreuung", indem sie die jeweilige Gemeinschaft beispielsweise in die Gebäudeverwaltung einführt und fachliche Unterstützung bei gruppenintern nicht lösbar erscheinenden Konflikten anbietet (Letzteres auch für nicht durch die Stiftung betreute Gruppen).

Kosten: Die Erstberatung für Projekte und gemeinnützige Organisationen ist in der Regel kostenlos. Baubetreuungsleistungen hingegen sind honorarpflichtig. Die Angebote und Leistungen der Stiftung sind, sofern es sich nicht um allgemeine Auskünfte handelt, auf Hamburg begrenzt.

Kontakt:

Johann-Daniel-Lawaetz-Stiftung
Stadtentwicklung und Baumanagement
Neumühlen 16–20
22763 Hamburg
Tel.: 040/39 84 12-32 (Karsten Wagner) oder
39 84 12-34 (Gisela Zeisberg)
Fax: 040/39 75 48
www.lawaetz.de
wagner@lawaetz.de
zeisberg@lawaetz.de

Die STATTBAU HAMBURG GmbH

Rechtsform: GmbH, gegründet 1985.

Organisation: Stadtentwicklungsgesellschaft und intermediäre Einrichtung, bestehend aus drei gemeinnützigen Vereinen; außerdem alternativer Sanierungsträger.

Ziele: Entwicklung und Betreuung von Bau- und Hausgemeinschaften unter Beteiligung der zukünftigen BewohnerInnen am Planungs- und Bauprozess. Die „STATTBAU" setzt sich unter anderem dafür ein, dass „Gruppenwohnprojekte bei Trägern unterkommen können, die ihre inhaltlichen Vorgaben respektieren".

Angebote: Die „STATTBAU HAMBURG" berät und betreut vor allem Gruppen aus Hamburg und dem Hamburger Umland bei der Entwicklung und Umsetzung gemeinschaftlicher, meist generationenübergreifender Wohnprojekte. Sie hilft bei der Formulierung von Zielsetzungen, bei der Ausarbeitung von Nutzungskonzepten, der Suche nach geeigneten Grundstücken oder Gebäuden und bei der Klärung von Finanzierungsfragen. Auf Wunsch übernimmt sie die Rundum-Betreuung von Projekten von der architektonischen Vorplanung bis zur Übergabe der Gebäude an die Auftraggeber. Sie ist Veranstalterin der etwa alle anderthalb Jahre stattfindenden Hamburger Wohnprojekttage, bei denen Interessierte Kontakt zu bestehenden Wohngruppen knüpfen sowie an Diskussionen, Workshops und Informationsveranstaltungen teilnehmen können. In ihrem ein- bis zweimal jährlich erscheinenden Informationsblatt FREIHAUS berichtet sie über die „neuesten Entwicklungen des Wohngruppen-Wohnens" und gibt Wohnprojektgruppen unter anderem Tipps zur Gruppengründung und zu Finanzierungs- und Förderungsfragen. Sie verfügt über eine Liste mit Hamburger Wohnprojekten, die EinsteigerInnen suchen.

Kosten: Die „STATTBAU" bietet einmal pro Monat einen kostenlosen Wohnprojekte-Informationstermin rund um das Thema „Bau- und Hausgemeinschaften" an. Einmalige Beratungen sind kostenlos.

Kontakt:
STATTBAU HAMBURG GmbH
Neuer Kamp 25
20359 Hamburg
Tel.: 040/43 29 42-0
Fax: 040/43 29 42-10
www.stattbau-hamburg.de
post@stattbau-hamburg.de

WohnBund-Beratung NRW GmbH

Rechtsform: GmbH

Organisation: Die „WohnBund-Beratung NRW GmbH“ gehört zum Netzwerk des „wohnbund e.V. Verband zur Förderung wohn-politischer Initiativen“, einer der bekanntesten Organisationen, die sich für gemeinschaftliche Wohnformen einsetzen. Im Rahmen des Ende 2001 ausgelaufenen Bundes-Modellprogramms „Selbstbestimmt wohnen im Alter“ fungierte die „WohnBund-Beratung NRW GmbH“ als eine von zwölf Koordinierungsstellen, die sich vor allem um die Wohnbedürfnisse älterer, allein stehender Frauen und älterer MigrantInnen kümmerte. Die „WohnBund-Beratung NRW GmbH“ ist zugleich als „Regionalbüro Westfalen“ im Auftrag des nordrhein-westfälischen Ministeriums für Arbeit und Soziales, Qualifikation und Technik als Beratungs- und Kontaktstelle für gemeinschaftliche Wohnprojekte tätig.

Ziele: Entwicklung neuer Ideen und Konzepte für Wohnungspolitik und Wohnungswirtschaft unter Einbeziehung der zukünftigen BewohnerInnen in die Projektplanung.

Angebote: Die „WohnBund-Beratung NRW“ berät sowohl Initiativgruppen als auch Wohnungsunternehmen,

Städte und Ministerien bei der Entwicklung und Umsetzung von Konzepten für neue Wohnmodelle; sie knüpft Kontakte zwischen Interessengruppen und hilft bei der Projektsteuerung und -durchführung – zum Beispiel in Form von (projektbezogenen) Moderationsverfahren, in denen Projektgruppen, Verwaltung und gegebenenfalls Projektträger zusammengeführt werden. Auf ihrer Website unterhält sie eine Projektbörse, in der man ein eigenes Projekt beziehungsweise eine Projektidee vorstellen oder Kontakt zu anderen Projekten knüpfen kann.

Kosten: Die Erstberatung ist kostenlos. Dabei werden unter anderem Finanzierungsfragen angesprochen und gegebenenfalls nach Fördermöglichkeiten durch Land oder Kommune gesucht. Für weiterführende Beratungen und Projektbegleitungen wird ein Honorar vereinbart.

Kontakt:

WohnBund-Beratung NRW GmbH
Herner Str. 299
44809 Bochum
Tel.: 0234/9 04 40-0
Fax: 0234/9 04 40-11
www.wohnbund-beratung-nrw.de
kontakt@wohnbund-beratung-nrw.de

Neues Wohnen im Alter e. V. (NWiA)

Rechtsform: gemeinnütziger Verein, gegründet 1985.

Organisation: nordrhein-westfälische Kontaktstelle des FGWA; zugleich als „Regionalbüro Westfalen" im Auftrag des nordrhein-westfälischen Ministeriums für Arbeit und Soziales, Qualifikation und Technik als Beratungs- und Kontaktstelle für gemeinschaftliche Wohnprojekte tätig.

Ziele: Förderung selbstständiger Wohn- und Hausgemeinschaften älterer Menschen und von Mehrgenerationenprojekten.

Angebote: Der Verein unterstützt Interessierte bei der Planung und Umsetzung selbst initiierter Projekte, hilft bei Konzeptions- und Finanzierungsfragen und pflegt Kontakte zu Bauträgern (zum Beispiel Wohnungsbaugesellschaften) und privaten Vermietern. Er vermittelt zwischen Gruppen und Bauträgern, hilft bei der Beantragung von Landesmitteln aus den Förderprogrammen und bei der Entwicklung von Vereinbarungen zwischen den Kooperationspartnern. Einmal pro Jahr veranstaltet er mit Wohngruppen aus NRW ein themengebundenes Regionaltreffen (zum Beispiel zum Thema „Konfliktlösungsstrategien"). Der Umfang der Beratungstätigkeit ist nicht mit der des „WohnBundes" zu vergleichen; aufgrund der dünnen Personaldecke sind beispielsweise projektbegleitende Maßnahmen nicht möglich.

Kosten: Die Beratung ist kostenlos. Sie erfolgt zunächst telefonisch, später können bei einem persönlichen Gespräch konkrete Fragen zum weiteren Vorgehen besprochen werden.

Kontakt:

Neues Wohnen im Alter e.V.
Marienplatz 6
50676 Köln
Tel.: 022 1/2 40 70 75 oder 21 50 86 (AB)
Fax: 0221/9 23 18 87
www.nwia.de
NWiA.eV@t-online.de

PARITÄTISCHES BILDUNGSWERK Landesverband Baden-Württemberg e.V. und WABE e.V.

Rechtsform: Das „PARITÄTISCHE BILDUNGSWERK" und die „WABE e.V." sind gemeinnützige Vereine; die WABE wurde 1991 gegründet.

Organisation: Die „WABE" entstand auf Initiative von Martin Link, der den baden-württembergischen Landesverband des „PARITÄTISCHEN BILDUNGSWERKS" leitet. Dieser fungiert zugleich als regionale Kontaktstelle des FGWA. Die „WABE" hat in Zusammenarbeit mit der Genossenschaft „pro ... gemeinsam bauen und leben" bisher zwei Wohnprojekte realisiert.

Ziele: Ziel des Vereins „WABE" ist die Förderung des generationenübergreifenden gemeinschaftlichen Wohnens. Die Vereinsmitglieder wollen in Gemeinschaften von 12 bis 20 Personen, die sich aus Singles, Alleinerziehenden, Paaren und Familien zusammensetzen, „ein neues Miteinander in ihren Projekten leben" und andere Menschen zur Nachahmung anregen. „WABE ist ein Treffpunkt für Menschen, die sich zutrauen, mit Offenheit, Hilfsbereitschaft und Rücksichtnahme eine neue Form der Gemeinschaft zu gestalten, die hilfreiches Miteinander und Individualität miteinander verbindet." Die Genossenschaft „pro ... gemeinsam bauen und leben" möchte in Zukunft gemeinschaftliche Wohnprojekte in ganz Baden-Württemberg realisieren. Wer sich für das generationenübergreifende Wohnen interessiert, kann sich mit „WABE" und „pro ..." in Verbindung setzen. Initiativgruppen mit hohem Beratungsbedarf sollten sich an das „PARITÄTISCHE BILDUNGSWERK" wenden.

Angebote: Der Landesverband des „PARITÄTISCHEN BILDUNGSWERKS" bietet Seminare, Tagungen und

Vorträge zum gemeinschaftlichen Wohnen im Alter an. Ansprechpartner ist Martin Link: Er berät Gruppen bei der Konzeptentwicklung sowie in Rechts- und Finanzierungsfragen und initiiert als Vorsitzender der Genossenschaft „pro ... gemeinsam bauen und leben“ selbst Projekte. Der Verband unterhält darüber hinaus eine Netzwerkliste mit gemeinschaftlichen Wohnprojekten.

Kosten: Honorare werden je nach Aufgabe und Umfang der Beratungstätigkeit festgesetzt.

Kontakte:

PARITÄTISCHES BILDUNGSWERK
Landesverband Baden-Württemberg e.V.
Martin Link
Haußmannstr. 6
70188 Stuttgart
Tel.: 0711/2 15 51 92
Fax: 0711/2 15 52 14
link@bildungswerk.paritaet-bw.de

WABE e.V.
Gemeinschaftliche Lebens- und Wohnformen
Gebrüder-Schmid-Weg 11
70199 Stuttgart
Tel.: 0711/24 36 52 (Frau Rohde) oder
2 56 60 33 (Frau Schneider)

pro ... gemeinsam leben und wohnen e.G.
Wohngenossenschaft
Haußmannstr. 6
70188 Stuttgart
Tel.: 0711/2 34 81 62
Fax: 0711/9 54 75 67

Urbanes Wohnen e. V.

Rechtsform: gemeinnütziger Verein, gegründet 1973.

Organisation: Münchner Kontaktstelle des FGWA; Planung privater und öffentlicher Stadtentwicklungsprojekte mit Nutzerbeteiligung.

Ziele: Förderung von Nachbarschaftsnetzen, Wohnumfeldverbesserung, Bürgerbeteiligung bei Wohnprojekten.

Angebote: Der Verein leistet Initiativgruppen in allen Phasen des Gruppenprozesses Hilfe zur Selbsthilfe – etwa in Form von Moderationsverfahren, der wöchentlichen Wohnprojektberatung oder im Rahmen regelmäßig stattfindender Grundlagenseminare zum Thema „Gemeinschaftliches Wohnen". Auf Wunsch stellt er Kontakt zu Rechtsberatern her. Alle zwei Jahre organisiert der Verein die Münchner Wohnprojekttage mit Vorträgen, Workshops und einer Projektausstellung, die als Kontaktbörse genutzt werden kann, ebenso wie die neu eingerichtete Internet-Wohnprojektbörse.

Kosten: Einmalige Beratungen im Rahmen des wöchentlichen Jour fixe sind kostenfrei; umfangreichere Leistungen werden nach Aufwand abgerechnet.

Kontakt:

Urbanes Wohnen e.V. Manfred Drum
Bürgerzentrum Seidlvilla Nikolaiplatz 1b
80796 München
Tel.: 089/39 86 82
Fax: 089/38 80 89 43
www.urbanes-wohnen.de
manfred.drum@urbanes-wohnen.de

Beratungsstellen für Auswanderer

Bundesverwaltungsamt

Organisation: Seit 1959 hat das Bundesverwaltungsamt die Aufgabe, „alle für die Auswanderung bedeutsamen Unterlagen zu sammeln und auszuwerten sowie die Auskunfts- und Beratungsstellen der Wohlfahrtsverbände in allen Angelegenheiten des Auswanderungswesens zu unterstützen und zu beraten" (Information für Auswanderer und Auslandstätige). Diese Beratungsstellen, rund 50 an der Zahl, verteilen sich über das ganze Bundesgebiet. Die Adressen und Telefonnummern sind entweder über die zentralen Geschäftsstellen der Trägerverbände (Deutsches Rotes Kreuz, Diakonisches Werk der Evangelischen Kirche und Raphaels-Werk) oder über die Informationsstelle für Auswanderer und Auslandstätige des Bundesverwaltungsamtes selbst zu erfahren. Sie können sie auch von der Website des Bundesverwaltungsamtes herunterladen (Adressen im Anschluss).

Angebote: Das Bundesverwaltungsamt gibt allgemeine Informationsschriften zu Themen wie „Gesundheit in tropischen und subtropischen Ländern", „Versicherung bei Auslandsaufenthalten" sowie Länderinformationsschriften zu zahlreichen Ländern heraus. Diese Schriften enthalten Informationen über die jeweiligen Einreise- und Aufenthaltsbestimmungen, Einfuhr- und Zollvorschriften, arbeits-, steuer- und sozialversicherungsrechtliche Regelungen, Schul- und Gesundheitssysteme, geografische und klimatische Verhältnisse sowie die jeweilige Landesgeschichte und -politik. Außerdem enthalten sie die Anschriften der deutschen Auslandsvertretungen und der betreffenden Landesvertretungen in der Bundesrepublik. Sie sind gegen eine Schutzgebühr über die Auskunfts- und Beratungsstellen zu beziehen.

Das „Raphaels-Werk – Dienst am Menschen unterwegs e.V." berät seit seiner Gründung 1871 als Fachverband des Deutschen Caritasverbandes Personen, die ihren Wohnsitz vorübergehend oder dauerhaft ins Ausland verlegen möchten. Es arbeitet mit katholischen Organisationen in aller Welt zusammen. Beim „Diakonischen Werk der Evangelischen Kirche" erteilt das „Referat Wanderung" entsprechende Auskünfte. Sollten Sie Fragen zum Aufenthaltsrecht, zu Führerscheinregelungen und zur Krankenversicherung in anderen Mitgliedstaaten der EU haben, können Sie sich auch an die Bürgerberaterin der Europäischen Kommission wenden.

Kosten: Manche Stellen verlangen für eine persönliche Beratung einen Kostenbeitrag.

Kontakte:

Bundesverwaltungsamt
Informationsstelle für Auswanderer und
Auslandstätige
50728 Köln
Tel.: 0188/83 58-0
Fax: 0188/83 58-27 68
www.bundesverwaltungsamt.de
bva.eures@netcologne.de

Zentrale Geschäftsstellen der Trägerverbände:

Deutsches Rotes Kreuz
Generalsekretariat – Team 44
Carstennstr. 58
12205 Berlin
Tel.: 030/8 54 04-1 21
Fax: 030/8 54 04-4 51
mohrm@drk.de

Diakonisches Werk der Evangelischen Kirche
Hauptgeschäftsstelle
Referat Wanderung
Postfach 10 11 42
70010 Stuttgart
Tel.: 0711/21 59-0
Fax: 0711/21 59-1 30
www.diakonie.de
wanderung@diakonie.de

Raphaels-Werk
Dienst am Menschen unterwegs e.V.
Generalsekretariat
Adenauerallee 41
20097 Hamburg
Tel.: 040/24 84 42-0
Fax: 040/24 84 42-26
www.raphaels-werk.de
kontakt@raphaels-werk.de

Bügerberaterin
Claudia Keller
Europäische Kommission
Vertretung in Deutschland
Unter den Linden 78
10117 Berlin
Tel.: 030/22 80-24 50
Fax: 030/22 80-28 80
eu-de-buergerberater@cec.eu.int

Unterstützung und Beratung beim Immobilienerwerb:

Deutsche Schutzvereinigung Auslandsimmobilien e.V.
Zähringer Str. 373
79108 Freiburg
Tel.: 0761/5 50 12
Fax: 0761/5 50 13
www dsa-ev de
info@dsa-ev.de

Deutsche und Schweizerische Schutzgemeinschaft für Auslandsgrundbesitz e.V.
Carl-Benz-Str. 17a
79761 Waldshut-Tiengen
Tel.: 07741/21 31
Fax: 07741/16 62
www.schutzgemeinschaft-ev.de/neu/index.html
kontakt@schutzgemeinschaft-ev.de

Literatur

Alter allgemein

Brückner, Christine: *Die letzte Strophe.* Frankfurt/M. 1989

Bundesministerium für Familie, Senioren, Frauen und Jugend (Hg.): *Dritter Altenbericht. Alter und Gesellschaft.* Berlin 2001

Bundesministerium des Innern (Hg.): *Modellrechnung zur Bevölkerungsentwicklung in der Bundesrepublik Deutschland bis zum Jahr 2040.* Bonn 1996

Friedan, Betty: *Mythos Alter.* Reinbek 1995

Jaeggi, Eva: *Viel zu jung, um alt zu sein.* Das neue Lebensgefühl ab sechzig. Reinbek, 2. Aufl. 2001

Perrig-Chiello, Pasqualina: *Wohlbefinden im Alter. Körperliche, psychische und soziale Determinanten und Ressourcen.* Weinheim/München 1997

Schlumpf, Elisabeth: *Wenn ich einst alt bin, trage ich Mohnrot. Neue Freiheiten genießen.* München 2003

Wohnen (im Alter)

Amann, Renate, Neumann-Cosel, Barbara von: *Offensiv altern – Offensiv leben. Ein generationenübergreifendes Frauenwohnprojekt der Berliner Bau- und Wohnungsgenossenschaft von 1892 eG.* Berlin 2000

Behrens, Maike, Bümmer, Annette: *Selbstinitiierte Hausgemeinschaften – eine Antwort auf gesellschaftliche Veränderungen.* (KDA-Thema Nr. 135) Köln 1998

Blonski, Harald (Hg.): *Wohnformen im Alter. Ein Praxisberater für die Altenhilfe.* Weinheim/Basel 1997

Borho, Jürgen: *„Neue Alte“ auf dem Weg zu neuen Wohnfonnen. Erfahrungen und Analysen aus der*

Begleitung eines Wohnprojektes. Unveröffentlichte Diplomarbeit. Freiburg 2000

Brasse, Barbara, Klingeisen, Michael, Schirmer, Ulla (Hg.): *Alt sein – aber nicht allein. Neue Wohnkultur für Jung und Alt.* Münster 1993

Brech, Joachim (Hg.): *Gegen Altenheime und andere Gettos – Integriertes Wohnen.* Darmstadt 1990

Bundesgeschäftsstelle Landesbausparkassen (Hg.): *Wohnprojekte für Jung und Alt. Generationenübergreifende Baugemeinschaften.* LBS Zukunftswerkstatt. Berlin o. J.

Bundesministerium für Familie, Senioren, Frauen und Jugend (Hg.): *Zweiter Altenbericht. Wohnen im Alter.* Bonn 1998

Dass.: *Bundesmodellprogramm „Selbstbestimmt Wohnen im Alter". 1. Zwischenbericht der wissenschaftlichen Begleitung.* Hannover/Bonn 2000

Bura, Josef, Kayser, Barbara: *Miteinander wohnen – Wohnprojekte für jung und alt.* Darmstadt 1992

Dettbarn-Reggentin, Jürgen: „Architektur und Wohnumfeld". In: Müller, Monika: *Neue Chancen für Gemeinschaftswohnprojekte von Jung und Alt.* Frankfurt/M. 1993, S. 113–133

Deutscher Paritätischer Wohlfahrtsverband/Landesverband NRW (Hg.): *Wohngemeinschaft im Alter. Ein Leitfaden für die Praxis.* Wuppertal 1987

Dierl, Reinhard, Hoogers, Kinie: *Altenwohngemeinschaften. Dokumentation und Diskussionsbeiträge.* (Hg. v. KDA) 1988

Donk, Bemy van de: „Gemeinsames Leben in der dritten Lebensphase. Wohngemeinschaften von und für Senioren in den Niederlanden". In: Brasse, Barbara, Klingeisen, Michael, Schirmer, Ulla (Hg.): *Alt sein – aber nicht allein.* Münster 1993, S. 53–81

Engel, Frank, Nestmann, Frank, Niepel, Gabriele, Sickendiek, Ulla: *Weiblich, ledig, kinderlos und alt. Soziale Netzwerke und Wohnbiographien alter alleinstehender Frauen.* Leverkusen 1996

EURAG, Generalsekretariat (Hg.): *Wohngemeinschaften älterer Menschen.* Kolloquium der EURAG in Frankfurt/M. Oktober 1986

Forum für gemeinschaftliches Wohnen im Alter (Hg.): *Zusammen wohnen – zusammen leben. Gemeinschaftliche Wohnprojekte von Alt und Jung. Ergebnisse einer Befragung 1996.* Berlin/Hannover 1997

Forum für gemeinschaftliches Wohnen im Alter, Regionalgruppe Hamburg (Hg.): *Neue Wohnformen für Alt und Jung – Informationen über Gruppenwohnprojekte.* Hamburg, 3., aktualisierte Aufl. 1999

Forum für gemeinschaftliches Wohnen im Alter/Bundesvereinigung (Hg.): *Arbeitsmappe für Initiativgruppen.* (Zu beziehen über die Bundesgeschäftsstelle in Hannover, Adresse siehe „Beratungsstellen".)

Fuchs, Dörte, Orth, Jutta: *Bauen in der Gruppe. Kostengünstig, innovativ, ökologisch.* München 2000

Dies.: „Gemeinsam statt einsam. Wohnmodelle für einen neuen Lebensabschnitt". In: Verbraucherzentrale NRW (Hg.): *Durchblick: Älter werden – zufrieden und sicher.* Düsseldorf 2002, S. 85–88

Dies.: „Lebensabend unter Palmen. Wohnen im Ausland". In: Verbraucherzentrale NRW (Hg.): Durchblick: *Älter werden – zufrieden und sicher.* Düsseldorf 2002, S. 80–84

Graue Panther Hamburg e.V.: *Alt und Jung gemeinsam. Konzept für eine Wohn-Pflege-Gemeinschaft.* Hamburg 1988

Dies. (Hg.): *Gemeinschaftliches Wohnen. Die Panther. Wohnprojekte in St. Pauli, St. Georg und Harburg.* Hamburg, aktualisierte Aufl. 1999

Grünewald, Heike: *Eine Chance für die dritte Lebensphase. Das Bunte Haus. Gemeinschaftlich Wohnen und Altwerden in Steglitz.* Steglitz 1999

Heineken, Edgar, Späth, Gabriele: „Der Schlüssel der Zufriedenheit im Alter: Wohnsituation oder Persönlichkeit". In: Dierl, Reinhard, Hoogers, Kinie: *Altenwohngemeinschaften. Dokumentation und Diskussionsbeiträge.* (Hg. vom KDA) 1988, S. 71–78

Henckmann, Antje: *Aufbruch in ein gemeinsames Altern. Neue Wohnformen im Alter am Beispiel des Modellprojekts „Nachbarschaftlich leben für Frauen im Alter".* Leverkusen 1999

Kerkhoff, Engelbert: „Selbstorganisierte Seniorenwohngemeinschaften – ein Neubeginn des Lebens und Wohnens im Alter". In: Ders. (Hg.): *Kompetenz im Alter zwischen Routine und Neubeginn.* Mönchengladbach 1995, S. 261–286

Kerkhoff, Engelbert, Späth, Gabriele: „Die persönlichen Grundbedingungen für ein Leben und Wohnen in der Gemeinschaft und die äußeren (sozialen) Bedingungen". In: Dierl, Reinhard, Hoogers, Kinie: *Altenwohngemeinschaften. Dokumentation und Diskussionsbeiträge.* (Hg. v. KDA) 1988, S. 65–70

Klie, Thomas: *Wohnen im Alter. Das Buch zur Fernsehserie ARD-Ratgeber Recht.* München 2003

Knopf, Detlef: „Früh beginnen. Perspektiven für ein produktives Alter". In: Deutsches Institut für Fernstudienforschung an der Universität Tübingen (Hg.): *Funkkolleg Altern.* Studienbrief 5, Studieneinheit 12. Tübingen 1997

Kuratorium Deutsche Altershilfe (Hg.): *Wohnen in Gemeinschaft. Dokumentation des deutsch-niederländischen Experten-Workshops.* Köln 2000

Ministerium für Frauen, Jugend, Familie und Gesundheit des Landes Nordrhein-Westfalen (MFJFG NRW): *Neue Wohnprojekte für ältere Menschen. Gemeinschaftliches Wohnen in Nordrhein-Westfalen. Beispiele und Wege zur Umsetzung.* Düsseldorf, 4. Aufl. 2000

Müller, Monika: *Neue Chancen für Gemeinschaftswohnprojekte von Jung und Alt. Eine Dokumentation des Forums für gemeinschaftliches Wohnen im Alter e.V.* (KDA-Thema Nr. 72). Zusammengestellt und bearbeitet von Monika Müller. Frankfurt/M. 1993

Narten, Renate, Stolarz, Holger: *Neue Wohnmodelle für das Alter. Dokumentation des Expertenworkshops am 11./12. Juni 1997 in Bonn-Oberkassel.* Bundesministerium für Familie, Senioren, Frauen und Jugend. Berlin 2000

Narten, Renate, Tischer, Sylvia: *Raumkonzepte für Wohngemeinschaften selbständig lebender alter Menschen – Erfahrungen aus niederländischen Wohnprojekten.* Forschungsprojekt im Auftrag des Bundesministeriums für Raumordnung, Bauwesen und Städtebau. Hannover 2000

Niedersächsisches Innenministerium (Hg.): *Aktuelle Frauenwohnprojekte in Deutschland. Eine Dokumentation.* Hannover 2002

Niedersächsisches Sozialministerium Hannover (Hg.): *Soziale Gruppenbauvorhaben in Niedersachsen. Ein Leitfaden.* Hannover 1996

Osterland, Astrid: *Nicht allein und nicht ins Heim. Alternative: Alten-WG.* Paderborn 2000

Otto, Ulrich: „Begleitung und Beratung gemeinschaftlicher Wohnprojekte". In: Blonski, Harald (Hg.):

Wohnformen im Alter. Weinheim/Basel 1997, S. 155–173

Ders.: „Wohnsitz – Lebenslage – Ruhestand. Alternativen des Wohnens im Alter?“. In: Schmidthals, Oliver: *Die Grauen kommen. Chancen eines anderen Alters.* Bamberg 1990, S. 165–186

Petersen, Ulrike: „Anstiftung von unten – zur Biographie der Wohnprojekte der Grauen Panther Hamburg e.V.“. In: *Wohnpolitische Innovationen '91.* Darmstadt 1990, S. 105–115

Dies.: „Idee und Praxis gemeinschaftlicher Wohnformen im Alter“. In: Blonski, Harald (Hg.): *Wohnformen im Alter. Ein Praxisberater für die Altenhilfe.* Weinheim/Basel 1997, S. 134–154

Dies.: „Wie läßt sich ein Netz knüpfen? Fragen und Antworten zum Gruppenprozeß gemeinschaftlicher Wohnformen“. In: Müller, Monika: *Neue Chancen für Gemeinschaftswohnprojekte von Jung und Alt.* Frankfurt/M. 1993, S. 8–27

Reggentin, Heike, Dettbarn-Reggentin, Jürgen: *Gemeinschaftliches Leben und Wohnen älterer Menschen.* Begleitbroschüre zur Ausstellung „Anders Wohnen“. 1996

Schachtner, Christel: *Ein neues Leben. Alt werden in einer Wohngemeinschaft.* Frankfurt/M. 1989

Schmidt, Roland, Wagner, Richard: „Wohngemeinschaften alter Menschen“. In: Schülein, Johann August: *Vor uns die Mühen der Ebenen: Alltagsprobleme und Perspektiven von Wohngemeinschaften.* Gießen 1980, S. 89–106

Schmidt, Ulrich: *Wahlfamilie. Die „Wohngemeinschaft Jung und Alt“ – ein Modell für das Wohnen von morgen.* Zürich 1990

Twardawa, Susanne: *Die Wohngemeinschaft für ältere Mitbürger. Altenhilfe und Altenselbsthilfe im Wohnbereich. Dissertation.* Berlin 1982

Voß, Ursula: „Die Villa ‚Kunterbunt' oder: Jeder altert, wie er gelebt hat". In: Boeckler, Richard, Dirschauer, Klaus (Hg.): *Emanzipiertes Alter.* Göttingen 1990, S. 47–58

Weeber + Partner: *Wohnen im Alter. Zukunftsweisende Lösungen: Praxis – Probleme – Perspektiven.* Landesinstitut für Bauwesen und angewandte Bauschadensforschung NRW. Aachen 1993

Weeber, Rotraut, Wölfle, Gunther, Rösner, Verena: *Gemeinschaftliches Wohnen im Alter.* Stuttgart 2001

Wehrli-Schindler, Birgit: *Wohnen im Alter: zwischen Zuhause und Heim. Braucht es neue Wohnformen für Betagte?* Zürich 1997

WohnBund-Beratung NRW: *Kooperation zwischen Wohngruppen und Wohnungsbauunternehmen. Ein Leitfaden für die gemeinsame Realisierung von neuen Wohnformen.* Düsseldorf 1999

Gruppenleitung/Gruppendynamik

Besemer, Christoph: *Mediation. Vermittlung in Konflikten. Stiftung Gewaltfreies Leben.* Karlsruhe, 8. Aufl. 2001

Dauscher, Ulrich: *Moderationsmethode und Zukunftswerkstatt.* Neuwied/Berlin, 2. Aufl. 1998

Gäde, Ernst G., Listing, Thomas: *Gruppen erfolgreich leiten. Empfehlungen für die Zusammenarbeit mit Erwachsenen.* Mainz, 3. Aufl. 1995

Kellner, Hedwig: *Konferenzen, Sitzungen, Workshops effizient gestalten.* München/Wien 1995

Langmaack, Barbara, Braune-Krickau, Michael: *Wie die Gruppe laufen lernt. Anregungen zum Planen und Leiten von Gruppen.* Weinheim/Basel, 7. Aufl. 2000

Rabenstein, Reinhold, Reichel, Réné, Thanhoffer, Michael: *Das Methoden-Set. 5 Bücher für Referenten und Seminarleiterinnen.* Münster, 11. Aufl. 2001

Reddy, Brendan W.: *Prozeßberatung von Kleingruppen. Wie der Berater erfolgreich interveniert.* Leonberg, 2. Aufl. 1999

Redlich, Alexander: *Konflikt-Moderation. Handlungsstrategien für alle, die mit Gruppen arbeiten.* Hamburg 1997

Seifert, Josef W.: *Visualisieren – Präsentieren – Moderieren.* Offenbach, 16. Aufl. 2001

Auswandern

Bundesversicherungsanstalt für Angestellte (Hg.).: *Rentenzahlung an Berechtigte im Ausland.* (BfA-Info Nr. 22) Berlin, 66. Aufl. 2001

Dies. (Hg.).: *Überstaatliche Regelungen für den europäischen Wirtschaftsraum.* (BfA-Info Nr. 32) Berlin, 26. Aufl. 2002

Drexel, Thomas: *Häuser im Süden. Richtig kaufen und gekonnt renovieren.* München 1999

Europäische Kommission: *Bericht der Kommission an das Parlament und den Rat, betreffend die Durchführung der Richtlinien 90/364, 90/365 et 93/96.* O.J.

Dies.: *Die Gemeinschaftsbestimmungen über die soziale Sicherheit. Ihre Rechte bei Aufenthalt in anderen Mitgliedstaaten der Europäischen Union.* Luxemburg 2000

Grundmann, Hans-R., Ihnenfeldt, Hartmut, Maniott, Peter: *Reif für Mallorca. Ein Ratgeber für Träumer und Realisten.* Hohenthann 2000

Heinl, Leo J.: *Immobilien kaufen im Ausland. Kapitalsicherung – Urlaubsdomizil – Wohnen im Alter.* Regensburg, 3. Aufl. 1998

Heinrich, Herbert: *Unruhestand unter Palmen. Erfahrungen und Tips von einem, der sich erfolgreich auf Mallorca „zur Ruhe gesetzt hat".* Palma de Mallorca 2000

LBS (Hg.): *Casa Europa. Ein eigenes Zuhause im Ausland.* Berlin 2002

Löber, Burckhardt: *Ausländer in Spanien. Hinweise, Rechte, Möglichkeiten.* Frankfurt/M., 5. Aufl. 2000

Merten, Hans-Lothar: *Traumhaus an der Sonne. So planen Sie Ihren „Ausstieg". Finanzierung – Steuervorteile – Zukunftssicherung.* Regensburg 1999

Müller-Michaelis, Matthias: *Immobilien im Ausland. Feriendomizil, Ruhesitz, Fluchtpunkt.* München 2000

Sand, George: *Ein Winter auf Mallorca.* München 2001

Schöllhorn, Peter: *Irgendwo im Süden, wo es warm ist ... Vorruhestand und Ruhestand im Ausland.* Freiburg 2000

Ders.: *Spanienimmobilien erwerben, besitzen und vererben.* Freiburg, 2. Aufl. 2002

Süselbeck, Heinrich: *Aufgabe eines Auslandspfarrers am Beispiel Mallorcas.* Unveröffentlichtes Manuskript. Rendsburg 1997

Zeitschriftenartikel

ab 40 2/2000: Thema: „Alte und neue Wohnformen für Frauen“

ab 40 4/2002: „Beginenhof Bremen. Was ist aus dem Bremer Modell geworden?“. Ein Brief von Erika Riemer-Noltenius, S. 49–55

Altenpflege 4/1986, Theresia Brechmann: „‚Einen Chef brauchen wir nicht!‘ Wohngemeinschaften mit alten Menschen“, S. 224–228

Augsburger Berichte zur Entwicklungspsychologie und Pädagogischen Psychologie 3/1986, Winfried Saup: „Wohnen im Alter. Eine psychologische Skizze“, S. 1–30

Badische Zeitung 14.12.2002, Petra Kistler: „Stille Tage im Klischee. Freiburgs Vorzeigequartier ‚Vauban‘: anspruchsvoll, tiefgrün – und ein wenig schrullig“. Magazin, S. I–II

Badische Zeitung 18.8.2001, Stefan Scheytt: „Auf der Sonnenseite. Der letzte Boom der Babyboomer – die erste Konsumgeneration geht in Rente und interpretiert das Alter neu: Altern ist sexy, Altern macht Spaß. Ein Besuch in Sun City“. Magazin, S. I–II

Brigitte 27/1997: „Familie kann auch aus Freunden bestehen. Gemeinsam, nicht einsam – das Motto eines Wohnprojektes in Hannover“, S. 134–136

Brigitte woman special, Sonderheft 3/200 1: „Wahlverwandtschaften“, S. 54–59

Der Spiegel 49/2000, Klaus Franke: „Rebellion der grauen Köpfe“, S. 182–186

Der Spiegel 9/2001, Carlos Widmann: „Sog des Südens“, S. 54–73

DIE ZEIT 28/2000, Uwe Jean Heuser, Elisabeth Niejahr: „Alter hat Zukunft“. ZEIT-Dossier, S. 11–14

DIE ZEIT 2/2003, Elisabeth Niejahr: „Die vergreiste Republik". ZEIT-Dossier, S. 9–12

DomiZiel 3/1998: „Zusammen wohnen ist einfach besser. Die ‚Blauen Häuser' in Hamburg", S. 22–26

Forum aktuell. Mitteilungsblatt des Forums für gemeinschaftliches Wohnen im Alter. Nr. 7, Juni 1999

Forum Sozialstation 26/1984, Petra Behrens: „Nach 40.000 Stunden ein Wohnprojekt für ‚Alt und Jung'", S. 14ff.

Lenz 11/2001, Martina Peters: „WG? Na klar!", S. 30–32

Pro Alter 3/1998: „Kölner Initiative schuf sich ihr Traumhaus. Gemeinschaftliches Wohnen im Haus Mobile", S. 62–65

Süddeutsche Zeitung 159/13.7.2001, Peter Burghardt: „Die Liebe zum Süden kommt in die Jahre. Warum im Sonnenparadies die alternden Menschen eher zu einer Belastung werden könnten als die Kampftrinker und die neuen Grundherren", S. 3

Theorie und Praxis der sozialen Arbeit 12/1985, Hanne Narr: „Wohngemeinschaften älterer Menschen", S. 4 16–426

Zeitschrift für Gerontologie 4/1998, Frank Oswald: „Erleben von Wohnalltag im Alter", S. 251–256

Internetquellen

Der Spiegel 33/1997, Thomas Hütelin: „Das Geld muss weg".
www.mallorcaonline.com/archiv/news/spiegel2htm; 5.8.2002

gesichertes leben: „Rentner im Ausland: Sonne, Strand und Rente".
www.gesichertesleben.de/archiv/rente/743368980237778944.html; 1.11.2000

markt. Das NRW Wirtschaftsmagazin, Rita Gudermann: „Mallorca für immer“. www.wdr.dev/markt/service/berichte/200 11122_1. phtml#top; 22.11.2001

SPIEGEL ONLINE, Hubert Kahl: „Mallorca. Jenseits der Idylle“. www.spiegel.de/reise/metropolen/0,1518,139299,00. html; 2001

Süddeutsche Wohnungswirtschaft. Hausbesitzer-Journal für Baden 11/2000, Anne-Marie Linn: „Wohnen im sonnigen Spanien. Was Sie beim Kauf einer Auslandsimmobilie beachten sollten“. www.sueddeutsche-wohnwirtschaft.de/aktuell/2000/ aktuell2000-08.html; 4.4.2002

Hörfunksendung

SWR 3.4.2001 (SWR 2 Eckpunkt, 10.05 Uhr): „Nicht allein und nicht ins Heim. Bloß nicht betreut werden. Was eine Senioren-WG zum Modell macht“. Autorin: Astrid Springer. Redaktion: Rudolf Linßen

Dank

Viele Menschen und Institutionen haben dazu beigetragen, dass dieses Buch geschrieben werden konnte. Unser Dank gilt als Erstes den vielen Wohnprojekt-Mitgliedern, die so bereitwillig all unsere Fragen beantwortet und uns Einblicke in ihren Alltag gewährt haben. Ohne sie wäre dieses Buch nie entstanden.

Herzlich danken möchten wir ebenso unseren Gesprächspartnern auf Mallorca, insbesondere Isolde Fiedler, den Inselpfarrern Ahnert und Kramer, Margret-Ann Adolphs, dem Ehepaar Bauer, Dieter Rahmel und Thomas vom Hofe und den Mitarbeiterinnen der AOK-Geschäftsstelle in Palma de Mallorca. Unvergessen bleibt auch die malerische Finca am Fuße der Serra de Tramuntana. Im Schatten ihrer Oliven- und Johannisbrotbäume ist so manches Kapitel gewachsen und gereift.

Dank gebührt außerdem den in diesem Buch genannten Beratungsstellen, die uns mit Auskünften, Informationsmaterialien und Tipps behilflich gewesen sind.

Für ihre Hilfsbereitschaft und ihr Engagement danken wir ferner Sieglinde Wartenberg, Erhard Becke, Pfarrer Heinrich Süselbeck, Jürgen Bohro, Bärbel Rott und Sylvia Kucher – und nicht zuletzt unseren Familien und Freunden, die alle Entstehungsphasen dieses Buches mit Interesse, Geduld und tatkräftiger Unterstützung begleitet haben.

Ausdrücklich danken möchten wir an dieser Stelle unserem Lektor Gerhard Plachta für die stets angenehme und reibungslose Zusammenarbeit. Auch Dagmar Olzog vom Kösel-Verlag und Roland Thomas, Deutsche Verlags-Anstalt, schulden wir unseren Dank – dafür, dass sie an dieses Buch geglaubt haben.

Über die Autorin

Dörte Fuchs, geboren 1964, hat Literaturgeschichte, Philosophie und Geschichte studiert. Jutta Orth wurde 1963 geboren und hat ebenfalls Literaturgeschichte sowie Kunstgeschichte und Ethnologie studiert. Sie sind beide seit 1993 als freie Lektorinnen, Autorinnen und Herausgeberinnen tätig. Sie haben bereits mehrere Bücher zum Thema „Bauen und Wohnen“ veröffentlicht. Beide leben in Freiburg und sind Mitglieder einer selbst organisierten Baugemeinschaft.